古典文獻研究輯刊

三九編

潘美月・杜潔祥 主編

第37冊

梅村詩清人注之二
——吳詩集覽（第六冊）

陳開林 整理

國家圖書館出版品預行編目資料

梅村詩清人注之二——吳詩集覽（第六冊）／陳開林 整理 -- 初版 -- 新北市：花木蘭文化事業有限公司，2024〔民113〕

目 16+172 面；19×26 公分

（古典文獻研究輯刊 三九編；第 37 冊）

ISBN 978-626-344-957-2（精裝）

1.CST：（清）吳偉業 2.CST：清代詩 3.CST：作品集

011.08　　　　　　　　　　　　　　　113009886

ISBN-978-626-344-957-2

9 786263 449572

古典文獻研究輯刊
三九編　第三七冊　　　　　　　ISBN：978-626-344-957-2

梅村詩清人注之二
——吳詩集覽（第六冊）

作　　者　陳開林（整理）
主　　編　潘美月、杜潔祥
總 編 輯　杜潔祥
副總編輯　楊嘉樂
編輯主任　許郁翎
編　　輯　潘玟靜、蔡正宣　美術編輯　陳逸婷
出　　版　花木蘭文化事業有限公司
發 行 人　高小娟
聯絡地址　235 新北市中和區中安街七二號十三樓
　　　　　電話：02-2923-1455／傳真：02-2923-1400
網　　址　http://www.huamulan.tw 信箱 service@huamulans.com
印　　刷　普羅文化出版廣告事業
初　　版　2024 年 9 月
定　　價　三九編 65 冊（精裝）新台幣 175,000 元

梅村詩清人注之二
——吳詩集覽（第六冊）

陳開林　整理

目

次

吳詩集覽　卷十七上

黎城靳榮藩介人輯

五言絕句顧瞻泰曰：「五絕須渾融自然，以不著議論為高。右丞、太白、左司諸大家最稱神品。梅村《子夜》諸歌，艷麗近齊梁，而新穎如崔顥、崔國輔。餘如《采石磯》、《題漢書》數首，亦不落初盛唐人以下。王元美謂唐人七言絕句，初盛以氣為主，中晚以意為工。王貽上選《萬首絕句》，曾舉其說。愚謂五言亦復如是。梅村五絕之佳者，駸駸乎初盛矣。至《香奩》諸首，則遊戲為之耳。」

子夜詞《晉書・樂志》：「《子夜歌》者，女子名子夜，造此聲。孝武太元中，琅邪王軻之家有鬼歌子夜，則子夜是此時人也。」

人採蓮子青，妾採梧子黃。置身宛轉中，纖小歡所嘗。句末用四平聲，饒有古意。○《西洲曲》：「低頭弄蓮子，蓮子青如水。」《群芳譜》：「蓮房成菂，菂在房，如蜂子在窩。六七月採嫩者，生食脆美。」　《晉子夜歌》：「出入見梧子。」《群芳譜》：「梧桐五六月結子，筴長三尺許，五片合成，老則開裂如箕，名曰囊鄂。子綴其上，多者五六，少者二三。皮皺，淡黃色。仁肥嫩，可生噉，亦可炒食。」　宛轉，見《宛轉橋》。　纖小，出《南史・劉瓛傳》。張如哉曰：「晉《子夜》、《三洲》、《歡聞》諸歌、《黃生曲》，宋《讀曲歌》、《烏夜啼》、《石城樂》、《莫愁曲》，齊《楊叛兒》，皆呼郎為歡，本漢詩『良人惟古歡』。」

其二

憶歡教儂書，少小推無力。別郎欲郎憐，修淺自雕飾。入情。○《正韻》：「俗謂我曰儂。」　《〈魏志・張既傳〉注》：「少小工書疏。」　《字典》：「修，長也。」《古詩》：「竊獨自雕飾。」

其三

夜涼入空房，侍婢待除裝。枕前鈎不下，知未解衣裳。○孟詩：「松月生夜涼。」王仲宣詩：「回身入空房。」　杜詩：「侍婢賣珠回。」

子夜歌

歡是南山雲，半作北山雨。不比薰爐香，纏綿入懷裏。○白詩：「南山雲起北山雲。」　岑參詩：「北山疎雨點朝衣。」　薰爐，見《青門曲》。《晉樂府》：「纏綿自有時。」班婕妤詩：「出入君懷袖。」

王摩詰：「不知棟裏雲，去作人間雨。」寫盡山居之趣。此更化為旖旎之詞，才人固不可測。

其二

夜夜枕手眠，笑脫黃金釧。傾身畏君輕，背轉流光面。第四句造語工妙，似漢人小說中佳語。○微之《決絕詞》：「夜夜相抱眠。」　徐賢妃詩：「腕搖金釧響。」《能改齋漫錄》：「條脫為臂飾，即今釧也。」　李義山詩：「傾身奉君畏身輕。」　班婕妤《擣素賦》：「紅黛相媚，綺組流光。」張平子《觀舞賦》：「騰嫣目以顧盼兮，盼爛爛以流光。」

其三

故使歡見儂，儂道不相識。曾記馬上郎，挾彈門前立。○《晉子夜歌》：「天不奪人願，故使儂見郎。」　不相識，見《王郎曲》。《南史‧陳後主紀》：「童謠云：『不見馬上郎，但見黃塵起。』馬上郎，王僧孺字也。」　挾彈，見《老妓行》。

其四

微笑佯牽伴，低頭愓弄絃。眾中誰賣眼，又說是相憐。○宋玉《登徒子好色賦》：「含喜微笑，竊視流盼。」韓致光詩：「羞澀佯牽伴。」　《易林》：「低頭竊視。」李正己詩：「欲得周郎顧，時時愓拂絃。」　梁武帝《子夜歌》：「賣眼拂長袖。」　相憐，見《雒陽行》百子池注。

其五

雙纏五色縷，與歡相連愛。尚有宛轉絲，織成合歡帶。○《古樂府》

有《雙行纏曲》，此借用。　五色縷、相連愛，見《雒陽行》注。　宛轉，見《行路難》。　朱子《擬古詩》：「雙垂合歡帶，麗服眷微軀。」

其六

淺碧魚文縑，輕紅杏子花。比來糚束素，加上木蘭紗。○《會真詩》：「深紅淺碧舊衣裳。」段柯古詩：「醉袂幾侵魚子縑。」　王元禮詩：「細雨帶輕紅。」《西洲曲》：「單衫杏子紅。」《群芳譜》：「杏未開，色純紅，開時色白，微帶紅。」　糚束，見《鴛湖曲》。　《拾遺記》：「漢成帝起，宵遊宮，自班婕妤以下咸帶元綬簪佩，雜以錦繡，更以木蘭紗綃罩之。」

其七

儂如機上花，春風吹不得。剪刀太無賴，斷我機中織。意奇，句亦奇。○白詩：「春風吹又生。」　施肩吾詩：「片片輕雲落剪刀。」《史記・高祖紀》：「始，大人常以臣無賴。」《注》：「賴，利也。無利於家也。」《漢書・張釋之傳》：「尉無賴。」《注》：「材無可恃也。」　第四句，借用《列女傳》「孟母以刀斷其機，曰：『子之廢學，若吾斷斯織也』」。

　　「韋曲花無賴」，子美偶然句耳。然韋曲之花何不幸而也有此。李義山云：「花須柳眼各無賴，紫蝶黃蜂俱有情。」何花柳之不及蝶蜂也。趙子昂云：「溪上春無賴。」意本此。子美又云：「顛狂柳絮隨風舞，輕薄桃花逐水流。」似為花無賴、春無賴作注腳。梅村歸過剪刀，亦剪刀之厄與？

其八

紅羅復斗帳，四角垂明珠。明珠勝明月，月落君躊躇。古意可掬。「不愁明月盡，自有夜珠來。」第三句用其意。○古廬江小吏詩：「紅羅復斗帳，四角垂香囊。」《晉樂府》：「紅羅復斗帳，四角垂珠璫。」《史記・李斯傳》：「垂明月之珠。」　陸韓卿詩：「雲間月將落。」

其九

指冷玉簫寒，袖長羅袂濕。此夜坐匡床，春風無氣力。○秦少游詞：「指冷玉笙寒。」《韓子》：「長袖善舞。」漢武帝《落葉哀蟬曲》：「羅袂兮無聲。」　坐匡床，見《永和宮詞》。　李義山詩：「春風無力百花殘。」李長吉《美人梳頭歌》：「十八鬟多無氣力。」

按：沈韻：濕在緝，力在職。《子夜》古歌，故可通用。

其十

夜色吹衣袂，新聲出絳紗。相逢更相認，銀燭上鉛華。○江詩：「煙光拂夜色。」曹業之詩：「攬君衣袂更移觴。」 新聲，見《楚兩生·序》。絳紗，見《西泠閨詠》。 元復初詩：「相逢還細認。」 顧希馮《舞影賦》：「列銀燭兮蘭芳。」鉛華，見《玉京墓》。

其十一

舞罷私自憐，腰肢日嫋嫋。總角諸少年，虧他只言好。○杜詩：「舞罷錦纏頭。」宋玉《九辨》：「惆悵兮而私自憐。」 杜詩：「隔溪楊柳弱嫋嫋，卻似十五女兒腰。」 總角，見《送何省齋》。陶詩：「多謝諸少年。」 《古雙行纏詩》：「他人不言好。」

其十二

玉枕湘文簟，金爐鳳腦煙。君來只病酒，辜負解香鈿。○司馬君實詩：「玉枕醉人從獨臥。」韋應物詩：「湘簟玲瓏透象床。」 李長吉詩：「金爐細炷通。」《穆天子傳》：「穆王設鳳腦之燈，致西王母。」 病酒，見《西田和韻》。 《說文》：「鈿，金華也。」《六書故》：「金華為飾田田然。」

其十三

出門風露寒，歡言此路去。妾夢亦隨君，與歡添半臂。《古詩》：「前日風雪中，故人自此去。」起二句似之。○陶詩：「淒淒風露交。」 劉文房詩：「此路水雲深。」 張潮詩：「妾夢不離江上水。」 劉孝孫《事原》：「隋大業中，內官多服半除，即今之長袖也。唐高祖減其袖，謂之半臂。」《東軒筆錄》：「宋子京多內寵，嘗宴曲江，偶微寒，命取半臂，十餘寵各送一枚。子京恐有厚薄之嫌，竟不敢服，忍冷而歸。」

子夜歌 原注：代友人答閩妓。

白玉絳羅圍，枝頭荔子垂。待儂親用手，緩緩褪紅衣。贈閩妓也，故每首用閩中土物，在梅村集遊戲諸首中亦降格為之。○樂天《詠荔枝》詩：「紫羅裁襯縠，白玉裹填囊。」《群芳譜》：「荔枝殼有皺紋如羅，生青熟紅，肉淡白，如肪玉。」 薩

天錫詩：「黃金小帶荔枝垂。」　《《後漢書》注》：「欸，緩也。」張如哉曰：「緩緩猶欸欸也。」杜詩：「點水蜻蜓欸欸飛。」徐璹詩：「衣裯香消紅減玉。」許仲晦詩：「水泛紅衣白露秋。」

其二

郎來索糖霜，莫持與郎喫。郎要口頭甜，不如是嘗蜜。○洪容齋《糖霜譜》：「糖霜之名，唐以前無所見。自古食蔗者，始為蔗漿。宋玉《招魂》謂『腼鱉炰羔有柘漿』是也。」　蘇詩：「恰似飲茶甘苦雜，不如食蜜中邊甜。」

其三

榕樹參天長，郎棲在何處。隨郎不見榕，累儂望鄉樹。○榕樹，見《寄周芮公》。王詩：「萬壑樹參天。」　孟東野詩：「郎今到何處。」　王詩：「鄉樹浮桑外。」

其四

綠葉吐紅苗，紗窗月影高。待郎郎不至，落得美人蕉。○《群芳譜》：「一種葉瘦類蘆花，正紅如榴花。日拆一兩葉。其端一點，鮮綠可愛。開至秋盡猶芳。亦名美人蕉。」　子山《蕩子賦》：「紗窗獨掩。」張文潛詩：「落落疏簷邀月影。」《古西州曲》：「憶郎郎不至。」

按：沈韻：苗、蕉在蕭，高在豪，亦以古韻通也。

其五

佛手慈悲樹，相牽話生死。為郎數還期，就中屈雙指。○《群芳譜》：「佛手柑似朱欒而葉尖長，枝間有刺，其實如人手有指，有長尺餘者。」《觀佛三昧經》：「如來功德慈悲無量。」　《說苑》：「兒有兩兩相牽。」《詩》：「死生契闊，與子成說。」　謝靈運詩：「理棹遄還期。」　屈指，見《松鼠》。

其六

橄欖兩頭纖，終難一箇圓。縱教皮肉盡，腸肚自然堅。○《本草》：「橄欖生嶺南。《南州異物志》云：『閩廣諸郡及緣海浦嶼間皆有之。二月開花，八月成實，狀如長棗，兩頭尖，青色。核亦兩頭尖而有稜。核內有三竅，竅中有仁，可食。』又：『木威子如橄欖而堅，亦似棗。削去皮，可為粽食。』時珍曰：木威子，橄欖之類也。」

《古詩》：「兩頭纖纖月初生。」《淮南子》：「桑者為皮肉，堅者為齒角。」 葉顒詩：「鐵石腸肚冰玉肌。」

　　　　沈歸愚師曰：「晉人《子夜歌》、齊梁人《讀曲》等歌，俚語俱趣，拙語俱巧，自是詩中別調。然雅音既遠，鄭衛雜興，君子弗尚也。」

采石磯《明史・地理志》：「太平府當塗城北有采石山，一名牛渚山，臨大江。」

　　石壁千尋險，江流一矢爭。曾聞飛將上，落日弔開平。不著議論，自然入格。○杜詩：「返照入江翻石壁。」千尋，見《雒陽行》。 謝玄暉詩：「大江流日夜。」一矢，見《長平主詩》。 飛將，見《蟋蟀盆歌》。 《明史・常遇春傳》：「兵薄牛渚磯，元兵陳磯上，舟距岸且三丈，余莫能登。遇春飛舸至，太祖麾之前。遇春應聲，奮戈直前，敵接其戈，乘勢躍而上，大呼跳蕩，元軍披靡。諸將乘之，遂拔采石，進取太平。追封開平王。」

新翻子夜歌新翻，見《鴛湖曲》。張如哉曰：「四首俱見新意。一首三首就時世妝說，二首就煙草說，四首就飲渾說，故曰《新翻子夜歌》。」

　　歡今穿儂衣，窄身添扣扣。欲搔麻姑爪，教歡作廣袖。○繁休伯《定情詩》：「何以致扣扣，香囊繫肘後。」《神仙傳》：「王方平降蔡經家，久之，麻姑至。是好女子，年十八九許。麻姑鳥爪，經心中念：背大癢時，得此爪爬背，當佳。」 謝氏《詩源》：「李夫人著繡襦，作合歡廣袖，故《羽林郎》曰『廣袖合歡襦』。」

其二

　　含香吐聖火，碧縷生微煙。知郎心腸熱，口是金博山。○梁元帝《棲霞寺碑》：「通風承露，含香映日。」《南史・齊武帝紀》：「先是魏地謠言赤火南流喪南國。是歲，有沙門從北齎此火而至，色赤於常火而微，云以療疾，貴賤爭取之，多得其驗。二十餘日，都下大盛，咸云聖火。」 蘇詩：「但見香煙橫碧縷。」謝玄暉詩：「生煙紛漠漠。」 《西京雜記》：「長安巧工丁緩又作九層博山香爐，鏤為奇禽怪獸，窮諸靈異，皆自然運動。」《古樂府・楊叛兒曲》：「暫出白門前，楊柳可藏烏。歡作沉水香，儂作博山鑪。」

其三

　　歡有頷下貂，與儂覆廣額。脫儂頭上珠，為歡嵌寶石。○頷下，見《龍腹竹歌》。 左太沖《嬌女詩》：「鬢髮覆廣額。」張如哉曰：「婦女冬月以貂圍髻下，

正當額上，謂之昭君套。」　辛延年詩：「頭上藍田玉，耳後大秦珠。」　寶石，出《〈魏志・明帝紀〉注》。

其四

龍團語羊酪，相逢土風異。為歡手煎茶，調和見歡意。○《石林燕語》：「建州歲貢大龍鳳團茶。仁宗時，蔡君謨擇茶之精者為小龍團十斤以獻。」羊酪，詳《讀史偶述》其二十注。張如哉曰：「馬湩以牛羊乳為之，古人謂之挏酒。」《左傳・成九年》：「樂操土風，不忘舊也。」　《唐書・藝文志》：「張又新《煎茶水紀》一卷。」　何仲言《七召》：「劑水火而調和。」

南苑應制

熊館發雲旌，春蒐告禮成。東風吹紫陌，千騎暮歸營。此即近體。各賦一首者，似盛唐人語。○熊館，見《紀事》。《宋書・謝晦傳》：「雲旌首路，組甲曜川。」　春蒐，見《南苑閱武》。李巨山詩：「三百禮儀成。」　劉孝綽詩：「紆餘出紫陌。」　千騎，見《雒陽行》。《宋史・兵志》：「兵馬歸營。」

讀漢武帝紀 《漢書注》：「荀悅曰：『諱徹之字曰通。』」

岱觀東迎日，河源西問天。晚來雄略盡，巫蠱是神仙。前二句是雄略，轉出議論，仍不落尖新一派。○按：岱觀即曰觀峰也，見《送詹司理》。《史記・封禪書》：「八神，七曰日主，祠成山以迎日出雲。」　《漢書・張騫傳》：「漢使窮河源，其山多玉石，採來，天子案古圖書，名河所出曰崑崙雲。」又，《西域傳》：「其河有兩源。一出蔥嶺山，一出于闐。」《楚辭》有《天問》篇。張如哉曰：「西問天，兼用騫浮查到天河遇織女事。」　《漢書・武帝紀・贊》：「如武帝之雄才大略。」　又，《戾太子傳》：「會巫蠱事起，江充因此為奸。是時，上春秋高，意多所忌，以為左右皆為蠱道祝詛，窮治其事。充典治巫蠱，既知上意，白言宮中有蠱氣，遂至太子宮掘蠱。」《史記・武帝紀》：「海上燕齊之間，莫不搤捥而自言有禁方，能神仙矣。」

　　　　陸雲士曰：「語渾意深，居然正始。」

讀光武紀 《後漢書・帝紀》：「世祖光武皇帝，諱秀，字文叔。」

雷雨昆陽戰，風雲赤伏符。始知銅馬帝，遠勝執金吾。氣格與前首相似。○首二句見《讀西臺記》。　《光武紀》：「將降人分配諸將，眾數十萬，故關西號

光武為銅馬帝。」《陰皇后紀》:「初帝適新野,聞后美,心悅之。后至長安,見執金吾車騎甚盛,因歎曰:『仕宦當作執金吾,娶妻當得陰麗華。』」

　　　　按:雷雨、風雲對極工,然四字皆本於《易》,是能以經語入詩者。

蕭何見《讀史雜詩》。

　　蕭相營私第,他年畏勢家。豈知未央殿,壯麗只棲鴉。此首稍涉議論,妙近唐音。○蕭相,見《退谷歌》。私第,見《長平公主詩》。《史記·蕭相國世家》:「何置田宅,必居窮處為家,不治垣屋,曰:『後世賢,師吾儉。不賢,毋為勢家所奪。』」　未央,見《遇南廂園叟》。　壯麗,見《上方橋》。岑參詩:「梁園日暮亂棲鴉。」

偶見

　　合歡金縷帶,蘇合寶香薰。欲展湘文袴,微微蕩畫裙。○合歡帶,見《子夜歌》。杜牧之《杜秋詩序》:「『勸君莫惜金縷衣』,李錡妾嘗唱此辭。」《後漢書·西域傳》:「合會諸香,煎其汁以為蘇合。」文宋瑞詩:「疎窗試寶薰。」《晉書·謝尚傳》:「好衣刺文袴。」　何平叔《景福殿賦》:「微微列錢。」杜牧之《詠襪詩》:「五陵年少欺他醉,笑把花前出畫裙。」

其二

　　背影立銀荷,瓊肌映綺羅。燭花紅淚滿,遮莫為心多。未用巧句。○子山《對燭賦》:「銅荷承燭淚,鐵鋏染浮煙。」歐陽永叔詩:「待曉銅荷剪蠟煤。」按:銀荷疑即銅荷。　陳敬初詩:「蘭膏墮鬢瓊。」肌香綺羅,見《七夕即事》。　梁元帝《對燭賦》:「燭爐〔註1〕落,燭花明。」《麗情集》:「灼灼,錦城妓。御史裴質與之善。裴召還,灼灼每遣人以軟紅綃聚紅淚為寄。」陳後主詩:「思君如夜燭,垂淚著雞鳴。」　杜詩:「遮莫鄰雞下五更。」《然藜餘筆》:「張芸叟久經遷謫,怏怏不平,嘗內集分題賦詩,其女得蠟燭,云:『莫訝淚頻滴,都緣心未灰。』」

古意張如哉曰:「梁范雲有《古意贈王中書詩》,徐悱有《古意酬到長史溉詩》,北齊顏之推有《古意詩二首》,俱非詠閨情。其詠閨情者,劉宋吳邁遠《古意贈今人詩》、南齊王融《和王友德元古意詩二首》、梁武帝《古意詩二首》、吳均《古意詩二首》、劉孝綽《古意詩一首》皆是。」

〔註1〕「爐」,乙本誤作「愭」。

　　歡似機中絲，織作相思樹。儂似衣上花，春風吹不去。奇創乃爾。○
《子夜四時歌》：「誰能不相思，獨在機中織。」又：「晝夜理機絲。」　左太沖《吳
都賦》：「楠榴之木，相思之樹。」《注》：「相思，大樹也。實如珊瑚，歷年不變。」
■〔註2〕　賈幼鄰詩：「東風不為吹愁去。」

題畫

　　亂瀑界蒼崖，松風吹雨急。石廊虛無人，高寒不能立。三四更妙。畫之
工在無筆墨處，詩人妙能傳出。○蒼崖，見《臨江參軍》。　吹雨，見《雒陽行》。　張
承吉詩：「半壁石龕廊。」《戰國策》：「宮中虛無人。」■〔註3〕　蘇詞：「高處不勝寒。」

六言絕句　六言十二首，其作於有明鼎革，金陵監國，梅村登朝一月即歸之時乎？

當與《讀史雜感》十首參看。　六言絕句，唐人多有之。其所用四聲參差不一。如「採
菱渡頭風急，策杖林西日斜。杏樹村邊漁父，桃花源里人家」，則本句中亦不必拘矣。
蓋六言本為別調，可以隨意抒寫耳。梅村六言多仿此子美七絕，如「幾個黃鸝鳴翠柳，
一行白鷺上青天。窗含西嶺千秋雪，門泊東吳萬里船」，四句各指一事，說者以為律詩
之中四句也。梅村六言亦有仿此者。張如哉曰：「六言絕一句一意，如王摩詰、蘇、黃、
陸務觀皆是。」

偶成　袁子才曰：「六絕最難，易入俳優耳。梅村《偶成》亦是乘興疾書之筆。」

　　南山不逢堯舜，北窗自有羲皇。智如樗里何用，窮似黔婁不妨。○
《淮南子》：「寧戚飯牛歌：南山矸，白石爛，生不逢堯與舜禪。」　《晉書・陶潛傳》：
「五六月北窗下臥，遇涼風暫至，自謂是羲皇上人。」　《史記》：「樗里子者，名疾，
秦惠王之弟也。滑稽多智，秦人號曰智囊。」　黔婁，見《行路難》。

其二

　　張良貌似女子，李廣恂恂鄙人。祖龍一擊幾中，猿臂善射如神。○
《史記・留侯世家・贊》：「狀貌如婦人好女。」　又，《李將軍傳》：「余覩李將軍，悛
悛如鄙人。」又曰：「廣為人長猿臂，其善射亦天性也。」按：《漢書》作「恂恂」。《留
侯世家》：「秦皇帝東遊，良與客狙擊秦皇帝博浪沙中，誤中副車。」祖龍，見《下相
懷古》。

〔註2〕墨丁，稿本、讀秀本作空格。
〔註3〕墨丁，稿本、讀秀本作空格。

其三

異錦文繒歌者，黃金白璧蒼頭。諸生脣腐齒落，終歲華冠敝裘。此首即「侏儒飽，臣朔飢」之意。○楊仲弘詩：「樸被冬深裁異錦。」《說文》：「綺，文繒也。」劉夢得有《與歌者何戡》詩。　黃金白璧，見《行路難》。蒼頭，見《臨江參軍》。　諸生，見《題凌煙圖》。東方曼倩《客難》：「脣腐齒落，服膺而不失。」《周禮‧冬官‧輈人》：「終歲御，衣衽不敝。」《莊子》：「原憲華冠縱履，杖藜而應門。」《戰國策》：「黑貂之裘敝。」

其四

寶帳葳蕤雲漾，象牀刻鏤花深。破盡民間萬室，遠踰禁物千金。此首所刺，如「御刀周奉叔，貴戚張公子」之類。○鮑詩：「寶帳三千所。」東方曼倩《七諫》：「上葳蕤而防露兮。」《注》：「葳蕤，盛貌。」戴良詩：「雲峰互稠沓，煙波紛混漾。」　鮑詩：「象床瑤席鎮犀渠。」漢景帝詔：「雕文刻鏤。」孫夫人詞：「花深深。」　第三句，見《蘆洲行》注。　《魏志‧彭城王據傳》：「坐私遣人詣中尚方作禁物。」《漢書‧董賢傳》：「選物上第盡在董氏，而乘輿所服迺其副也。」

其五

韓非傳同老子，蘇侯坐配唐堯。今古一丘之貉，不知誰鳳誰梟。○《南史‧王敬則傳》：「不意老子遂與韓非同傳。」　又，《崔祖思傳》：「為都昌令，隨青州刺史垣護之入堯廟，廟有蘇侯神偶坐。護之曰：『唐堯聖人，而與蘇侯神共坐。今欲正之，何如？』祖思曰：『使君若清蕩此坐，則是堯廟重去四凶。』」《漢書‧楊惲傳》：「古與今如一丘之貉。」師古《注》：「一丘之貉，言同類也。」《史記‧日者傳》：「子獨不見鴟梟之與鳳凰？」

其六

雍齒且加封爵，田橫可誓丹青。願得毋忘堂阜，相看寧識神亭。○《史記‧留侯世家》：「上乃置酒，封雍齒為什方侯。群臣罷酒，皆喜曰：『雍齒尚為侯封，我屬無患矣。』」　又，《田儋傳‧贊》：「田橫之高節，豈非至賢！無不善畫者，莫能圖，何哉？」《左傳‧莊九年》：「管仲請囚鮑叔，受之。及堂阜而稅之。」張如哉曰：「《後漢書‧馮異傳》：『臣聞管仲謂桓公曰：願君無忘射鉤，臣無忘檻車。』說本《新序》『願君無忘出奔於莒也，臣亦無忘束縛於魯也』。」《一統志》：「堂阜在沂州府蒙陰縣西北三十里。」　《吳志‧太史慈傳》：「慈為劉繇出覘孫策。卒遇策，慈便前

鬪，策刺慈馬而擥得慈項上手戟，慈亦得策兜鍪。會兩家兵騎並各來赴，於是解散。
慈進住涇縣，策躬自攻討，遂見囚執。策即解縛，捉其手，曰：『寧識神亭時邪？』」
《一統志》：「神亭在鎮江府金壇縣西北。」

其七

　　織薄吹簫豐沛，拍張狂叫風雲。朝領白衣隊主，暮稱黑矟將軍。○
《史記·周勃世家》：「徙沛。勃以織薄曲為生，常為人吹簫給喪事。」豐沛，見《凌
煙閣圖》。　《南史·王敬則傳》：「撫髀拍張，甚為儇捷。及明帝即位，以為直閣將
軍。」又，《王儉傳》：「王敬則奮臂拍張，叫動左右，曰：『臣以拍張故得三公，不可
忘拍張。』」又，《敬則傳》：「我南沙縣吏，僥倖得細鎧左右，逮風雲以至於此。」　又，
《周山圖傳》：「宋元嘉二十七年，山圖應募，領白衣隊主，除給事中、冗從僕射、
直閣將軍。」　《北史·于栗磾傳》：「劉裕之伐姚泓，栗磾慮北侵擾，築壘河上，裕憚
之，遺栗磾書，假道西上，題書曰黑矟公麾下。栗磾以狀表聞，因之授栗磾黑矟將軍。
栗磾好持黑矟，裕望而異之，故有其號。」

其八

　　雅擅潘文樂旨，妙參羊體嵇心。畫虎雕龍染翰，高山流水彈琴。○
《晉書·樂廣傳》：「廣善清言，而不長於筆。將讓尹，請潘岳為表。岳曰：『當得君意。』
廣乃作二百句語述己之志，岳因取次比，便成名筆。時人咸云：若廣不假岳之筆，岳
不取廣之旨，無以成斯美也。」　《南史·柳惲傳》：「宋時有嵇元榮、羊蓋者，並善琴，
惲從之學，特窮其妙。齊竟陵王子良曰：『卿巧越嵇心，妙臻羊體。』」　顧雲《上右
司表中啟》：「揚子雲之詞賦，自愧雕蟲；丁敬禮之文章，人嗤畫虎。」雕龍，見《送
施愚山》注。潘安仁《秋興賦·序》：「乃染翰操紙，慨然而賦。」　《韓詩外傳》：「伯
牙鼓琴，鍾子期聽之。方鼓琴，志在高山，子期曰：『善哉鼓琴，巍巍乎如泰山！』志
在流水，子期曰：『善哉鼓琴，洋洋乎若江河！』」

其九

　　東部督郵恣橫，北門待詔窮愁。莫舉賢良有道，且求刀筆封侯。○東
部督郵，見《行路難》其十三注。　北門待詔，見《凌煙圖歌》。《史記·虞卿傳·贊》：
「虞卿非窮愁，亦不能著書。」　賢良，見《送黃子羽》。有道，見《塗中遇雪》。　刀
筆，見《蠹簡》。封侯，見《又詠古》。

其十

食其長為說客，夷甫自謂談宗。著書一篇雋永，緩頰四座從容。○
《史記‧酈生傳》：「酈生食其者，陳留高陽人也。常為說客，馳使諸侯。」師古曰：
「食音異，其音基。」　《晉書‧王衍傳》：「字夷甫。妙善玄言，唯談《老》、《莊》為
事。」又，《阮修傳》：「王衍當時談宗。」　《漢書‧蒯通傳》：「通論戰國時說士權變，
亦自序其說，凡八十一首，號曰《雋永》。」　《史記‧魏豹傳》：「漢王謂酈生曰：『緩
頰往說魏豹，能下之，吾以萬戶封若。』」四座，見《閬州行》。

其十一

趙壹恃才倨傲，禰衡作達疎狂。計吏恣睢卿相，布衣笑罵侯王。○
《後漢書‧文苑傳》：「趙壹，字元叔。恃才倨傲。光和元年，舉部〔註4〕上計到京師。
司徒袁逢受計，計吏數百人皆拜伏庭中，莫敢仰視，壹獨長揖而已。令左右往讓之，
對曰：『昔酈食其長揖漢王。今揖三公，何邊怪哉？』」　又，《禰衡傳》：「字正平，平
原般人也。坐大營門，以杖箠地大罵。」《世說》：「阮渾風氣韻度似父，亦欲作達。」
疎狂，見《啁周子俶》。　《史記‧禮書》：「暴慢恣睢。」

其十二

廚下綠葵紫蓼，盤中白柰黃柑。冠櫛懶施高枕，樵蘇失爨清談。○
《南齊書‧周顒傳》：「王儉謂顒曰：『卿山中何所食？』顒曰：『赤米白鹽，綠葵紫
蓼。』」　《群芳譜》：「白者為素柰，赤者為丹柰。」張平子《七辨》：「荔枝黃柑。」　白
詩：「冠櫛心多懶。」《戰國策》：「君始得高枕而臥矣。」　應休璉《與曹長思書》：「樵
蘇不爨，清談而已。」

七言絕句一之上顧瞻泰曰：「梅村七絕託興遙深，時有幽怨之思。■〔註5〕
音調和平■■■■■■■〔註6〕自是盛中唐人手筆。」

汴梁汴梁，見《題凌煙圖》。《明史‧河渠志》：「崇禎十五年，流賊圍開封府。久，守
臣謀引黃河灌之。賊偵知，預為備，乘水漲，令其黨決河灌城，民盡溺死」。別見《行
路難》。

〔註4〕「部」，《後漢書》卷一百十上《文苑列傳》作「郡」。
〔註5〕■，稿本、天圖本作「其」。
〔註6〕■■■■■■■，稿本、天圖本作「無一字落纖巧派」。

馮夷擊鼓走夷門，銅馬西來風雨昏。此地信陵曾養士，只今誰解救王孫。此兩首哀周藩也。○《洛神賦》：「馮夷擊鼓。」夷門，見《弔侯朝宗》。　銅馬，見《雁門尚書行》。　《史記·信陵君傳》：「魏公子無忌者，魏昭王少子，而安釐王異母弟也。昭王薨，安釐王即位，封公子為信陵君。公子為人仁而下士，致食客三千人。」養士，見《雁門尚書行》。　又，《淮陰侯傳》：「吾哀王孫而進食，豈望報乎？」

其二

城上黃河屈注來，千金堤埽一時開。集作「堤帚」。張如哉曰：「帚應作埽，蘇老切。」梁園遺跡銷沉盡，誰與君王避吹臺。前首曰救，此首曰避，詞更迫矣。○杜詩：「屈注滄江流。」　庾詩：「千金高堰合。」《字典》：「隄岸曰埽。竹木為枋，柳實其中，和土以捍水。」　梁園，見《海市》。遺跡，見《下相懷古》。銷沉，見《茸城行》。　吹臺，見《行路難》注。

題歸玄恭僧服小像《明詩綜》：「歸莊，字玄恭，崑山人。」《竹垞詩話》：「元恭一號普明頭陀。」《嘉定縣志》：「玄恭，有光曾孫，詩文豪放，善大書，工畫竹。」

豈是前身釋道安，遇人不著鹿皮冠。接䍦漉酒科頭坐，只作先生醉裏看。原注：好酒。　此首從僧服串入酒字。○前身，見《圓圓曲》。釋道安，見《讚佛詩》。　《南史·何尚之傳》：「致仕，常著鹿皮帽。及拜開府，沈慶之戲曰：『今日何不戴鹿皮冠？』」《晉書·山簡傳》：「倒著白接䍦。」漉酒，見《別維夏》。王詩：「科頭箕踞長松下。」　蘇詩：「真堪畫作醉僧圖。」

其二

金粟山人道者裝，玉山秋盡草堂荒。刮灰重作江南夢，一曲開元淚萬行。原注：能詩。　以道者字寫僧服，妙在渾成。○原注：顧阿瑛，號金粟道人。著《天寶遺事詩》，談庚申君事。《明史·文苑傳》：「顧德輝，字仲瑛，崑山人。築別業於茜涇西，曰玉山佳處。張士誠據吳，欲強以官，去隱於嘉興之合溪。母喪，歸綽溪，士誠再辟之，遂斷髮廬墓，自號金粟道人。」蘇詩：「朱雀橋邊看道裝。」《一統志》：「玉山草堂在蘇州府崑山縣西界溪上。」　刮灰，見《避亂》。江南夢，見《哭蒼雪》。　杜牧之詩：「一曲淋鈴淚萬行。」溫飛卿詩：「一曲伊州淚萬行。」開元，見《老妓行》。　《明詩綜》：「莊有《恒軒集》、《山遊詩》。」

其三

共道淇園長異材，風欺雪壓倩誰栽。道人掃向維摩壁，千尺蒼龍護講臺。原注：畫竹。○僧服字於道人講臺略點。○淇園、雪壓、霜欺，見《龍腹竹歌》。道人，見《西田詩》。維摩壁，見《洗象圖》。 高達夫詩：「龍竹養根凡幾年。」講臺，見《虎丘夜集圖》。

其四

中山絕技妙空群，智永傳家在右軍。為寫頭陀新寺額，筆鋒蒸出墨池雲。原注：工書。 智永寺額點染僧服。○退之《毛穎傳》：「毛穎者，中山人也。」絕技，見《彈琴歌》。空群，見《送維夏北行》。 寶眾《述書賦注》：「會稽永欣寺僧智永，俗姓王氏，右軍孫。今見其真草千文數本，並帶名草書二紙。」傳家，見《觀通天帖》。右軍，見《壬辰補禊》。 《宣和書譜》：「陸柬之書頭陀寺碑、急就章、龍華寺額，最聞名於時。」 鮑詩：「五車摧筆鋒。」墨池，見《觀通天帖》。《淮南子》：「山雲蒸而柱礎潤。」 《顧亭林文集》：「歸生工草隸，為東吳高士。」《竹垞詩話》：「恆軒好奇，世目為狂生，善行草書。嘗題其齋居柱云：『入其室，空空如也；問其人，囂囂然曰。』鄉郵傳之。」

戲贈張如哉曰：「李義山有《和友人戲贈詩》，又有《重有戲贈詩》。梅村此詩內有贈妓之作，或非作於一時，亦非專贈一人，以題皆戲贈，衰集一處耳。」 《戲贈》十首，累德之言也。因思《王郎曲》亦可從刪。梅村好詩盡多，或以此極其頹唐湮鬱之致耶？

窄袖輕衫便洞房，何綏新作婦人裝。繡囊藥結同心扣，十里風來袴褶香。○《拾遺記》：「哀帝尚奢淫，董賢以霧綃單衣飄若蟬翼，帝入宴息之房，命易輕衣小袖，不用奢帶修裙，故使婉轉便易也。」《唐書‧五行志》：「天寶初，婦人則簪步搖釵，衿袖窄小。」衫輕，見《早起》。《楚辭》：「姱容修態，絚洞房些。」 《晉書‧何遵傳》：「子綏，字伯蔚。自以繼世名貴，奢侈過度。」 《宋書‧五行志》：「魏尚書何晏好服婦人之服。」按：綏傳無婦裝事，梅村蓋合晏傳用之。 李巨山詩：「繡囊畏並茱萸結。」同心，見《讚佛詩》。 袴褶，見《行路難》其十二。《唐書‧楊妃傳》：「遺鈿墮舄，瑟瑟璣琲，狼藉於道，香聞數十里。」

其二

梅根冶後一庭幽，桃葉歌中兩槳留。管是夜深嬌不起，隔簾小婢喚

梳頭。○子山《枯樹賦》：「東南以梅根作冶。」桃葉，見《老妓行》。兩槳，見《避亂》。　李易安詞：「不許愁人不起。」　《會真詩》：「水晶簾下看梳頭。」

其三

香銷寶鴨月如霜，欲罷摴蒱故拙行。倦倚局邊侔數子，暗擡星眼擲兒郎。○孫魴詩：「坐久煙銷寶鴨香。」李君虞詩：「受降城外月如霜。」　摴蒱，見《哭志衍》注。《宋書·范曄傳》：「魯國孔熙先無因進說，曄外甥謝綜雅為曄所知，熙先嘗經相識，乃傾身事綜，與之結厚，始與綜諸弟共博，故為拙行，以物輸之。」　按：王仲初《宮詞》：「各把沉香雙陸子，局中鬭累阿誰高。」則數子即數摴蒱所用之子也。　馬成詞：「擡眼盡成腸斷處。」王韶之《太清記》：「華嶽三夫人媚李湜云：『笑開星眼，花媚玉顏。』」兒郎，見《詠山茶花》。

其四

仙家五老話驂鸞，素女圖經掌上看。如共王喬舊相識，鍊方從乞息肌丸。○王詩：「別自有仙家。」《竹書紀年》：「有五老遊焉，蓋五星之精也。」《別賦》：「駕鶴上漢，驂鸞騰天。」　張平子《同聲歌》：「重戶結金扃，高下華燈光。衣解巾粉卸，列圖陳枕張。素女為我師，儀態盈萬方。眾夫所希見，天老教軒皇。」按：《隋書·經籍志》有諸州圖經。《唐書·藝文志》有《本草圖經》。此借用。蘇詞：「須從掌上看。」　《列仙傳》：「王子喬，太子晉也。」《古詩》：「仙人王子喬，難可與等期。」舊相識，用《左傳》子產、叔向事。見《送龔孝升》。　薛元卿《老氏碑》：「鍊形物表，卷跡方外。」《飛燕外傳》：「江都易王故姬李陽華常教後九迴沉水香澤，雄麝臍內息肌丸。婕妤亦內息肌丸。」

其五

玉釵仍整未銷黃，笑看兒郎語太狂。翻道玉人心事懶，厭將雲雨待襄王。○司馬長卿《美人賦》：「玉釵掛臣冠。」黃魯直詩：「漢宮嬌額半塗黃。」《鶴林玉露》：「《道藏經》云：『蝶交則粉退，蜂交則黃退。』周美成詞：『蝶粉蜂黃渾退了。』正用此也。」張如哉曰：「『玉釵仍整』翻用美成詞『綠雲繚亂，未忺妝束』句。『未銷黃』翻用『蝶粉蜂黃渾退了』句。玉人二句即兒郎語也。又以額黃比蜂黃說。」　玉人，見《永和宮詞》。　劉希夷詩：「為云為雨楚襄王。」

其六

戒珠琥珀間沉檀，弟子班中玉葉冠。君是惠休身法喜，他年參學贊公壇。張如哉曰：「後二句代所贈者言。君為情禪，而己為法喜妻，如弟子之參禪師者然。」○梁簡文帝《智倩法師墓誌銘》：「戒珠靡缺，忍鎧無違。」《字典》：「陶弘景曰：『松脂千年化為茯苓，又千年為琥珀。』孫愐曰：『楓脂入地為琥珀。』韓保昇曰：『木脂皆化，松楓多脂耳。』段成式曰：『龍血入地為琥珀。又有燒成者。』」《南蠻記》：「寧州沙中有蜂，岸崩則蜂出，土人燒治以為琥珀。《博物志》亦云燒蜂窠，所作如近日之玻瓈，亦番燒也。」李有中詩：「燒盡沉檀手自添。」　李文山詩：「紺髮初簪玉葉冠。」　《南史·徐湛之傳》：「沙門釋惠休善屬文，湛之與之甚厚。孝武命使還俗，本姓湯，位至揚州從事。」《維摩經》：「法喜以為妻，慈悲以為女。」黃魯直詩：「頗思攜法喜，舉案饁南畝。」　杜《宿贊公土室》詩：「贊公湯休徒。」

其七

蔬譜曾刪鮧議書，一嚌鮮菜定何如。玉纖下箸無常味，珍重虞公數十車。○《群芳譜》有《蔬譜》。張如哉曰：「《南史·何允傳》：『允侈於味，後稍欲去其甚者，猶食白〔註7〕魚、鮧脯、糖蟹。以為非見生物，疑食蚶蠣，使門人議之。學生鍾岏曰：鮧之就脯，驟於屈伸；蟹之將糖，躁擾彌甚。仁人用意，深懷如怛。至於車螯蚶蠣，故宜長充庖廚，永為口實。竟陵王子良見岏〔註8〕議，大怒。汝南周顒與允書，勸令食菜，故允末年竟絕血味。』」《魏書·崔浩傳》：「嘗肉一臠，識鑊中之味。」　韓致光《詠柳》詩：「玉纖折得遙相贈。」《正韻》：「箸與箸同。」下箸，見《送周子俶》注。　宋邕詩：「遺情更說何珍重。」《南齊書·虞悰傳》：「世祖幸芳林園，就悰求扁米𥻆，悰獻𥻆及雜肴數十轝，太官鼎味不及也。」

其八

懶梳雲髻罷蘭膏，一幅羅巾紫玉縧。不向弓彎問消息，誤人詩句鄭櫻桃。○子建《洛神賦》：「雲髻峨峨。」《巖棲幽事》：「蘭露一滴在花藥間，用以潤髮。」《臨江仙》詞云：「玉梳雲髮潤，不喜上蘭膏。」　韓君平詩：「應知蟢子上羅巾。」按：仇氏《杜詩詳注》：「縧，他刀切，同縧。」《〈禮·內則〉疏》：「組紃俱為縧。」《淮南子》：「縧可以為繶。」而《字典》無縧字，蓋即絲繩之綴於巾者耳。《異聞錄》：

〔註7〕「白」，乙本誤作「自」。
〔註8〕「岏」，乙本誤作「眈」。

「貞元中，邢鳳寓居長安平康里，夢一美人授陽春曲，曰：『舞袖弓彎渾忘卻，羅幃空度九秋霜。』」《南史‧毛修之傳》：「經年不忍問家消息。」　張邦基《侍兒小名錄》：「石季龍寵惑優僮鄭櫻桃。」

　　　　張如哉曰：「李義山詩：『何因古樂府，惟有鄭櫻桃。』《樂府集》：『石季龍寵惑優童鄭櫻桃而殺郭氏，更納清河崔氏，櫻桃又譖而殺之。櫻桃美麗擅寵，宮掖樂府由是有《鄭櫻桃歌》。』王元美曰：『許渾之賦宋祖凌歊，以為有三千宮女；李頎之詠鄭櫻桃，以為宮中美人作詩者不可不精史學。』按：李頎詩：『自言富貴不可量，女為公主男為王。』故元美譏之。然《十六國春秋》云：『石虎鄭后名櫻桃，晉冗從僕射鄭世達家妓也』，則其誤不始李東川矣。」

其九

內家紈扇縷金函，萬壽花開青鳥銜。贈比乘鸞秦氏女，銀泥裙子鳳皇衫。○內家，見《宮扇》。江詩：「紈扇如團月。」黃鎮詩：「金函奉旨傳香至。」　花萬壽，見《宮扇》。青鳥，見《無題》。吳仲珪詩：「門前依舊鳥銜花。」　第三句，見《行路難》注。　張文昌詩：「銀泥裙映錦障泥。」王仲初《宮詞》：「前頭先進鳳皇衫。」

其十

橫塘西去窈娘還，畫出吳山作楚山。笑語阿戎休悵望，莫愁艇子在溪灣。○橫塘，見《送志衍入蜀》。《唐書‧武承嗣傳》：「喬知之婢窈娘美且善歌。」吳山，見《壽龔芝麓》。《古樂府‧莫愁歌》：「相送楚山頭。」　《晉書‧王戎傳》：「阮籍謂王渾曰：『共卿言不如共阿戎談。』」悵望，見《琴河感舊》。《古樂府‧莫愁歌》：「艇子打兩槳，催送莫愁來。」許仲晦詩：「橫柳半溪灣。」

　　　　或謂此詩似贈別楚雲而作者，笑語阿戎疑即《念奴嬌》之王郎與？

亂後過湖上山水盡矣感賦一絕蘇詩：「夢到西湖上。」

柳榭桃蹊事已空，斷槎零落敗垣風。莫嗟客鬢重遊改，恰有青山似鏡中。製題已自惘然，詩亦相稱。○陸務觀詞：「忘卻鶯窗柳榭。」《史記‧李將軍傳》：「桃李不言，下自成蹊。」韓琮詩：「梁苑隋堤事已空。」　陸務觀詩：「低昂泛斷槎。」釋善住詩：「秋苔上敗垣。」　駱賓王詩：「客鬢年年異。」方雄飛詩：「重遊更有期。」　沈雲卿詩：「秦地山川似鏡中。」

吳詩集覽　卷十七下

卷十七下七言絕句一之下

聽朱樂隆歌《感舊集》收其二、其五。

少小江湖載酒船，月明吹笛不知眠。只今憔悴秋風裏，白髮花前又十年。此首就朱樂隆說，已有今昔之感。○少小，見《壽冀芝麓》。杜牧之詩：「落拓江湖載酒行。」《國史補》：「李暮月夜泛舟吹笛。」　按：末句暗用「落花時節又逢君」意。

　　　　此六首彷彿《江南遇李龜年》，非戲贈。十首之比，宜分別觀之。

其二

　　一春絲管唱吳趨，得似何戡此曲無。自是風流推老輩，不須教染白髭鬚。此首就聽歌者說。三四句若為樂隆慰藉，而所感更深。○一春，詳《金人捧露盤》。宋延清詩：「主人絲管清且悲。」吳趨，見《贈馮訥生》。劉夢得有《贈歌者何戡》詩。　老輩，見《題志衍畫》。　劉夢得詩：「近來時世輕先輩，好染髭鬚事後生。」

其三

　　開元法部按霓裳，曾和巫山窈窕娘。見說念奴今老大，白頭供奉話岐王。此首因樂隆而並及供奉伎人，所感更深。○開元，見《老妓行》。《唐書·禮樂志》：「明皇酷愛法曲。皇帝梨園子弟居宜春北院，梨園法部更置小部音聲三十餘人。」霓裳，見《琵琶行》。　宋玉《高唐賦》：「妾，巫山之女也。」僧參寥詩：「多謝尊前

窈窕娘。」　李詩：「見說蠶叢路。」元詩：「念奴潛伴諸郎宿。」老大，見《送何省齋》。　供奉，見《王郎曲》。岐王，見《琵琶行》。

其四

誰畫張家靜婉腰，輕綃一幅美人蕉。會看記曲紅紅笑，喚下丹青弄碧簫。此承前首而申言之。靜婉記曲，當即指法部中人。○《梁書·羊侃傳》：「儛人張淨琬，腰圍一尺六寸，時人咸推能掌中儛。」《宋史·蘇易簡傳》：「帝嘗以輕綃飛白大書玉堂之署四字賜之。」美人蕉，見《子夜歌》。《樂錄》：「唐妓張紅紅丐歌於市，韋青納為姬。敬宗召入宮，號記曲娘子。」《奇聞錄》：「唐進士趙顏得一軟障，圖一婦人甚麗，顏曰：『如何令生？某願納為妻。』工曰：『余神畫也。此亦有名，曰真真。呼其名百日，晝夜不歇，即必應。應則以百家彩灰酒灌之，必活。』顏如其言，遂下步，言語飲食如常。」李義山詩：「秦娥弄碧簫。」

其五

長白山頭蘆管聲，秋風吹滿雒陽城。茂陵底事無消息，迤邐檀槽撥不成。迤音唆。應作邐迤。　點染歌字，音餘絃外。○《大清一統志》：「長白山在永吉州東南，橫亙千里，高二百里。山巔有潭，為混同、鴨綠諸江之源。」蘆管，見《贈馮訥生》。　張道濟詩：「秋風不相待，先至雒陽城。」李詩：「散入春風滿雒城。」　茂陵，見《永和宮詞》。杜牧之詩：「至竟息亡緣底事。」陸務觀詩：「秦關漢苑無消息。」《譚賓錄》：「開元中，有中官使蜀，得琵琶以獻，其槽皆邏逤檀為之。楊妃每抱奏於梨園。」《字彙補》：「邏逤，吐蕃地名。」檀槽，見《臨頓兒》。

其六

楚雨荊雲雁影還，竹枝彈徹淚痕斑。坐中誰是沾裳者，詞客哀時庾子山。首句言得楚粵之信也。彈淚沾裳，所以哀時也。第四句自為寫照。○楚雨荊雲，用楚襄王事。楚雨，見《白燕吟》。雁影，見《鴛湖閨詠》。　竹枝，見《琵琶行》。彈徹，見《又觀打冰》。岑參詩：「對君衫袖淚痕斑。」　梁元帝詩：「游子淚沾裳。」　杜詩：「詞客哀時且未還。庾信生平最蕭瑟。」《北史·庾信傳》：「字子山。」

觀棋和韻劉夢得有《觀棋歌》。《感舊集》收其二、其三、其五。

深院無人看劇棋，三郎勝負玉環知。康猧亂局君王笑，一道哥舒布

算遲。○元詩：「深院無人草樹光。」《南史·羊戎■〔註1〕傳》：「既佳光景，當得劇棋。」　杜彥之《松窗雜記》：「玄宗王皇后始以色進，忽一日，泣訴於上曰：『三郎獨不記阿忠脫新裁半臂，更得一斗麵，為三郎生日湯餅耶？』」《史記·陳丞相世家》：「無益於勝負之數。」玉環，見《永和宮詞》。　《開元天寶遺事》：「明皇與親王棋，令賀懷智獨奏琵琶，妃子立於局前觀之。上欲輸次，妃子將康國猧子放之，令於局上亂其輸贏，上甚悅焉。」《三國志·王粲傳》：「觀人圍棋，局壞，粲為覆之，不誤一道。」哥舒，見《雜感》。《北史·許遵傳》：「於是布算滿床。」

其二

小閣疏簾枕簟秋，晝長無事為忘憂。西園近進修宮價，博進知難賭廣州。○小閣，見《西田詩》。杜詩：「清簟疏簾看奕棋。」又：「枕簟入林僻。」《幽閒鼓吹》：「宣宗曰：『比聞李遠詩云長日唯銷一局棋，豈可以臨郡哉？』」《晉書·祖納傳》：「納好奕棋，曰：『我亦忘憂耳。』」　西園價，見《贈陸生》及《讀史雜感》。《後漢書·劉陶傳》：「陶為京兆尹。到職，當出修宮錢，直千萬。陶既清貧，稱疾不聽政。帝宿重陶才，原其罪，徵拜諫議大夫。」汪時拜職名，當出錢，謂之修宮錢也。　博進，見《永和宮詞》。按：《漢書·陳遵傳》：「宣帝微時，與遵祖父遂博弈。後即位，遂為太原太守。帝賜璽書曰：『尊官厚祿，可以償博進矣。』」而《宋書》羊元保與太祖賭郡戲，勝，以補宣城太守。無賭廣州者，俟考。

其三

閒向松窗覆舊圖，當年國手未全無。南風不競君知否，抉眼胥門看入吳。音餘絃外，是六首中之最高者。○鄭守愚詩：「松窗楸局穩。」張喬《送棋待詔歸新羅》詩：「船中覆舊圖。」　《酉陽雜俎》：「一行本不解奕棋，因會燕公宅，觀王積薪棋一局，遂與之敵，曰：『此但爭先耳。若念貧道四句乘除語，則人人為國手。』」《晉書·王獻之傳》：「年數歲，嘗觀門生樗蒲，曰：『南風不競。』」《史記·吳世家》：「子胥曰：『抉吾眼，置之吳東門。』」《越世家》：「子胥曰：『必取吾眼置吳東門，以觀越兵入也。』」《吳越春秋》：「越王追吳王，欲入胥門，未至六七里，望吳南城，見伍子胥之神。」盧公武《蘇州府志》：「胥門，西門也。」

其四

碧殿春深賭翠鈿，壽王遊戲玉床前。可憐一子難饒借，殺卻拋殘到

那邊。此首用意在即離之間，其有感於南都偽太子之獄乎？○碧殿，見《永和宮詞》。《春渚紀聞》：「明皇曉起苑中，時春候已深，而林花未放。」 溫飛卿詩：「歌愁歛翠鈿。」 李義山詩：「夜半宴歸宮漏永，薛王沉醉壽王醒。」遊戲，見《讚佛詩》。《西京雜記》：「趙飛燕女弟居昭陽殿，中設玉几玉床。」《山堂肆考》：「太宗時有賈元侍上棋，太宗饒元三子，元常輸一路，太宗知元挾詐，謂曰：『此局汝復輸，當榜汝。』既而滿局，不生不死。太宗曰：『更圍一局，勝，賜汝緋。不勝，當投於泥中。』既而局平，不勝不負。太宗曰：『我饒汝子，是汝不勝。』命抱投之水。乃呼曰：『臣握中尚有一子。』太宗大笑，賜以緋衣。」 韓《詠病鴟》詩：「計校生平事，殺卻理亦然。」拋殘，見《琵琶行》。

其五

玄黃得失有誰憑，上品還推國手能。公道世人高下在，圍棋中正柳吳興。○《易》：「龍戰于野，其血玄黃。」《魏書·術藝傳》：「高祖時有范甯兒者，善圍碁，曾與李彪使蕭賾，賾令江南上品王抗與甯兒制勝而還。」《藝經》：「碁品有九。」《漢書·蕭望之傳》：「公道立。」高下，見《郁靜巖壘石》。《南史·王湛傳》：「明帝好圍碁，置圍碁州邑，以建安王休仁為圍碁州都大中正，諶與沈勃、庾珪之、王抗四人為小中正。」按：九品中正，魏、晉官人之法也。又，《柳惲傳》：「再為吳興太守，梁武帝好弈棋，使惲品定《棋譜》，登諸格者二百七十八人，第其優劣，為《棋品》三卷。」

其六

莫將絕藝向人誇，新勢斜飛一角差。局罷兒童閒數子，不知勝負落誰家。○杜牧之《送國碁王逢》詩：「絕藝如君天下少。」 張喬《送碁待詔》詩：「闕下傳新勢。」張如哉曰：「《碁譜》有大斜飛█〔註2〕小斜飛。」《史記·夏侯嬰傳》：「開圍一角。」曹顏遠《圍棋賦》：「夫保角依邊，處山營也。」 勝負，見《其一》。王仲初詩：「不知秋思在誰家。」

題莊檀庵小像

錦里先生住錦涇，百花潭水浣花亭。子雲寂寞餘奇字，抱膝空山著一經。檀庵蓋蜀人而曾寓於吳者，故此詩及之。○《華陽國志》：「西城，故錦官城

〔註2〕墨丁，稿本、讀秀本作空格。

也。錦江濯錦其中則鮮明，故命曰錦里。」杜詩：「錦里先生烏角巾。」《一統志》：「錦帆涇在蘇州府吳縣城南盤門內。」　又：「浣花溪在成都縣西五里，一名百花潭。唐杜子美居此。」　第三句，見《行路難》。　《三國志·諸葛亮傳》：「常抱膝長嘯。」一經，見《贈蔡羽明》。

其二

相如書信達郵筒，入蜀還家意氣雄。卻憶故人天際遠，罷官嚴助在吳中。此是檀庵歸蜀後致書梅村，求為題像也。○首句，見《送志衍入蜀》，兼以郵筒借作郵筒用也。　第二句，暗用「相如傳乘傳至蜀，蜀太守以下郊迎，縣令負弩矢先驅，蜀人以為寵，因門下獻牛酒以交驩」等語。意氣，見《贈李雲田》。　白詩：「忽憶故人天際去。」　李詩：「陶潛未罷官。」嚴助，見《得嚴方公信》。吳中，出《史記·項羽紀》。

其三

把卷無人意惘然，故鄉雲樹夢魂邊。遙知石鏡山頭影，不及當時是少年。此首點出題像。○白詩：「把君詩卷燈前讀。」惘然，見《癸巳禊飲》。　杜詩：「渭北春天樹，江東日暮雲。」夢魂，見《贈遼左故人》。　石鏡，見《玉京墓》。《列仙傳》：「王子喬乘白鶴駐山頭。」

其四

舊朝人地擅簪纓，詞賦風流妙兩京。盡道阿兄多貴重，杜家中弟最知名。此首兼及檀庵家世。○人地，見《茸城行》。簪纓，見《送何省齋》。　《後漢書·張衡傳》：「時天下承平日久，自王侯以下，莫不踰侈。衡乃擬班固作《二京賦》，因以諷諫。」　阿兄，見《哭志衍》。貴重，見《遇劉雪舫》。第四句，見《送趙友沂》。

楚雲

楚雲，字慶娘。余以壬辰上巳，為朱子葵、子葆、子容兄弟招飲鶴洲，同集則道開師、沈孟陽、張南垣父子。妓有菀生者，與慶娘同小字，而楚雲最明慧可喜，口占贈之。壬辰上巳，道開師、朱子容、沈孟陽，見《補禊·序》。朱子葵、鶴洲，見《題鶴洲草堂》。《居易錄》：「張然，字陶菴。其父號南垣。」

十二峰頭降玉真，楚宮祓禊採蘭辰。陳思枉自矜能賦，不詠湘娥詠雒神。各首俱點一楚字，如《會真詩》之用鶯字也。○《天中記》：「巫山十二峰，

曰望霞、翠屏、朝雲、松巒、集仙、聚鶴、淨壇、上昇、起雲、飛鳳、登龍、聖泉。」
宋邕詩:「再到天台訪玉真。」　隋煬帝詩:「寶袜楚宮腰。」祓禊採蘭,見《畫蘭
曲》。　《魏志》有《陳思王植傳》。　子建《九詠》:「感漢廣兮羨游女,揚激楚兮詠湘
娥。」又,《洛神賦序》:「黃初三年,予朝京師,還濟雒川。古人有言:斯水之神,名
曰宓妃。感宋玉對楚王神女之事,遂作斯賦。」

其二

白蘋江上送橫波,擬唱湘山楚水歌。卻為襄王催按曲,故低紈扇簇
雙蛾。○柳文暢詩:「汀洲採白蘋,日暖江南春。」橫波,見《玉京墓》注。　湘山,
見《西南風》。楚水,見《壽龔芝麓》。　用襄王字,亦映合楚字也。按曲,見《琵琶
行》按歌。　紈扇,見《戲贈》。白詩:「宛轉雙蛾遠山色。」

其三

越羅衫子揉紅藍,楚玉鸞雛鏤碧簪。莫羨鴉頭羅襪好,一鈎新月印
湘潭。○杜詩:「越羅與楚練。」《古今注》:「燕支葉,中國人謂之紅藍。」　李詩:
「本是楚家玉。」鸞雛,見《青門曲》。韓詩:「山如碧玉簪。」　元裕之詩:「風沙昨
日又今朝,踏碎鴉頭路更遙。」《洛神賦》:「凌波微步,羅襪生塵。」　孫莘老詩:「一
鈎新月破黃昏。」《道山新聞》:「李後主宮嬪窅娘以帛繞腳,令纖小,屈上作新月狀。」
許仲晦詩:「湘潭萬里春。」

其四

新篘下若酒頻傾,楚潤相看別有情。小戶漫紃還一笑,眾中觥政自
縱橫。○蘇詩:「公餘試新篘。」下若,見《訪霍魯齋》。　《韻語陽秋》:「唐鄭谷《登
第後宿平康里》詩曰:『春來無處不閒行,楚潤相看別有情。』」　第三句,見《哭志
衍》。　《說苑》:「魏文侯與大夫飲酒,使公乘不仁為觥政。」

其五

風流太守綠莎廳,近水天桃入畫屏。最是楚腰嬌絕處,一雙鸂鶒起
沙汀。子葵曾為貴陽知府,故此首用太守事。綠莎廳亦在郡署中也。第四句並及畹
生。○蘇詩:「從今卻笑風流守。」《事文類聚》:「河中府有綠莎廳。」　周太樸詩:
「近水月光低。」文通《空青賦》:「曲障畫屏。」　盧子行詩:「楚腰寧且細。」　杜
詩:「一雙鸂鶒對沉浮。」沙汀,見《遇劉雪舫》。

其六

范蠡湖邊春草長，楚天歸去載夷光。人間別有朱公子，騎鶴吹笙是六郎。按：鶴洲草堂在范蠡湖上，為子蓉別業。子蓉等皆朱太傅謐文恪國祚之孫，世承廕官，故用公子字。末句兼及南垣父子。○《別賦》：「春草碧色。」楚天，見《送何省齋》。《拾遺記》：「越又有美女二人〔註3〕：一名夷光，一名修明。」注：即西施、鄭旦之別名。　朱公子，借用陶朱公子。　《唐書·張易之傳》：「武后時，太平公主薦其弟昌宗，得侍。昌宗白進易之。號易之為五郎，昌宗六郎。輕薄者又謠言昌宗乃王子晉後身，後使被羽裳，吹簫乘鶴，裴回庭中，如仙去狀。」

趙山子《同朱子葆訪子蓉別業留飲即事》：「著屐看雲樹，登舟繞雪廬。水寒魚尾定，風急雁心孤。門對裴休宅，橋通范蠡湖。此中閒抱膝，誰是混樵蘇。」

其七

畫梁雙燕舞衣輕，楚楚腰肢總削成。記得錢塘兩蘇小，不知誰箇擅傾城。此首兼及畹生，故用兩蘇小，即所謂同小字也。雙燕、楚楚，用字入妙。○趙承祐詩：「語近畫梁低。」元裕之詩：「為向杏梁雙燕道。」舞衣，見《鴛湖曲》。《詞話》：「孫何知杭州，柳永不得見，作《望海潮》詞，囑妓楚楚因宴會歌之，孫即迎柳預座。」腰肢，見《圓圓曲》。《洛神賦》：「肩若削成。」　兩蘇小，見《玉京道人墓》。　傾城，見《永和宮詞》。

其八

廬山攜妓故人留，白社流連謁惠休。早為朝雲求半偈，楚江明日上黃州。此首兼及道開。○廬山，見《贈蒼雪》注。李詩：「興來攜妓忩經過。」　白社，見《贈願雲師》。惠休，見《戲贈》。　子瞻《朝雲詩序》：「予家有數姬，獨朝雲隨予南遷。朝雲姓王氏，錢塘人。」半偈，見《閬園》詩其六注。子瞻《悼朝雲詩引》：「朝雲嘗從泗上比丘尼義沖學佛，亦略聞大義，誦《金剛經》四句偈而絕。」按：「早為」二字，舊事活用。而黃州楚地，故因楚雲楚字引出江字，因楚江引出黃州，兼言楚雲此時早聞佛義，若令其得隨東坡，則可以禪棲黃州，不至如朝雲之歿於海南也。　鮑詩：「箭迅楚江急。」《宋史·蘇軾傳》：「神宗獨憐之，以黃州團練副使安置。」

〔註3〕「人」，乙本作空格。

山塘重贈楚雲原注：楚雲故姓陸，雲間人。山塘，見《玉京彈琴歌》。

宣公橋畔響輕車，二月相逢約玩花。烏柏著霜還繫馬，停鞭重問泰娘家。第三首有「又一年」語，則此詩蓋癸巳九月作也。烏柏著霜，仍不忘二月之約矣。○《一統志》：「宣公橋在嘉興府東一里。」按：陸敬輿，嘉興人。橋以得名。輕車，見《彈琴歌》。　玩花，見《永和宮詞》。　烏柏，見《送龔孝升》。劉越石詩：「繫馬長松下。」　高達夫詩：「停鞭惜舊遊。」泰娘，見《虎丘夜集圖》。劉夢得詩：「泰娘家本閶門西。」蘇詩：「駐馬橋邊問泰娘。」

其二

家住橫塘小院東，門前流水碧簾櫳。五茸城外新移到，傲殺機雲女侍中。楚雲現住山塘，本由松江移到也。末句兼點陸姓。○崔顥詩：「妾住在橫塘。」劉夢得詩：「來自長陵小市東。」　常建詩：「直到門前溪水流。」簾櫳，見《王郎曲》。　五茸，見《茸城行》。　機雲，見《九峰草堂歌》。《北史》：「胡國珍女即靈太后妹，為元乂妻，拜女侍中。」又，《陸昕之傳》：「尚獻文女常山公主。公主奉姑有孝稱。神龜初，與穆氏琅邪長公主竝為女侍中。」又，《任城王澄傳》：「神龜元年，詔加女侍中，貂蟬同外侍中之飾。」

其三

月夜分攜幾度圓，語溪芳草隔雲煙。那知閶闔千條柳，拋撇東風又一年。此首於重逢之後追話別緒也。○分攜，見《贈願雲師》。李詩：「薔薇幾度花。」《一統志》：「語溪在嘉興府石門縣東南一里，一名語兒中涇，又名沙渚塘，下入運河。」芳草，見《鴛湖曲》。陸士衡詩：「寒水入雲煙。」　《吳越春秋》：「閶門者以象天門，通閶闔風也。」《蘇州府志》：「西北門也。」劉夢得詩：「春江一曲柳千條，二十年前舊板橋。曾與美人橋上別，恨無消息至今朝。」　韋應物詩：「今日花開又一年。」

其四

挾彈城南控紫騮，葳蕤春鎖玉人留。花邊別有秦宮活，不數人間有秺侯。○挾彈，見《子夜歌》。城南，見《琵琶行》。控紫騮，見《送吳贊皇》。《古樂府·烏夜啼曲》：「歡下葳蕤鎖，教儂那得送。」玉人，見《永和宮詞》。《後漢書·梁冀傳》：「愛監奴秦宮。」李長吉詩：「秦宮一生花底活。」《漢書·佞倖傳》：「昭帝時，駙馬都尉秺侯金賞嗣父車騎將軍日磾爵為侯。」

虞美人《碧雞漫志》：「《益州草木記》：『雅州名山縣出虞美人草，如鷄冠花，葉兩相對，為唱虞美人曲，應拍而舞。他曲則否。』」《群芳譜》：「又名舞草。」

　　咸陽宮闕早成塵，莫聽歌聲涕淚頻。若遇戚姬悲薄命，幸無如意勝夫人。○《史記・項羽紀》：「羽引兵西，居咸陽，燒秦宮室。」按：燒宮室在漢元年，垓下之戰在漢五年，故云早。李君虞詩：「隋家宮闕已成塵。」　《羽紀》：「夜聞漢軍四面皆楚歌，項王則夜起，飲帳中，有美人名虞，常幸從。於是項王乃悲歌慷慨，美人和之，項王泣數行下。」　戚姬、如意，見《永和宮詞》注。薄命，見《玉京墓》。《史記・張丞相傳》：「趙堯進請問曰：『陛下所為不樂，非為趙王年少而戚夫人與呂后有郤耶？』」

　　　　襄陵盧秉純（字性香）《詠虞美人》云：「一枝倚徙顫春風。」又引《詩家話楚》中「竹是淚痕花血點，情緣不死兩重瞳」。按：《虞美人》，詞名也。世皆以虞兮當之。然《後漢書・梁皇后紀》：「美人虞氏子炳立，是為沖帝。」又曰：「虞美人者，以良家子，年十三選入掖庭。又生女舞陽長公主。熹平四年，乃拜虞大家為顯陵貴人。」而詩詞家均未詠及，何也？

過魚山曹植墓《魏志・陳思王植傳》：「初，植登魚山，臨東阿，喟然有終焉之志，遂營為墓。」《一統志》：「曹植墓在泰安府東阿縣西八里魚山西麓。」

　　小穀城西子建祠，魚山刻石省躬詩。君家兄弟空搖落，惆悵秋墳採豆枝。末二句用意澹遠。○《春秋・莊三十二年》：「城小穀。」《後漢書・郡國志》：「穀城，春秋時小穀。」　《文選》子建《責躬應詔詩表》，《注》：「文帝即位，念其舊事，徙封鄄城侯。後求見帝，帝責之，居西館，未許朝。故子建獻此詩也。」　君家兄弟，見《送何省齋》。搖落，見《讚佛詩》。　豆枝，見《雒陽行》。

其二

　　鄴臺坐法公車令，菑郡憂讒謁者書。天使武皇全愛子，黃初先已屬倉舒。集作「蒼」，非。　末二句言植固操之愛子，然天若使操全其愛子，則黃初年號當不在丕而在倉舒也。反言之辭。○《一統志》：「鄴縣故城在彰德府臨漳縣西，本漢鄴縣，曹操以為鄴都，作三臺。」《魏志》：「建安十五年，作銅雀臺。十八年，作金虎臺。其後又作冰井臺。」又，《植傳》：「建安十六年，封平原侯。十九年，徙封臨菑侯。植嘗從車行馳道中，開司馬門出，太祖大怒，公車令坐死。由是重諸侯科禁，而植寵曰衰。」　范希文《岳陽樓記》：「憂讒畏譏。」《植傳》：「文帝即王位，植與諸侯並就國。監國謁者灌均希指奏植醉酒悖慢，劫脅使者，有司請治罪。」　《魏志・邴原

傳》：「時太祖愛子倉舒亦歿。」　黃初，見《送施愚山》。倉舒，見《永和宮詞》。《魏略》：「文帝常言：『若使倉舒在，我亦無天下。』」

以武皇稱老瞞，殊屬未允。然文通《銅爵妓》樂府「武皇去金閣，英威長寂寞」，已先有之矣。《池北偶談》：「古來文人稱操，率曰魏武，曰曹公，於昭烈反曰先主，曰劉備，亦習而不察耳。」

釣臺見《讀西臺記》。

少有高名隱富春，南陽遊學為亡新。高皇舊識屠沽輩，何似原陵有故人。○並見《讀西臺記》注。　《後漢書·嚴光傳》：「少有高名。」　《漢書·王莽傳》：「定有天下之號曰新。」　屠沽，見《茸城行》。　《後漢書·明帝紀》：「葬光武皇帝於原陵。」

贈妓郎圓俞無殊《香奩社集分詠諸姬》：「瓜時初過正嬌嬈，煙葉雙眉不待描。濃睡未醒鸚鵡喚，曉妝難竟畫船邀。清歌疑傍爐煙散，艷影愁隨蠟淚消。一笑尊前似曾識，朝來莫共楚雲飄。」自注：郎元。張如哉曰：「郎圓即郎元也。」

輕靴窄袖柘枝裝，舞罷斜身倚玉床。認得是儂偏問姓，笑儂花底喚諸郎。○首句，見《鴛湖曲》。　李詩：「西施醉舞嬌無力，斜倚東牕白玉床。」　陸務觀詩：「惟有山僧認得儂。」宋延清詩：「野人相問姓。」　蘇詩：「瀧吏無言只笑儂。」李長吉詩：「秦宮一生花底活。」元詩：「念奴潛伴諸郎宿。」

偶成

好把蛾眉鬭遠山，鈿蟬金鳳綠雲鬟。畫堤無限垂垂柳，輸與樓頭謝阿蠻。亦贈妓之作。○《飛燕外傳》：「女弟合德入宮，為薄眉，號遠山黛。」　皮襲美詩：「金鳳欲為鷟引去，鈿蟬疑被蝶勾回。」雲鬟，見《讚佛詩》。　武昌妓詩：「武昌無限新栽柳。」垂垂，見《山茶花》。　謝阿蠻，見《雜感》。

其二

海棠花發兩三枝，燕子呢喃春雨時。恰似闌干嬌欲醉，當年人說杜紅兒。○白詩：「揀得如花三兩枝。」　宋景文詞：「燕子呢喃，景色乍長春畫。」　闌干，見《西泠閨詠》。　《摭言》：「鄜州籍中有紅兒，善為音聲，羅虬為作絕句百首，號《比紅兒詩》。」

感舊見《遇南廂園叟》。

赤欄橋護上陽花，翠羽雕籠語絳紗。羨殺江州白司馬，月明亭畔聽琵琶。此首蓋舊相憐者新有所主也，語意敦厚。○《一統志》：「赤欄橋在台州府城東南一百二十里，上有亭，東西有樓。」上陽花，見《永和宮詞》。《雒神賦》：「或拾翠羽。」禰正平《鸚鵡賦》：「閉以雕籠。」絳紗，見《無題》其四注。三四句，見《琴河感舊·序》。《一統志》：「琵琶亭在九江府德化縣西大江濱。」

　　　張如哉曰：「梅村於狹斜中所不能忘情者，卞玉京也。其逸詩《春思二首》有云：『幾度赤欄橋上望，似君蘭楫向橫塘』；『曲巷春深訪泰娘，方疏碧戶隱橫塘。』即《琴川感舊》之『記得橫塘秋夜好，玉釵恩重是前生』也。『素手烏絲怨筆床』，與傳中『知書，工小楷』合。『眉邊寫恨濕琴囊』，與傳中『能琴』合，甚明無疑。此詩之『赤欄橋護上陽花』，參之《春思》詩之『幾度赤欄橋上望』，赤欄橋在台州，或即傳中『踰兩年，渡浙江，歸於東中一諸侯』之謂與？詩之編次，亦正在癸巳以前，此詩當亦為玉京作也。」

贈寇白門

白門，故保國朱公所畜姬也。保國北行，白門被放，仍返南中。秦淮相遇，殊有淪落之感，口占贈之。《板橋雜記》：「寇湄，字白門。娟娟靜美，跌宕風流，能度曲，善畫蘭，粗知拈韻。十八九年時，為保國公購之，貯以金屋。甲申三月，京師陷，保國公生降，家口沒入官。白門以千金予保國贖身，匹馬短衣，從一婢而歸。酒酣耳熱，或歌或哭，亦自歎美人之遲暮，嗟紅豆之飄零也。」按：《明史·朱謙傳》：「朱國弼，保國公永五世孫。天啟初，劾魏忠賢。崇禎時，劾溫體仁。及至南京，進保國公，乃與馬士英、阮大鋮相結，以訖明亡。」則保國生降不在甲申三月，《板橋雜記》誤也。陳其年《婦人集》：「寇白門，南院教坊中女也。朱保國公娶姬時，令甲士五千，俱執絳紗燈，照耀如同白晝。國初，籍沒諸勳衛，朱盡室入燕都，次第賣歌妓自給。姬度亦在所遣中，一日，謂朱曰：『公若賣妾，所得不過數百金，徒令妾落沙叱利之手。且妾未即死，尚能持我公陰事。不若使妾南歸，一月之間，當得萬金以報。』公度無可奈何，縱之歸。越一月，果得萬金。」自此首以後，為梅村應召後途中作。

南內無人吹洞簫，莫愁湖畔馬蹄驕。殿前伐盡靈和柳，誰與蕭娘鬬舞腰。音餘弦外，妙得唐賢三昧。○張承吉詩：「月明南內更無人。」洞簫，見《行路難》。《一統志》：「莫愁湖在江寧府江寧縣三山門外。明時為徐家山園。相傳為莫愁舊居，因名。」《詩》：「四牡有驕。」《南史·張緒傳》：「劉悛之為益州刺史，獻

蜀柳數株，武帝以植於太昌靈和殿前。」　蕭娘，見《鴛湖閨詠》。劉夢得《楊柳枝詞》：
「美人樓上鬬腰肢。」沈通理詩：「笑把纖腰鬬柳枝。」

其二

　　朱公轉徙致千金，一舸西施計自深。今日祇因句踐死，難將紅粉結
同心。此首以朱公比國弼，西施比白門，句踐比福世子也。首二句白門為朱公所畜
妓。三四句保國北行，白〔註4〕門被放。○首二句，見《礬清湖》。　紅粉，見《蕩子
行》。結同心，見《戲贈》。

其三

　　同時姊妹入奚官，挏酒黃羊去住難。細馬馱來紗罩眼，鱸魚時節到長
干。前二句是保國家口入官。後二句是曰〔註5〕門被放，重到金陵也。○奚官，見《馬
草行》。《南史·元兇劭傳》：「有女巫嚴道育，夫為卻坐，沒入奚官。」《隋書·刑法志》：
「母妻姊妹及應從坐棄市者，妻子女妾同補奚官為奴婢。」按：此詩姊妹與《隋書》異，
蓋即《板橋雜記》盒子會姊妹耳。　挏酒，見《海戶曲》。黃羊，見《贈馮訥生》。蔡文
姬《胡笳拍》：「去住兩情兮難具陳。」　李詩：「胡姬十五細馬馱。」袁中郎詩：「罩眼
一寸紗。」　《本草綱目》：「鱸出吳江、淞江尤盛。四五月方出。」長干，見《行路難》。

其四

　　重點盧家薄薄妝，夜深羞過大功坊。中出內宴香車入，寶髻雲鬟列
幾行。此首再到金陵矣。然所以羞過大功坊者，中山內宴，寶髻雲鬟已成往事也。○
盧家，見《彈琴歌》。韓致光詩：「裛娜腰肢淡薄粧。」　大功坊、中山內宴，見《彈
琴歌》。　王詩：「羅幃送上七香車。」　李詩：「山花插寶髻。」雲鬟，見《讚佛詩》。

其五

　　曾見通侯退直遲，縣官今日選蛾眉。窈娘何處雷塘火，漂泊楊家有雪
兒。用「曾見」二字，無限感慨。○通侯，見《楚兩生行》。《齊書·張忻泰傳》：「下直
輒遊園池。」　縣官，見《鴛湖曲》。　窈娘，見《戲贈》。雷塘，見《揚州》。　漂泊，
見《避亂》。《北夢瑣言》：「雪兒者，李密之愛姬。每見賓客文章奇麗者，即付雪兒叶
音律以歌之。」按：楊家字疑合用徐德言妻事也。詳《奔拂》。

〔註4〕「白」，乙本誤作「曰」。
〔註5〕「白」，乙本誤作「曰」。

其六

舊宮門外落花飛，俠少同遊並馬歸。此地故人驪唱入，沉香火暖護朝衣。此首追感保國。○《大清一統志》：「明故宮在江寧府上元縣。」　俠少，見《王郎曲》。《國語》：「世同居，少同遊。」白詩：「吳郡無春並馬行。」《北史·郭祚傳》：「故事：令僕中丞驪唱而入。」　沉香，見《永和宮詞》注。別見《鴛湖曲》。

> 毛大可《寄寇白門》詩：「莫愁艇子載琵琶，漫向青溪摘藕花。舊日侯門君記否，廣陵城下召平家。」

題殷陟明仙夢圖

蕉團桐笠御風行，夢裏相逢話赤城。自是前身殷七七，今生贏得是詩名。清新之作。○蕉團，見《觀華嚴會》。御風行，見《登縹緲峰》。　晏叔原詞：「猶恐相逢是夢中。」赤城，見《遣悶》。　前身，見《圓圓曲》。《全唐詩》：「殷七七，名天祥，又名道筌。嘗自稱七七，不知何所人。遊行天下，不測其年，壽面光白若四十許人。每日醉歌道上，周寶鎮浙西，師敬之。嘗試其術，於九月令開鶴林寺杜鵑花，有驗。」　詩名，見《無題》。

下相極樂庵讀同年北使時詩卷
下相，見《下相懷古》。極樂菴，見《晤陸紫霞》。按：《山東通志》，崇禎辛未進士左懋第，而梅村為辛未會試第一人。玩詩意，當為左作也。見《東萊行》及《讀史雜感》。《明詩綜》：「懋第以兵部右侍郎兼都御史督師河北，充通問使。不屈，誅。」

蘭若停驂灑墨成，過河持節事分明。上林飛雁無還表，頭白山僧話子卿。灑墨，指蘿石作詩時。末句是極樂庵僧與梅村同話蘿石。○《韻會》：「浮屠所居，西域謂之蘭若。」停驂，見《琴河感舊》。高季迪詩：「醉後灑墨能淋漓。」《大清一統志》：「黃河自河南虞城縣流逕碭山縣北、豐縣南，又東逕蕭縣北，又東南至銅山縣城東北，又東逕邳州南、睢寧縣北，又東逕宿遷縣南，東南流入淮安府桃源縣界。」《後漢書·宗室傳》：「更始拜光武行大司馬，持節過河。」《漢書·蘇武傳》：「教使者謂單于言天子射上林中，得雁，足有繫帛書，言武等在某澤中。」　庾詩：「山僧或見尋。」子卿，見《東萊行》。

> 《明史·懋第傳·贊》：「仗節全貞，蹈死不悔，於奉使之義亦無愧焉。」梅村屢以子卿比之，可云詩史。

下相懷古見五言古。

戲馬〔註6〕臺前拜魯公，興王何必定關中。故人子弟多豪傑，弗及封侯呂馬童。此首寫五古未盡之意。○《一統志》：「徐州府戲馬臺在銅山縣南。」《水經注》：「彭城南有項羽掠馬臺。」《史記·項羽紀》：「始，楚懷王初封項籍為魯公。」《晉書·劉隗傳》：「志奉興王。」《羽紀》：「人或說項王曰：『關中阻山河，四塞地肥饒，可都以霸。』」又：「顧見漢騎司馬呂馬童，曰：『若非吾故人乎？』」又：「吳中子弟皆已憚籍矣。」又：「梁部署吳中豪傑校尉。」又：「封呂馬童為中水侯。」

過昌國昌國，見《夜宿阜昌》。

樂生去國罷登壇，長念昭王知己難。流涕伐燕辭趙將，忍教老死在邯鄲。此首即五古之意，而抽出言之。○樂生，見《夜宿阜昌》。樂毅《報惠王書》：「忠臣去國，不潔其名。」登壇，見《送杜弢武》。二三句，見《夜宿阜昌》。《唐書·魏元忠傳》：「然知己難而所遇罕。」退之《送李愿序》：「老死而後止者。」邯鄲，見《贈家侍御》。

任丘《一統志》：「任丘縣在河間府北七十里。」張如哉曰：「此首應編次《臨清大雪》之後。」

回首鄉關亂客愁，滿身風雪宿任丘。忽聞石調邊兒曲，不作征人也淚流。此首與《過鄭州》同時作。○張道濟詩：「何處是鄉關。」儲光羲詩：「朝暮增客愁。」風雪，見《贈馮訥生》。沈存中《筆談》：「霓裳本謂之道調法曲，今《獻仙音》乃小石調耳。」李詩：「白馬誰家子，黃雲邊塞兒。」王表詩：「無端更唱關山曲，不是征人亦淚流。」

臨清大雪《一統志》：「臨清州在東昌府西北一百二十里。」《左傳·隱九年》：「凡平地尺為大雪。」

白頭風雪上長安，裋褐疲驢帽帶寬。辜負故園梅樹好，南枝開放北枝寒。將排律即事言懷縮於二十八字之中，故是極筆。○裋褐，見《雪中遇獵》。疲驢，見《韓蘄王墓》。李長吉詩：「秦風帽帶垂。」《摭異》：「蜀中有紅梅數本，郡侯建閣扃鑰，遊人莫得而見。一日，有兩婦人高髻大袖，憑欄一笑。啟鑰，聞不見人。東壁有詩云：『南枝向暖北枝寒，一種春風有兩般。憑仗高樓莫吹笛，大家留取倚欄

〔註6〕「馬」，乙本誤作「馮」。

干。』」《群芳譜》：「大庾嶺上梅花，南枝已落，北枝方開。」阮紫坪曰：「末句乃元初無名氏嘲文文山之弟文璧語也。」

阻雪

　　關山雖勝路難堪，轣上征鞍又解驂。十丈黃塵千尺雪，可知俱不似江南。與前首同時作。思歸之意，溢於言表。○關山，見《琵琶行》。杜必簡詩：「艱險促征鞍。」　王詩：「側聞塵外遊，解驂輄朱輪。」　張淮詩：「九陌風光十丈塵。」楊炯詩：「千里暗黃塵。」　明徐惟和《交河道中》詩：「不用襄帷縱遊目，斷無山色似江南。」

　　　　《〈漢書・袁安傳〉注》：「大雪積地丈餘。」李詩亦云「陰山三丈雪」〔註7〕而已。《名勝志》：「千尺雪在寒山中。趙宧光所創，鑿石為澗，引泉為池，勢如瀑布，號千尺雪。」然寒山在蘇州，亦與下句「似江南」不合。蓋如「白髮三千丈」之類甚言之耳。十丈黃塵，梅村亦無從量之也。讀者勿以詞害意。

送王元照還山原注：王善書畫。弇州先生曾孫。偶來京師。舊廉州太守也。　元照，見《九友歌》。《晉書・郭文傳》：「求還山。」《感舊集》收其二、其四、其六。　自此首以後，為梅村入京後作。

　　青山補屋愛流泉，畫裏移家就輞川。添得一舟乘興上，煙波隨處小遊仙。其五有「聞道相公談翰墨」，其七有「河北三公一紙書」，蓋元照赴時相之招而來京師，梅村於京中送之也。此首寫出元照以畫出山。○杜詩：「牽蘿補茅屋。」流泉，見《六真歌序》。　張如哉曰：「《異聞實錄》：『陳季卿家江南，舉進士不成，訪青龍寺，東壁有寰瀛圖。季卿指曰：安得自渭達河至家？旁有終南山翁，笑曰：此不難。命折竹葉作舟，置圖上，令季卿熟視，久之，覺波浪起，葉漸巨，恍然若登舟，旬餘至家。』」移家，見《遇舊友》。《舊唐書・王維傳》：「得宋之問藍田別墅，在輞口。輞水周於舍下。嘗聚其田園所為詩，號《輞川集》。」《一統志》：「輞穀水在西安府藍田縣南。」　乘興，見《題河渚圖》。　《唐書・張志和傳》：「自稱煙波釣徒。」郭景純有《遊仙詩》。曹孟松有《小遊仙詩》。

　　　　按：《一統志》於藍田古蹟不載輞川，而流寓亦遺摩詰，何耶？

〔註7〕按：李白《獨不見》：「天山三丈雪，豈是遠行時。」另，袁宏道《往有誤傳龍　　　　君御死者作詩哭之，後讀塘報始知君御方立功塞上，喜不自勝，因並前詩存之　　　　以識之情》：「陰山三丈雪，千里白旄旗。」

其二

始興公子舊諸侯，丹荔紅蕉嶺外遊。席帽京塵渾忘卻，被人強喚作廉州。此首是舊廉州太守。○始興，見《觀萬歲通天帖》。　退之《羅池廟碑》：「荔子丹兮蕉黃。」駱賓王詩：「紅蕉臘月花。」嶺外，見《送顧蒨來》。　黃魯直詩：「紅塵席帽烏鞾裏。」陸士衡詩：「京洛多風塵。」《異聞錄》：「邢鳳夢中詩：『舞袖弓灣渾忘卻。』」　《一統志》：「廉州府在廣東布政司西南一千四百九十里。」

其三

報國松根廟市開，公侯車馬鬭如雷。疲驢一笑且歸去，刑部街前曾看來。原注：刑部街，舊廟市開處也。此首是偶來京師，旋動歸興也。○報國松，見《題河渚圖》。《一統志》：「慈仁寺在廣寧門內，本遼金時報國寺。每月朔望及二十五日有集。」　《詩》：「如霆如雷。」　疲驢，見《韓蘄王墓》。　《一統志》：「刑部在皇城西貫城坊內，有集。」

其四

內府圖書不計錢，漢家珠玉散雲煙。而今零落無收處，故國興亡已十年。此首就京師畫卷言之，是思歸之由。○《周禮》：「內府掌受九賦九貢九功之貨。」　陸士衡詩：「寒水入雲煙。」

其五

布衣懶自入侯門，手跡流傳姓氏存。聞道相公談翰墨，向人欲訪趙王孫。此首寫出元照身份。○布衣，見《送沈繹堂》。侯門，見《圓圓曲》。　手跡，見《京江圖·序》。杜詩：「今人嗤點流傳賦。」　相公，見《雁門尚書行》。翰墨，見《送沈繹堂》。　楊仲弘《趙公行狀》：「諱孟頫，字子昂，宋太祖子秦王德芳之後。」

> 董文驥（字玉虯）《和韻》：「故國重來客薊門，宣和遺跡一無存。白頭只索丹青引，文采風流舊子孫。」

其六

朔風歸思滿蕭關，筆墨荒寒點染間。何似大癡三丈卷，萬松殘雪富看山。蕭關，乃借用字，言北遊不如南歸也。○朔風，見《觀通天帖》。歸思，見《送志衍入蜀》。蕭關，見《玉京墓》。　周美成詞：「念荒寒，寄宿無人館。」點染，見《京

江圖‧序》。　《畫史》:「黃公望,字子久,自號大癡。」夏文彥《圖繪寶鑑》:「子久
居富春,領略江山釣灘之概。」

　　　　《居易錄》:「王茂京原祁,王煙客孫端士長子也。有《仿大癡富春山嶺畫自
　　　題絕句》云:『橫岡側面出煙鬟,小樹周遮雲往還。尺幅彎容寫荒率,曉來剪取
　　　富春山。』」

其七

　　河北三公一紙書,浪遊何處曳長裾。歸田舊業春山盡,華子岡頭自
釣魚。此首亦思歸之意。○《史記‧項羽紀》:「鉅鹿之北,此所謂河北之軍也。」《唐
書‧地理志》:「太宗分天下為十道,四曰河北。」一紙書,見《贈家園次》。　浪遊,
見《送純祜浙幕》。《漢書‧鄒陽傳》:「何王之門不可曳長裾乎?」　歸田,見《贈家
侍御》。舊業,見《雕橋莊歌》。春山,見《送志衍入蜀》。《唐書‧王維傳》:「別墅在
輞川地,奇勝有華子岡。」

　　　　謝靈運《遊名山志》:「華子岡,麻山第三谷。故老相傳華子期者,用里弟
　　　子,翔集此頂,故華子為稱也。」按:靈運本傳:「移籍會稽,修營別業,作《山
　　　居賦》,並自注,以言其事。」是會稽別有華子岡,不獨輞川矣。

其八

　　五馬南來韋使君,故人相見共論文。酒闌面乞黃堂俸,明日西山買
白雲。此首是遇南來之友,贈以南歸之貲也。送字於言外得之。○《古樂府》:「使君
從南來,五馬立踟躕。」按:韋使君,指韋皋。見《嘲張南垣》。　杜詩:「故人相見
未從容。」　酒闌,見《行路難》。《演繁露》:「《郡國志》曰:『雞坡之側,即春申君
之子假居之地也。後有守居之,以數失火,故塗以雄黃,遂名黃堂。』」　買山,見《東
萊行》。

　　　　按:元照曾守廉州,是自有黃堂俸也。而云「面乞」者,蓋乞於五馬新來者
　　　耳。

伍員《史記‧伍子胥傳》:「楚人也,名員。」

　　投金瀨畔敢安居,復楚奔吳數上書。手把屬鏤思往事,九原歸去遇
包胥。此首是讀伍子胥傳而作,非過投金瀨也。蓋梅村時已入都矣。○投金瀨,見
《讀史雜詩》其六。■〔註8〕　《伍子胥傳》:「始,伍員與申包胥為交。員之亡也,謂

─────────────────

〔註 8〕墨丁,稿本作空格。

包胥曰：『我必覆楚。』包胥曰：『我必存之。』」又：「伍胥懼，乃與勝俱奔吳。」按：《子胥傳》數諫吳王，而不載其上書事，蓋諫即上書也。 《吳越春秋》：「吳王聞子胥之怨恨，乃使人賜屬鏤之劍。」 《禮》：「趙文子與叔譽觀乎九原。」

　　　　　陸雲士曰：「二胥自當把臂而笑。」

偶見

　　新更梳裏簇雙蛾，窅地長衣抹錦靴。總把珍珠渾裝卻，奈他明鏡淚痕多。此詠閨裝，蓋新更髻履時也。○柳耆卿詞：「終日厭厭倦梳裏。」雙蛾，見《楚雲》。 尹鶚詞：「鸞鳳衣裳香窅地。」錦靴，見《雪中遇獵》。 江采蘋詩：「何必珍珠慰寂寥。」 杜必簡詩：「淚痕銷夜燭。」

其二

　　惜解雙纏只為君，豐趺羞澀出羅裙。可憐鴉色新盤髻，抹作巫山兩道雲。○雙纏，見《蕩子行》。 李孔集曰：「溫飛卿《錦鞋賦》：『豐趺縞錦之奇。』」 梁武帝《書評》：「羊欣書似婢作夫人，舉止羞澀。」杜牧之詩：「笑把花前出畫裙。」《古西洲曲》：「雙鬢鴉雛色。」《古今注》：「長安婦人好為盤桓髻。」 李文山詩：「鬢壓巫山一段雲。」

題帖

　　孝經圖像畫來工，字格森嚴自魯公。第一丹青天子孝，累朝家法賜東宮。原注：禁本有《孝經圖》，周昉畫，顏魯公書。神廟時，曾發內閣重裱。今在吏部侍郎孫公處。此首詠帖之貴。○《唐書・藝文志》：「韓愈、柳宗元等排逐百家，法度森嚴。」又，《顏真卿傳》：「字清臣。代宗立，遷尚書右丞，封魯郡公。善正草書，筆力遒婉，世寶傳之。」《孝經》：「乃天子之孝也。」 家法，見《永和宮詞》。《詩》：「東宮之妹。」《疏》：「太子居東宮。」 禁本，見《永和宮詞》。《歷代名畫記》：「周昉，字景元。官至宣州長史。按：孫公，承澤也。見《退谷歌》。

　　　　　王貽上曾跋此詩，錄《談藪》。

其二

　　金元圖籍到如今，半自宣和出禁林。封記中山王印在，一般烽火竟銷沉。原注：甲申后，質慎庫圖書百萬卷，皆宣和所藏，金自汴梁輦入燕者。歷元及明初無恙。徐中山下大都時，封記尚在。今皆散失不存。此首詠帖之變。○圖籍，見

《短歌》。　《宋史‧地理志》：「宣和殿在睿思殿後。」又，宋徽宗年號。《西都賦》：「集禁林而屯聚。」　中山，見《遇南廂園叟》。　烽火，見《閬州行》。銷沉，見《茸城行》。　《明史‧藝文志》：「明太祖定元都，大將軍收圖籍，致之南京。復召求四方遺書。北京既建，運致北京。」　大都，見《海戶曲》。

南苑應制

　　綠楊春繞栢梁臺，羽蓋梢雲甲帳開。知是至尊親講武，日邊萬馬射生來。此亦近體各賦一首中作妙合體裁。〇綠楊，見《避亂》。栢梁，見《東萊行》。　羽蓋，見《海市》。何仲言詩：「拱樹梢雲密。」《漢書‧西域傳‧贊》：「孝武之世，興造甲乙之帳。」　講武，見《海戶曲》。　《晉書‧明帝紀》：「不聞人從日邊來。」萬馬，見《雁門尚書行》。《唐書‧郭子儀傳》：「敕射生五百騎執戟寵衞。」

題石田畫芭蕉 石田，見《後東皋歌》。

　　一葉芳心任卷舒，客愁鄉夢待何如。平生枉用藤溪紙，綠玉窗前好寫書。此首有言外意。〇錢翊《芭蕉詩》：「芳心猶卷怯春寒。」　■■■■■■■■■客愁。〔註9〕鄉夢，見《訪霍魯齋》補注。■〔註10〕　藤溪，見《贈湖州守》注。《正字通》：「寒玉，竹別名，亦曰綠玉。」《群芳譜》：「僧懷素性嗜書，無紙，種蕉數萬本，取葉供書，號所居曰綠天。」

其二

　　不妨修竹共檀欒，長對蕭蕭夜雨寒。卻笑休文強多事，後人仍作畫圖看。此首有與物無競之意。〇枚叔《兔園賦》：「修竹檀欒夾池水。」　何仲言詩：「夜雨滴空堦。」韓詩：「從今有兩君須記，來聽蕭蕭打葉聲。」《梁書‧沈約傳》：「字休文。」沈休文《修竹彈芭蕉文》：「淇園長貞幹臣修竹稽首言：切尋姑蘇臺前甘蕉一蕻，妨賢敗類，請以見事，徙根剪葉，斥出臺隅。」《韓非子》：「喜之則多事。」畫圖看，見《虎丘圖》。

　　　　張如哉曰：「『蕭蕭』，或疑作『瀟瀟』，非也。杜詩：『江上日多雨，蕭蕭荆楚秋。』」

〔註9〕「■■■■■■■客愁」，稿本、天圖本、讀秀本作「李頎詩：一夜灞涘送客愁」。按：此句實出李涉《再宿武關》。
〔註10〕墨丁，稿本、讀秀本作空格。

口占見話雨聯句

欲買溪山不用錢，倦來高枕白雲邊。吾生此外無他願，飲谷棲丘二十年。此詠懷之作。○《雲溪友議》：「于頔與戴符買山錢百萬。」 杜詩：「高枕遠江聲。」 《宋書・宗炳傳》：「棲丘飲谷，三十餘年。」

無為州雙烈詩原注：為嘉定學博沈陶軒賦。 《一統志》：「無為州在廬州府東南二百六十里。」 陸世儀《桴亭集・雙白鷺詩序》：「濡須沈氏女琇娘嫁陸氏。陸有女名蟾姑，甚相得。壬午，流寇陷濡須，陸氏舉家竄。琇娘與蟾姑以巾連屬手臂，相率投瞖井死。每至昏暮，有二白鷺飛翔井上，人以為二女之精靈。」

濡須城下起干戈，二女芳魂葬汨羅。安得米顛書大字，井邊刻石比曹娥。妙在切題。○濡須，見《江上》。 吳師道詩：「楚客芳魂不可招。」《史記・屈原傳》：「遂自投汨羅以死。」《綱目質實》：「汨羅，江名，在長沙府湘陰縣北十里。」 《宋史・米芾傳》：「知無為軍，特妙於翰墨，得王獻之筆意。」文宋瑞詩：「袍笏橫斜學米顛。」 曹娥，見《哭亡女》注。

為李灌谿侍御題高澹遊畫程迓亭《婁東耆舊傳》：「李模，字子木，號灌溪。」 《蘇州府志》：「模其先太倉人，移居郡城。天啟乙丑進士，除東莞知縣，擢御史。」 《江南通志》：「高簡，字澹遊，吳縣人。畫清曠，得倪瓚法。亦能詩。」

煙雨扁舟放五湖，自甘生計老菰蒲。誰將白馬西臺客，寫作青牛道士圖。點染入妙。○杜牧之詩：「多少樓臺煙雨中。」五湖，見《贈家侍御》。 薛陶臣詩：「生計是琴書。」菰蒲，見《塗松晚發》。 《後漢書・張湛傳》：「拜光祿勳。光武臨朝，或有惰容，湛輒陳諫其失。常乘白馬，帝每見湛輒，言：白馬生且復諫矣。」 《演繁露》：「御史，長安名西臺，而洛陽為東臺。」 青牛道士，見《呈李太虛》注。
　　　　　僧元祚《寄高澹遊詩》：「賣盡青山說買山，高年正好學偷閒。洞庭盡有梅花屋，何不攜家住此間。」

題釣隱圖原注：贈陳鴻文。

綠波春水釣魚槎，縮項雙鯿付酒家。忘卻承明曾待詔，武陵溪上醉桃花。寫出鴻文身份。○《別賦》：「春水綠波。」《字典》：「槎，桴也。同查。」 《襄陽耆舊傳》：「峴山下漢水中出鯿魚肥美，常禁人採捕，遂以槎斷水，固謂之槎頭縮項鯿。」 《南史・陶潛傳》：「顏延之為始安郡，經過，潛每往，必酣飲致醉。延之臨去，留二萬錢與潛，悉送酒家，稍就取酒。」 承明，見《送何省齋》。待詔，見《讚佛詩》。 第四句，見《退谷歌》。

吳詩補注

卷十七

子夜歌

　　眾中于鵠詩：「眾中不敢分明語。」

子夜歌答閩妓。

　　美人蕉張如哉曰：「以『蕉』讔『焦』，本《左傳》『無棄蕉萃』。」

新翻子夜歌

　　心腸熱宋玉《神女賦》：「順序卑，調心腸。」蘇子由詩：「清池解洗春心熱。」
〇貂覆廣額張如哉曰：「宋吳文英（字君特）詞：『茸茸狸帽遮梅額。』是此粧已古
矣。」

古意

　　春風吹不去子山《謝趙王賚白羅袍袴啟》：「鳳不去而恒飛，花雖寒而不落。」

題歸玄恭僧服小像《魏書·釋老志》：「施以僧服。」

　　道者《南史·夷貊傳》：「沙汰沙門，罷道者數百人。」

戲贈

參學黃鎮成詩：「直到無生參學畢，逢人遮莫說輪廻。」○**鮰議**程迓亭《據梧齋塵談》：「鮰鮮鱣鱔，同一字耳。今誤刊作鮰。」

汴梁

風雨昏《詩》：「風雨如晦。」杜詩：「坐見幽州騎，長驅河洛昏。」○**堤埽**《金史·河渠志》：「大定九年，拜宗敘為參知政事。上諭之曰：『卿昨為河南統軍時，嘗言黃河隄埽利害，甚合朕意。』」

亂後過湖上感賦一絕庾子慎有《亂後經夏禹廟》、《亂後行經吳郵亭》詩。　韓琮，字成封。

聽朱樂隆歌程迓亭曰：「錢陸燦《箋》：『樂隆，吾里中老人也。』蓋常熟人。」

觀棋和韻

枕簟秋許仲晦詩：「琪樹西風枕簟秋。」**賭廣州**張如哉曰：「《南齊書·良政傳》：『沈憲少有幹局，除駕部郎。宋明帝與憲棊，謂憲曰：卿，廣州刺史材也。補烏程令，甚著政績。』」○**那邊**蜀王衍詞：「者邊走，那邊走。」

題莊禮菴像程《箋》：「楂菴名祖誼，成都人。」

舊朝見《海戶曲》補注。

楚雲

畹生程《箋》：「畹生姓王，名妓玉煙之妹，工奕，善畫蘭。」《堯峰文鈔》：「吳人呼某妓為某生。」○**鴉頭**李詩：「屐上足如霜，不著鴉頭襪。」前注宜換。**酒頻領**杜牧之詩：「終日看山酒滿傾。」**一笑**宋玉《登徒子好色賦》：「嫣然一笑。」

山塘重贈楚雲

歲歲春鎖顧逋翁詩：「春樓不閉葳蕤鎖。」

過魚山曹植墓

秋墳善化李光曉惺堂曰：「李長吉詩：『秋墳鬼唱鮑家詩。』」

偶成

春雨見《題河渚圖》。

贈寇白門

姊妹下句云「挏酒黃羊去住難」，則姊妹指保國先賣之姬，非指盒子會姊妹矣。前注非是。

題殷陟明仙夢圖

今生贏得智大師偈：「今生受者是。」杜牧之詩：「贏得青樓薄倖名。」

送王元照還山

內府圖書《金史·禮志》：「寶玉獲於宋者，有宋內府圖書印三十八。」筆墨荒寒《畫品》：「趙大年《王摩詰詩圖跋》云：『以倒暈連眉之嫵，寫荒寒平遠之思。』」韋使君張如哉曰：「韋使君當是借指韋應物。應物，蘇州刺史。元照，太倉人。故以為比，較韋皋為切。杜詩：『府中韋使君，道足示懷柔。』」西山應指洞庭西山。或兼用《伯夷傳》耳。

題帖

圖像何平叔《景福殿賦》：「圖像古昔以當箴規。」字格寶泉有《字格》。此借門。如《唐·藝文志》孫郃《文格》、王昌齡《詩格》之類。累朝王逢（字原吉）詩：「恬熙屬累朝。」宣和《金史·禮志》：「寶玉獲於宋者，宣和書寶一、宣和畫寶二。」封記《剡溪野語》：「韓魏公為相，每見文字有攻人隱惡，必手自封記，不令人見。」質慎庫程迓亭曰：「質慎庫亦曰古今通集庫，古今君臣畫像符券典籍悉貯此。每年六月初六日曬晾，如皇史宬例。」

題高澹遊畫

青牛道士圖楊升庵《畫品》：「《青牛道士圖》，顧愷之寫。」

吳詩集覽　卷十八上

黎城靳榮藩介人輯

七言絕句二之上

讀史偶述按：《讀史偶述》三十二首，蓋於遼金元明軼事瑣綴為多。今就《日下舊聞》等書件繫之，多闕疑。

射得紅毛兔似拳，乳茶捅酒閣門前。相公堂饌銀盤美，熊白烹來正割鮮。○《瑞應圖》：「赤兔者，瑞獸，王者德盛則至。」《洞冥記》：「北極有潰陽之山，有兔如鼠，能飛，毛色光如漆。以腦和丹食之，則不死。」《唐書・盧藏用傳》：「有獲異鼠者，豹首虎臆，大如拳。」《崇安志》：「武夷山多獼猴，其小者僅如拳。」　崔夢之詩：「銀瓶貯浪水一掬，松雨聲來乳茶熟。」捅酒，見《海戶曲》。閣門，見《宮扇》。　《唐書・張文瓘傳》：「同列以堂饌豐餘，欲少損銀盤。」詳補注。　蘇詩：「洗盞酌鵝黃，磨刀切熊白。」《西都賦》：「割鮮野食。」

其二

雪消春水積成渠，芻槁如山道不除。怪殺六街驪唱少，只今驄馬避柴車。○許仲晦詩：「巴蜀雪消春水來。」　芻槁，見《馬草行》。《史記・秦始皇紀》：「三十五年，除道道九原，抵雲陽。」　六街，見《送沈繹堂》。驪唱，見《贈寇白門》。　驄馬，見《哭志衍》。柴車，見《題蘇門高士圖》。　按：末句翻用「避驄馬御史」語也。

其三

新更小篆譯蟲魚，乙夜橫經在玉除。訝道年來親政好，近前一卷是尚書。○《說文》：「李斯作《蒼頡篇》，皆取史籀大篆，或頗省改，所謂小篆者也。」

蟲魚，見《遣悶》。 《漢舊儀》：「五夜者：甲夜、乙夜、丙夜、丁夜、戊夜。」《陳書‧周宏正傳》：「橫經請益，有師資之敬焉。」曹詩：「凝霜依玉除。」《漢書‧宣帝紀》：「上始親政事。」 又，《藝文志》：「事為《春秋》，言為《尚書》。」■〔註1〕

其四

直廬西近御書房，插架牙籤舊錦囊。燕寢不須龍鳳飾，天然臺幾曲迴廊。○直廬，見《汲古閣歌》。御書房，見《即事》其三。《客燕雜記》：「崇禎中，上設遊藝堂，為涉覽文史地。有所疑，下之武英殿掌殿中官，中官以問供事中書。」 韓詩：「插架三萬軸。」《舊唐書‧經籍志》：「經庫紅牙籤，史書庫綠牙籤，子庫碧牙籤，集庫白牙籤。」《漢武內傳》：「王母巾笈中有一卷書，盛以錦囊。」 韋應物詩：「燕寢凝清香。」《明史‧輿服志》：「明初，禁官民房屋不許雕刻古帝後聖賢人物及日月龍鳳狻猊麒麟犀象之形。」 迴廊，見《虎丘夜集圖》。

其五

閣門春帖點霜毫，玉尺量身賜錦袍。聞道尚方裁制巧，路人爭擁看枚皋。○閣門，見《宮扇》。蘇有《春帖子詞》。張如哉曰：「霜毫謂筆也。」黃魯直詩：「要試飽霜秋兔毫。」 玉尺，見《楚兩生行》。賜錦袍，見《贈馮子淵》。 尚方，見《雒陽行》。裁制，見《送何省齋》。 路人爭擁，見《即事》其四。枚皋，見《得嚴方公信》。

其六

龍媒剪拂上華茵，嚴助丹青拜詔新。莫向天閑誇絕伎，白頭韓幹竟何人。○龍媒，見《馬草行》。《北史‧盧思道傳》：「剪拂吹噓，長其光價。」 謝靈運詩：「連榻設華茵。」 嚴助，見《得方公信》。 天閑，見《馬草行》。絕伎，見《臨頓兒》。 《名畫記》：「韓幹，大梁人。王右丞見其畫，推獎之。官至太府寺丞。善寫貌人物，尤工鞍馬。初師曹霸，後獨自擅。」

其七

新張錦幄間垂楊，四角觚稜八寶裝。藉地煖茵趺坐軟，茸茸春草是留香。○宋顯夫詩：「花園錦幄清明宴。」 四角，見《子夜歌》。觚稜，見《行路難》。王元美《宮詞》：「八寶金錢趿地鋪。」 藉地，見《送龔孝升》。貢泰甫《上京

〔註1〕墨丁，稿本無。

大宴》詩：「煖茵攢芍藥，涼甕酌葡萄。」趺坐，見《謁剖公》。　盧仝詩：「相逢之處花茸茸。」梁昭明太子《銅博山香爐賦》：「越文若之留香。」

其八

騰黃赭白總追風，八匹牽來禁苑中。毛骨不殊聲價好，但看騎上即神龍。○《抱朴子》：「騰黃之馬，吉光之獸。」顏延年有《赭白馬賦》。追風，見《老妓行》。　張如哉曰：「八匹用八駿事。」杜詩：「是日牽來赤墀下。」禁苑，見《退谷歌》。　《晉書·元帝紀》：「琅邪王毛骨非常。」《後漢書·姜肱傳》：「遂藉聲價。」顏延年《赭白馬賦》：「聲價隆振。」　宋玉《答問》：「神龍朝發崑崙之墟。」

梅村近體用沈韻，而此詩東通冬，何也？

其九

側坐翻身馬上輕，官家絕技羽林驚。左枝忽發鳴髇箭，髇，虛交切。仰視浮雲笑絕纓。○杜詩：「翻身向天仰射雲。」　官家，見《讚佛詩》。絕技，見《臨頓兒》。羽林，見《雒陽行》。　鳴髇，見《茸城行》。　《史記·滑稽傳》：「淳于髡仰天大笑，冠纓索絕。」

其十

柳陰觀射試期門，撥去胡床踞樹根。徙倚日斜繞御輦，天邊草木亦承恩。○柳陰，見《西田詩》其三。○《金史·世宗紀》：「大定三年五月，以重五幸廣樂園射柳，皇太子親王百官皆射，勝者賜物有差。」期門，見《殿上行》。　胡床，見《楚兩生行》。庾詩：「橫琴坐樹根。」　徙倚，見《西田詩》。日斜，出《漢書·賈誼傳》。沈雲卿詩：「御輦春遊繞翠微。」《獨斷》：「御者，進也。」按：御輦之御用此。　承恩，見《東萊行》。

其十一

新語初成左右驚，一言萬歲盡歡聲。多應絳灌交歡久，馬上先行薦陸生。○《史記·陸賈傳》：「高帝罵之曰：『迺翁居馬上而得之，安事詩書？』陸生曰：『居馬上得之，寧可以馬上治之乎？』陸生乃粗述存亡之徵，凡著十二篇，每奏一篇，高祖未嘗不稱善，左右呼萬歲，號其書曰《新語》。」　又，《高祖功臣侯年表》：「蕭曹絳灌之屬。」又，《陸賈傳》：「陸生曰：『臣嘗欲謂太尉絳侯。君何不交驩太尉？』」按：絳灌，絳侯周勃、穎陰侯灌嬰也。」

其十二

松林路轉御河行，寂寂空垣宿鳥驚。七載金縢歸掌幄，百僚車馬會南城。○王之渙詩：「楊柳東風樹，青青夾御河。」王詩：「落花寂寂啼山鳥。」　虞伯生詩：「空垣月當扇。」李詩：「花枝宿鳥喧。」《書》：「公歸，乃納冊於金縢之匱中。」按：「幄」，疑作「握」。《史記‧陸賈傳》：「為社稷計，在兩君掌握耳。」《漢書‧張敞傳》：「夫周公七年耳，而大將軍二十歲，海內之命斷於掌握。」　百僚，見《送龔孝升》。《有獲編》：「南內在禁垣之巽隅，亦有首門、二門以及兩掖門，所稱小南城者是也。」

　　　　此非詠天順復辟事也。

其十三

西洋館宇逼城陰，巧歷通玄妙匠心。異物每邀天一笑，自鳴鐘應自鳴琴。○《燕都遊覽志》：「首善書院在宣武門內。魏忠賢矯旨毀天下書院，嗣即其地開局修歷。」《帝京景物略》：「禮部尚書徐光啟率西洋人湯若望等借院修歷，署曰歷局。」李詩：「隨山起館宇。」杜詩：「城陰帶水昏。」　《莊子》：「一與言為二，二與言為三。自此以往，巧歷不能得，而況其凡乎！」《五代史‧一行傳》：「賜號通玄先生。」《詩話》：「孟浩然文不按古，匠心獨妙。」　異物，見《鐵獅歌》。杜詩：「每蒙天一笑。」　《帝京景物略》：「天主堂在北京宣武門內東城隅。大西洋奉耶穌教者利瑪竇自歐羅巴國航海九萬里入中國，神宗命給廩賜第此邸。其國俗工奇器，候鐘應時自擊，有節天琴、鐵絲絃，隨所按音調如譜。」

其十四

回龍觀裏海棠開，禁地無人閉綠苔。一自便門馳道啟，穿宮走馬看花來。○《日下舊聞》：「自黃史宬東南有門通河，河上有湧福閣，俗所謂騎馬河是也。迤東沿河稍北，則呂梁洪、東安橋。再北有亭居橋上，曰涵碧。又北則曰回龍觀，止焉。其殿曰崇德者是也。」《燕都遊覽志》：「回龍觀舊多海棠，旁有六角亭。每歲花發時，上臨幸焉。」　《三國志‧高柔傳》：「乃敢獵吾禁地。」綠苔，見《虎丘即事》。　潘安仁《西征賦》：「津便門而右轉。」《史記‧秦始皇紀》：「二十七年，治馳道。」　穿宮，見《琵琶行》。《古詩》：「揚鞭看花去。」

其十五

宣鑪廠盒內香燒，禁府圖書洞府簫。故國滿前君莫問，淒涼酒盞鬭

成窯。○《有獲編》：「窯器最貴成化，次則宣德。杯瓚之屬，初不過數金，予兒時尚不知珍重。頃來京師，則成窯酒杯每對至博銀百金，予為吐舌不能下。宣銅香爐，所酌亦略如之，蓋皆吳中儇薄侶為雅談，戚里與大估輩浮慕傚尤，瀾倒至此。」廠盒，見《蟋蟀盆歌》。李長吉詩：「柳花偏打內家香。」《晉書·天文志》：「東壁二星主文章天下圖書之秘府也。」洞府，見《林屋洞》。

其十六

布棚攤子滿前門，舊物官窯無一存。王府近來新發出，剔紅香盒豆青盆。○《鴻一亭筆記》：「北京正陽門前搭蓋棚房，居之為肆，其來久矣。」《晉書·王述傳》：「宅宇舊物，不革於昔。」《輟耕錄》：「政和間，京師自置窯燒造，名曰官窯。」《文房清玩》：「官窯在杭之鳳凰山下，其土紫，故足色若鐵，時云紫口鐵足。官窯質之隱紋如蟹爪，哥窯質之隱紋如魚子。」《書》：「王府則有。」《帝京景物略》：「漆器，古有犀毗、剔紅、戧金、攢犀、螺鈿。國朝可傳，則剔紅填漆。剔紅，宋多金銀為裏，國朝以錫木為胎。永樂中，果園廠製也。」《有獲編》：「剔紅填漆舊物，自內廷闌出者，尤為精好。往時所索甚微，今其價十倍矣。」蘇子由詩：「浸之青藍盆。」程迓亭曰：「窯瓷豆青色為貴，在積紅之上。」

其十七

大將祁連起北邙，黃腸不慮發丘郎。平生賜物都燔盡，千里名駒衣火光。○大將，見《蟋蟀盆歌》。祁連，見《楚兩生行》。北邙，見《鴛湖曲》。《漢書·霍光傳》：「賜便房、黃腸題湊各一具。」《注》：「以柏木黃心致累棺外，故曰黃腸。」陳孔璋《為袁紹檄操》：「又特置發丘中郎將、摸金校尉，所過隳突，無骸不露。」《後漢書·祭彤傳》：「謂其子曰：『吾蒙國厚恩，無功受賞，死後若悉簿上所得賜物。』」《楚辭》：「寧昂昂若千里之駒乎？」《後漢書·趙熹傳》：「卿名家駒。」《史記·滑稽傳》：「楚莊王之時，有所愛馬病肥死，優孟曰：『請為大王六畜葬之，以壟竈為槨，桐歷為棺，齎以薑棗，薦以木蘭，祭以粳稻，衣以火光，葬於人腹腸。』」

其十八

琉璃舊廠虎房西，月斧修成五色泥。遍插御花安鳳吻，絳繩扶上廣寒梯。○《明水軒日記》：「琉璃廠燒作磚瓦及內府器用。」按：《燕都遊覽志》：「虎城在太液池之西北隅。」距琉璃廠差遠。此詩應指虎坊橋也。俟考。《酉陽雜組》：

「鄭仁本表弟遊嵩山，見一人枕襆，呼之。其人曰：『君知月乃七寶合成乎？月勢如丸，其影則日爍其凹處，常有八萬二千戶修之。』因開襆，有斤斧鑿數事，兩裹玉屑。」李有中《詠燕》詩：「豪家五色泥香，銜得營巢太忙。」 王詩：「遍插茱萸少一人。」李長吉詩：「宮簾隔御花。」孔平仲詩：「雲依殿吻浮。」 陸務觀詩：「玉作華星綴絳繩。」《日下舊聞》引《戴司成集》：「璚花島在內苑之北。自山麓至巔，百三十餘步。頂有廣寒殿，下臨太液池。」又，《張太岳集》：「皇城北苑中有廣寒殿，相傳以為遼蕭后梳糚樓。其梁上有金錢百二十文，其文曰至元通寶。則殿刱於元世祖時，非遼時物矣。」又，《英宗實錄》：「天順四年九月，新作西苑。苑中舊有太液池，池上有蓬萊山，山巔有廣寒殿，金所築也。」《龍城錄》：「上皇與申天師、道士鴻都客八月望日夜，三人同在雲上，遊月中，見一大宮，榜曰廣寒清虛之府。」《宣室志》：「唐周生有道術，中秋謂客曰：『我能取月。』以筯數百條，繩而駕之，曰：『我梯此取月。』俄以手舉衣懷中，出月寸許，光色照爛，寒氣入骨。」按：此詩蓋用《龍城錄》、《宣室志》。

其十九

金魚池上定新巢，楊柳青青已放梢。幾度平津高閣上，泰壇春望記南郊。○《帝京景物略》：「金故有魚藻池，居人界池為塘，植柳覆之。池陰一帶，園亭甚多。南抵天壇，一望空濶。」《燕都遊覽志》：「魚藻池在崇文門外西南，俗呼曰金魚池。」杜詩：「頻來乳燕定新巢。」 隋無名氏詩：「楊柳青青著地垂。」 平津，見《殿上行》。《春明夢餘錄》：「天慶寺，原遼之永泰寺。金大安中，兵燹。元世祖至元壬申重建。明宣德中重修。後有高閣，可望天壇。」 泰壇，見《登上方橋》。庾有《春望》詩。《詩小序疏》：「《昊天有成命》詩者，郊祀天地之樂歌也，謂於南郊祀所感之天神，於北郊祭神州之地祇也。」

其二十

紛紛茗酪鬭如何，點就茶經定不磨。移得江南來禁地，回龍小盞撥松蘿。○《洛陽伽藍記》：「齊王蕭歸魏，初不食羊肉及酪漿，常食鯽魚羹，渴飲茶汁。高帝曰：『羊肉何如魚羹？茗飲何如酪漿？』蕭曰：『羊，陸產之最；魚，水族之長。羊比齊魯大邦，魚比邾莒小國。惟茗飲不中，與酪漿作奴。』」 茶經，見《壽陸孟鳧》。《後漢書・南匈奴傳・論》：「失得之源，百世不磨。」 禁地，見其十四。 白詩：「小璣吹酪嘗冷酒。」按：回龍蓋盞之花樣。《■■〔註2〕類書》：「吳中之虎丘天

〔註 2〕「■■」，稿本、天圖本、讀秀本作「潛確」。

池，伏龍新安之松蘿，陽羨之羅岕，杭州之龍井，武夷之雲霧，皆足珍賞，而虎丘松蘿真者尤異他產。」

其二十一

夜半齋壇唱步虛，玉皇新築絳霄居。吹笙盡是黃門侶，別勅西清注道書。○李長吉詩：「風雪值齋壇。」呂溫詩：「吟詩好就步虛壇。」　韓詩：「乘雲共至玉皇家。」梁元帝詩：「翠壁絳霄際。」《有獲編》：「自西苑肇興，尋營永壽宮於其地。未幾，而元極、高元等殿繼起。以元極為拜天之所，當正朝之奉天殿；以高元為內朝之所，當正朝之文華殿。又建清馥殿，為行香之所。每建金籙大醮壇，則上自躬至焉。凡入撰青詞諸臣，皆附麗其旁，即閣臣亦晝夜供事，不復至文淵閣。蓋君臣上下，朝真醮斗，幾三十年。」　《列仙傳》：「王子喬者，周靈王太子也。好吹笙，作鳳凰鳴。」黃門，見《讀史雜詩》。　《上林賦》：「象輿婉僤於西清。」《注》：「西清者，廂中清淨處也。」道書，見《西田詩》。

其二十二

蘭池落日馬蹄驚，魚服揮鞭過柳城。十萬羽林空夜直，無人攬轡諫微行。○《三輔黃圖》：「蘭池觀在城外。」馬蹄，見《海戶曲》。《說苑》：「吳王欲從民飲酒，子胥諫曰：『昔者白龍化為魚，漁者豫且射中其目，白龍上訴天帝，天帝曰：當是之時，若安置而形？對曰：我化為魚。帝曰：魚固人之所射也。』」揮鞭，見《讚佛詩》。庾詩：「觀兵細柳城，校獵長楊苑。」按：此與《贈王杏翁》之柳城不同。　羽林，見《雒陽行》。白詩：「夜直入君門。」　按：攬轡，猶叩馬，與《虎丘即事》之攬轡不同。《史記·晉世家》：「文公恐初入國，國人賣己，乃為微行。」又，《秦本紀》：「三十一年，始皇為微行咸陽，與武士四人俱夜出，逢盜蘭池。」

其二十三

七寶琉璃影百層，淪漪月色漾寒冰。詞臣主客詩圖進，御帖親題萬壽燈。○七寶，見《田家鐵獅歌》。《晉書·王濟傳》：「供饌甚豐，悉貯琉璃器中。」張平子《七辨》：「重屋百層。」　《詩》：「河水清且淪漪。」又：「誕置之寒冰。」《唐詩紀事》：「張為作《詩人主客圖序》。」　《水部備考》：「御用監成造卓天燈、萬壽燈、日月仙燈。」

其二十四

玉砌流泉繞碧渠，晚涼紈扇軟金輿。採蓮艓子江南弄，太液池頭看打魚。○陳後主詩：「珠簾玉砌移明月。」流泉，見《六真歌序》。碧渠，見《雕橋莊歌》。　駱賓王詩：「金螢照晚涼。」江詩：「紈扇如團月。」王仲初詩：「步步金堦上軟輿。」　採蓮，見《子夜詞》。杜詩：「富豪有錢駕大舸，貧窮取給行艓子。」《古今樂錄》：「梁天監十一年，武帝制《江南上雲樂》十四曲、《江南弄》七曲。」　《燕都遊覽志》：「太液池在子城西乾明門外，周遭凡數里。其源自玉泉山，合西北諸水流入都城德勝門，滙為積水潭，亦名海子。至北安門冰闕流入西苑，人呼西海子。」杜有《觀打魚歌》、《再觀打魚》。

其二十五

龍文小印大如錢，別署齋名自記年。畫就煙雲填寶篆，欲將金粉護山川。○班孟堅《寶鼎》詩：「煥其炳兮被龍文。」花蘂夫人《宮詞》：「春蒲如箭荇如錢。」　按：別署齋名，如以損名齋之類。署，見《永和宮詞》。記年，見《壽王子彥》。　陳仲醇《泥古錄》：「黃大癡九十而貌童顏，蓋畫中煙雲供養也。」王子安《乾元殿頌·序》：「寶篆潛開，六合啟同人之會。」　金粉，見《送沈繹堂》。

其二十六

渭園千里送篔簹，嫩籜青青道正長。夜半火來知走馬，尚方藥物待新篁。○按：渭園，蓋用子瞻「渭川千畝」語。篔簹，見《清風使節圖》。　歐陽永叔詩：「嫩籜筠粉暗。」　盧弼詩：「夜半火來知有敵。」　尚方，見《讚佛詩》。杜詩：「老病所湏惟藥物。」新篁，見《清風使節圖》。

其二十七

新設椒園內道場，雲堂齋供自焚香。大官別有伊蒲饌，親割鸞刀奉法王。○內道場，見《讚佛詩》。　雲堂，見《晤陸紫霞》。貢仲章詩：「齋供薦芳腴。」焚香，見《讚佛詩》。　《春明夢餘錄》：「光祿寺其屬四署：曰大官、曰珍羞、曰良醞、曰掌醢。」《後漢書·楚王英傳》：「以助伊蒲塞桑門之盛饌。」《注》：「伊蒲塞，即優婆塞，中華翻為近住，言受戒行堪近僧住也。」　又，《明帝紀》：「朕親祖割。」《詩》：「執其鸞刀，以啟其毛，取其血膋。」朱《傳》：「鸞刀，刀有鈴也。」《法華經》：「法王無上尊。」《英宗實錄》：「番僧有數等：曰大慈法王、曰西天佛子、曰大國師、曰禪師、曰都綱、曰剌麻，俱光祿寺支待，有日支酒饌一次、二次、三次，又支廩餼者。」

其二十八

直廬起草擅能文，被詔含毫寫右軍。賜出黃驄銀鑿落，天街徐踏墨池雲。○直廬，見《汲古閣歌》。《後漢書·百官志》：「侍郎三十六人，一曹有六人，主作文書起草。」能文，見《送沈繹堂》。　《後漢書·竇融傳》：「融被詔，即與郡守將兵入金城。」陸士衡《文賦》：「或含毫而邈然。」右軍，見《壬辰補禊》。　黃驄，見《和友人走馬詩》。韓詩：「酡顏傾鑿落。」方雄飛詩：「留伴夜深銀鑿落。」　天街，見《青門曲》。《晉書·王羲之傳》：「張芝臨池學書，池水盡黑。」李詩：「墨池飛出北溟魚。」

其二十九

霜落期門喚打圍，海青帽煖去如飛。駕鵝信至綏遊幸，不比和林避暑歸。○霜落，見《雲間公讌》。期門，見《殿上行》。陸務觀詩：「誰記飛鷹醉打圍。」　海青，見《海戶曲》。《金史·李仲略傳》：「仲略精神明健，如俊鶻脫帽。」《分甘餘話》：「鷹以繡花錦帽蒙其目，擎者挽縚於手，見禽乃去帽放之。」《詩》：「如飛如翰。」　駕鵝，見《彈琴歌》。按：駕鵝即白雁。《筆談》：「北方白雁似雁而小，至則霜降，謂之霜信。」高達夫詩：「駕鵝東來高作行，晴空忽墮數點霜。」《五代史·韓建傳》：「欲邀莊宗遊幸。」　《元史·太祖紀》：「七年乙未春，城和林，作萬安宮。」又，《地理志》：「和寧路始名和林，以西有哈喇和林河，因以名城。太祖十五年，定河北諸部，建都於此。世祖中統元年，遷都大興。」《大清一統志》：「喀爾喀，元和寧路。順帝子愛猷識里達臘依王保保於此。其後數傳，徙帳東方，為察哈爾。其留漠北部曰喀爾喀。」《草木子》：「元世祖每年四月，迤北草青，則駕幸上都避暑，頒賜於其宗戚。」

按：海青本能飛，而用「如」字，蓋指馳馬而擎鷹者言之耳。

其三十

鵪鶉錦袋出懷中，玉粒交爭花毯紅。何似平章荒葛嶺，諸姬蟋蟀鬭金籠。○《本草》：「《春秋運斗樞》云：『立春、雨水，鵪鶉鳴。』鵪與鶉兩物也，今人總以鵪鶉名之。」《本草綱目》：「鶉大如雞雛，頭細而無尾，毛有斑點。甚肥。人能以聲呼取之，畜令鬭搏。」　杜詩：「碧酒隨玉粒。」姚合詩：「蓋地花如毯。」薛宏度詩：「不得紅絲毯上眠。」　《宋史·賈似道傳》：「日與群姬鬭蟋蟀於葛嶺山莊，狎客廖瑩中入見，笑曰：『此豈平章軍國重事耶？』」鬭金籠，見《蟋蟀盆歌》。

其三十一

綠翹聰慧換新粧，比翼丹山小鳳皇。巧舌能言金鎖愛，賜緋妬殺雪衣娘。○綠翹，見《玉京墓》。《明皇雜錄》：「開元中，嶺南獻白鸚鵡，養之宮中。歲久，頗聰慧，洞曉言詞。上及貴妃皆呼為雪衣娘。」陳後主詩：「新粧豔質本傾城。」《爾雅》：「南方有比翼鳥焉，不比不飛。」丹山，見《雞山》。小鳳皇，見《長平輓詩》。王元之詩：「巧舌如笙簧。」《禮》：「鸚鵡能言。」金瑣，見《永和宮詞》。張如哉曰：「此詠紅鸚鵡也，故曰換妝，曰丹山鳳，曰賜緋。明皇與貴妃采戲，將北，惟重四可轉，上連呼叱之，骰子轉成重四，上悅，賜四為緋，非賜品官衣緋之謂。然亦借用，與雪衣女同是明皇事。」

其三十二

廣南異物進駝雞，錦背雙峰一寸齊。只道紫駝來絕塞，雞林原在大荒西。原注：雞高三尺，花冠翠羽，背有雙峰，似駝之肉鞍也。○《宋史·仁宗紀》：「徙廣南戍兵善地。」異物，見《茸城行》。杜詩：「紫駝之峰出翠釜。」絕塞，見《雕橋莊歌》。雞林，見《汲古閣歌》。大荒，見《二十五日詩》。

> 《本草綱目》：「駝鳥如駝，生西戎。高宗永徽中，吐火羅獻之。高七尺，足如橐駝，鼓翅而行，日三百里，食銅鐵也。李時珍曰：李延壽《後魏書》云：『波斯國有鳥，形如駝，能飛，不高。食草與肉，亦噉火。日行七百里。』郭義恭《廣志》云：『安息國貢大雀，鷹身駝蹄，蒼色，舉頭高七八尺，張翅丈餘，食大麥，其卵如甕，其名駝鳥。』劉郁《西域記》云：『富浪有大鳥，駝蹄，高丈餘，食火炭，卵大如升。』費信《星槎錄》云：『竹步國、阿丹國俱出駝蹄雞，高者六七尺，其蹄如駝。』彭乘《墨客揮犀》云：『骨託禽出河州，狀如雕，高三尺餘，其名自呼，能食鐵石。』宋祁《唐書》云：『開元初，康國貢駝鳥卵。』鄭曉■■■ 〔註3〕云：『洪武初，三佛齊國貢火雞，大如鶴，長三四尺，頸足亦似鶴，銳嘴軟紅，冠毛色如青羊，足二指，利爪能傷人腹致死，食火炭。』諸書所記稍有不同，實皆一物也。」又，《明史·西域傳》：「宣德五年，鄭和使西洋，市奇珍異寶及麒麟獅子駝雞以歸。」

題沙海客畫達摩面壁圖《舊唐書·僧神秀傳》：「昔後魏末有僧達摩者，本天竺王子，以讓國出家，入南海，得禪宗妙法。」《傳燈錄》：「二十八祖達摩上嵩山少林寺，面壁九年。」

〔註3〕「■■■」，稿本、天圖本、讀秀本作「吾學編」。

　　松風拂拂水泠泠，參得維摩止觀經。從此西來真實義，掃除文字重丹青。編此詩於《讀史》之後、《二禽圖》之前，梅村有歸志矣。○李長吉詩：「曉風何拂拂。」泠泠，見《遣悶》。　《翻譯名義》：「維摩羅詰，秦言淨名。」《宋史‧藝文志》：「王安石注《維摩詰經》十三卷。」止觀，見《支硎山齋聽雨》。杜詩：「重聞西方止觀經。」　《指月錄》：「臨濟禪師參黃檗問曰：『如何是祖師西來大意？』」真實，見《臨江參軍》。　張如哉曰：「《朱氏語錄》：『遠法師、支道林當時文字只是將《莊》、《老》之言來鋪張。梁會通間，達摩來，一切掃蕩，不立文字，直指人心，又翻了許多窠臼。』」

題二禽圖按：二禽謂燕與鸚鵡也。

　　舊巢雖去主人空，剪雨捎風自在中。卻笑雪衣貪玉粒，羽毛憔悴閉雕籠。比也。○李詩：「飛鳥還舊巢，遷人返躬耕。」　張喬詩：「剪雨裁煙一節秋。」杜詩：「自在嬌鶯恰恰啼。」　雪衣，見《白燕吟》。玉粒，見《讀史偶述》其三十。　禰正平《鸚鵡賦》：「雖同族於羽毛。」又：「容貌慘以憔悴。」又：「閉以雕籠，剪其翅羽。」

　　　　此詩寄託顯然，言■■■■■〔註4〕身離樊籠，差勝貪稻粱者之局促也。自此以下蓋梅村南歸後作。

詠柳原注：贈柳雪生。　張如哉曰：此云雪生，下云與雲遇，雪、雲二字必有一誤。

　　走馬章臺酒半醒，遠山眉黛自青青。輸他張緒誇年少，柳宿傍邊占小星。原注：柳、星、張三宿同度。此四首皆藏一柳字，如《贈楚雲》之楚字也。○《漢書‧張敞傳》：「走馬章臺街，自以便面拊馬。」韓致光詩：「嚌痎餘寒酒半醒。」遠山黛，見《偶成》注。　《南齊書‧張緒傳》：「字思曼，吳郡吳人也。」別見《王郎行》、《跋龔芝麓詩》注。崔顥詩：「自矜年最少。」　《史記正義》：「柳八星，星一星，張六星，為鶉火，於辰在午。」《詩》：「嘒彼小星。」

其二

　　十五盈盈擅舞腰，無言欲語不能描。武昌二月新栽柳，破得工夫鬭小喬。原注：時有喬姬，亦擅名。○杜詩：「隔溪楊柳弱嫋嫋，恰似十五女兒腰。」崔顥詩：「十五嫁王昌，盈盈出畫堂。」　《晉書‧陶侃傳》：「此是武昌西門前柳。」

〔註4〕「■■■■■」，稿本、天圖本、讀秀本作「城郭都非而」。

唐武昌妓詩：「武昌無限新栽柳，不見楊花撲面飛。」元詩：「武昌春柳似腰肢。」《三國志・衛覬傳》：「糜費工夫。」又，《周瑜傳》：「橋公兩女，皆國色也。策自納大橋，瑜納小橋。」

　　　　張如哉曰：「按：破字當作拌，音潘，人多誤用。挤拌，一作判，亦讀平聲。杜詩『縱飲久判人共棄』、『久挤野鶴如霜鬢』，皆是俗讀破，並書作破，沿誤已久。梅村蓋有意諧俗也。」

其三

　　萬條拂面惹行塵，選就輕盈御柳新。枉自穆生空設醴，可憐青眼屬誰人。原注：穆君初與雲遇，為畫眉人所奪。○萬條，見《京江送遠圖》。拂面，見《琵琶行》。文通《別賦》：「見行塵之時起。」　房茂業詩：「世間誰敢鬥輕盈。」杜詩：「樓前御柳長。」　《漢書・楚王交傳》：「穆生不嗜酒，元王每置酒，常為穆生設醴。及王戊即位，常設。後忘設焉，穆生退曰：『醴酒不設，王之意怠。』稱疾臥。」　青眼，見《壽龔芝麓》，亦影柳字。

　　　　張如哉曰：「第一首『走馬章臺』，又云『張緒年少』，自注『柳張同度』，則畫眉人必張姓也。此首點出。」

其四

　　玉笛聲聲喚奈何，柳花和淚落誰多。灞橋折贈頻回首，惆悵崔郎一曲歌。原注：崔郎，主人歌童也。○《世說》：「桓子野每聞清歌，輒呼奈何。」　陳後主詩：「柳花塵裏暗。」韋端己《落花詩》：「曉來和淚喪嬋娟。」　灞橋折柳，見《送志衍入蜀》注。　白詩：「白髮老崔郎。」■〔註5〕王仲初詩：「白日高樓一曲歌。」

送友人出塞原注：吳茲受，松陵人。　《明詩綜》：「吳晉錫，字茲受，吳江人。崇禎庚辰進士。除永州推官。」按：《蘇州府志》：「茲受，武昌推官。」

　　魚海蕭條萬里霜，西風一哭斷人腸。勸君休望令支塞，木葉山頭是故鄉。此首作訣絕語。○《唐書・李光弼附傳》：「李國臣以折衝從，收魚海五。」《明史・藍玉傳》：「帥師出大寧，至慶州，諜知元主在捕魚兒海。」　孟詩：「天涯一望斷人腸。」　《一統志》：「令支故城在永平府遷安縣西，春秋時山戎屬國。《國語》：『齊桓公北伐山戎，刜令支。』《史記》作『離支』，即『令支』之訛也。」　木葉山，見《贈陸生》。

〔註5〕「■」，稿本、天圖本、讀秀本作空格。

其二

　　此去流人路幾千，長虹亭外草連天。不知黑水西風雪，可有江南問渡船。此首作低徊語。○流人，見《送吳季子》。《一統志》：「垂虹亭在吳江縣長橋。」孫巨源詞：「目送連天衰草。」　黑水，見《送吳季子黑河》。　劉蘊靈詩：「問渡水雲西。」

　　　　按：吳集中有正用《禹貢》「華陽黑水惟梁州」者，《送張玉甲》「馬前黑水向人流」是也；有借用「黑水西河惟雍州」者，《送朱遂初》「荒祠黑水龍湫暗」，指固原之朝那湫是也；有用《一統志》「牧廠之裏遂黑河、外遂黑河」者，《海戶曲》「黑河講武當年盛」、《偶得》之「黑河秋雨弄琵琶」是也；有用《一統志》寧遠州之黑水河者，《送吳季子》「黑河無船渡者幾」、《送吳茲受》「不知黑水西風雪」是也。或謂《明統志》黑河在大同府西北四百里，古豐州界，至東勝州入黃河，即《大清一統志》黑河在歸化城土默特城南二十里，蒙古名亦克土爾根者。然前首引令支塞、木葉山，則與牧廠寧遠州為近，去士默特差遠矣。或又謂《一統志》「黑龍江，古名黑水，亦曰完水，又名寶建河，亦名幹難河」，《元史·太祖紀》「元年，帝即皇帝位於幹難河之源」，則黑河講武應指黑龍江，而送季子、茲受亦可指黑龍江。然《海戶曲》「俊鶻重經此地飛」、「墨河講武當年盛」，蓋言本朝講武跨越有元，而元世祖在大都時，其氣象較元太祖為完盛。牧廠去海子差近，黑龍江去海子差遠，則《海戶曲》仍用牧廠之黑河，而送兩吳或可以黑龍江合看耳。至《雪中遇獵》「黑河冰滿渡征鞍」，則牧廠以下諸條皆可引用。蓋上下文賀蘭、鐵嶺、高柳所該者遠矣。按：茲受，漢槎之父。其出塞之由，諸書無可考。以王昊廬詩徵之，蓋往視漢槎歟？王澤宏（字昊廬）《贈吳茲受》詩：「君憂東去我懷歸，塞漠鄉園意總違。誰念老人離少子，獨憐孤客憶雙闈。心隨白髮扶鳩杖，夢怯黃沙響鐵衣。握手莫言成永別，他年此地定相依。」

雜題

　　白袷春衣繫隱囊，少年吹笛事寧王。武昌老者如相問，翻得伊州曲几行。第三句疑指蘇崑生。俟考。○白袷，見《西田和韻》。隱囊，見《東皋歌》。《新唐書·禮樂志》：「帝又好羯鼓，而寧王善吹橫笛。」　阮紫坪曰：「劉夢得有《武昌老人說笛》詩。」王少伯詩：「洛陽親友如相問。」　溫飛卿詩：「天寶年中事玉皇，曾將新曲教寧王。鈿蟬金雁皆零落，一曲伊州淚萬行。」

靈巖山寺放生雞靈巖，見《觀設戒》。梁元帝有《荊州放生亭碑》。

芥羽狸膏早擅場，爭雄身屬鬥雞坊。從今喚醒夫差夢，粉蝶低飛過講堂。此首謂南都覆後，但存山寺也。○《左傳·昭二十五年》：「季、郈之雞鬥。季氏芥其雞，郈氏為之金距。」《注》：「擣芥子而播其羽也。」《莊子》：「羊溝之雞，三年為株。相者視之，則非良雞也。然數以勝人者，以狸膏塗其頭。」曹《鬥雞篇》：「願蒙狸膏助，終得擅此場。」 鬥雞坊，見《長平輓詩》。 李廓詩：「頭邊喚酒醒。」按：靈巖寺本夫差響屟廊故基，見《靈巖設戒》。 溫飛卿詩：「碧草侵堦粉蝶飛。」講堂，見《謁剖公》。張如哉曰：「末句承夢字，用莊子夢蝶意。」

其二

縛柵開籠敢自專，雲中誰許作神仙。如來為放金雞赦，飲啄浮生又幾年。此首梅村自比，以歸林為幸也。○杜詩：「籠柵念有修。」 第二句，見《過淮陰有感》注。 如來，見《鐵獅歌》。金雞，見《讚佛詩》。 飲啄，見《雞山》。浮生，見《二十五日詩》。

其三

敢效山雞惜羽毛，卑棲風雨自三號。湯泉夜半蓮花湧，佛號鐘聲日未高。此首願皈依禪說矣。○《博物志》：「山雞有美毛，自愛其毛，終日映水。」 孟東野詩：「鳴鳳無卑棲。」《詩》：「風雨如晦，雞鳴不已。」《史記索隱》：「三號，三鳴也。言夜至雞三鳴則天曉。」 按：《蘇州府志》，靈巖山不載有湯泉。《太真外傳》：「華清宮有蓮花湯，即貴妃澡沐之所。」《南越志》：「雞冠四開如蓮花，鳴聲清徹。」《蓮社高賢傳》：「釋惠安患山中無刻漏，乃於水上立十二葉芙蓉，因波隨轉，分定晝夜，以為行道之節，謂之蓮花漏。」梅村蓋攢簇用之，以湯泉比香水溪、採香徑耳。高季廸《香水溪》詩：「驪山更有湯香在，千古愁魂一種銷。」 陳深（字子微）之詩：「念佛鳥聲微。」〔註6〕杜彥之詩：「日高花影重。」

其四

雞足峰頭夜雨青，花冠錦臆影亭亭。老莊談罷疎窗冷，間向山僧學聽經。此首與其三同意。○雞足，見《滇池鐃吹》。王叔承詩：「十二峰頭暮雨青。」庾《鬥雞詩》：「解翅蓮花動，猜群錦臆張。」張平子《西京賦》：「狀亭亭以苕苕。」 《晉

〔註6〕「念佛鳥聲微」出陳植（字叔方）《龍興寺》。

書・王衍傳》：「衍妙善玄言，惟談《老》、《莊》為事。」　《幽明錄》：「宋兗州刺史沛國宋處宗，嘗買得一長鳴雞，愛養甚至。嘗籠著窗間，雞遂作人語，與處宗談論，極有玄致，終日不輟，處宗因此功業大進。」庾詩：「山僧或見尋。」聽經，見《孫孝維三十》。

口占贈蘇崑生口占，見《梅花庵聯句》。蘇崑生，見《楚兩生行》。《感舊集》收其三。

　　樓船諸將碧油幢，一片降旗出九江。獨有龜年臥吹笛，暗潮打枕泣篷窗。從左夢庚說到崑生。○樓船，見《董山兒》。油幢，見《贈張升衢》。　一片降旗，見《臺城》。九江，見《楚兩生行・序》。　龜年，見《琵琶行》。《唐書・漢中王瑀傳》：「常早朝，過永興里，聞笛音，顧左右曰：『是太常工乎？』曰：『然。』他日識之，曰：『何故臥吹？笛工驚謝。』」　劉夢得詩：「潮打空城寂寞回。」蘇詩：「篷窗高枕雨如繩。」

其二

　　有客新經墮淚碑，武昌官柳故垂垂。扁舟夜半聞蘆管，猶把當年水調吹。從武昌說到崑生。然墮淚碑仍就良玉言之。○《詩》：「有客有客。」《晉書・羊祜傳》：「襄陽百姓於峴山祜平生遊憩之所建碑立廟，時饗祭焉。望其碑者，莫不流涕。杜預因名為墮淚碑。」　武昌柳，見《贈柳雪生》。杜詩：「官柳著行新。」垂垂，見《詠山茶花》。　蘆管，見《贈馮訥生》。　水調，見《琵琶行》。

其三

　　西興哀曲夜深聞，絕似南朝汪水雲。回首岳侯墳下路，亂山何處葬將軍。從崑生說到良玉。　張如哉曰：「西興哀曲即接前首水調說下。」○西興，見《送吳錦雯》。　南朝，見《韓蘄王墓》。《金臺集》：「錢塘汪元量，字大有。以善琴受知宋主。國亡，奉三宮留燕甚久。世祖皇帝嘗命奏琴，因賜為黃冠師南歸。」《遂昌雜錄》：「宋季琴士汪水云者，工於詩。後從謝後北遷，老宮人能詩者，皆水雲指教。或謂瀛國公喜賦詩，亦水雲教之也。」　《一統志》：「岳飛墓在錢塘縣棲霞嶺，初瘞九曲叢祠。孝宗時，葬今處。」　施肩吾詩：「君向亂山何處行。」

　　　　按：此詩良玉蓋葬於杭也。俟考。　張如哉曰：「《楚兩生行・序》云：『寧南沒後，蘇生從武林汪然明。』武林在杭州。『回首岳侯墳下路』指此。」　《春明夢餘錄》：「汪元量為黃冠師，人贈之以詩云：『三日錢塘水不波，子嬰繫組納

山河。兵臨魯國猶弦誦，客過殷墟獨嘯歌。鐵馬渡江功赫奕，銅人辭漢淚滂沱。知章喜得黃冠賜，野水閒雲一釣簑。』」

其四

故國傷心在寢丘，蒜山北望淚交流。饒他劉毅思鵝炙，不比君今憶蔡州。原注：蘇生，固始人。即楚相寢丘也。從崑生故里說。〇《後漢書·郡國志》：「固始，侯國故寢也。光武中興更名。有寢丘。」 蒜山，見《寄周芮公》。 《晉書·劉毅傳》：「江州刺史庾悅至京口，悅食鵝，毅求其餘，悅又不與。」 張如哉曰：「金亡於蔡州，故元裕之《秋望賦》云：『飛鳥而望故鄉，嫠婦而憂公室。豈有夷墳墓而剪桑梓，視若越肥而秦瘠？』蔡州，今上蔡縣，屬汝寧府。《明統志》固始亦屬汝寧府。此詩蓋用裕之賦意也。又，裕之詩云：『為向淮西諸將道，不須誇說蔡州功。』」

讀史有感

彈罷薰弦便蘀歌，南巡翻似為湘娥。當時早命雲中駕，誰哭蒼梧淚點多。程迓亭曰：「八首與《清涼山》四首參看。」〇杜詩：「虞舜罷彈琴。」蘀歌，見《讀西臺記》注。 《書》：「五月，南巡狩。」湘娥，見《楚雲》。 《楚辭》：「焱遠舉兮雲中。」 劉美之《續竹譜》：「斑竹，世傳二妃將沉湘水，望蒼梧而泣，灑淚染竹成斑。」李義山詩：「幾人曾預南薰曲，終古蒼梧哭翠華。」

　　　　附考：《史剡》：「舜命禹曰：『朕耄期，倦於勤，汝惟不怠，總朕師。』夫天子之職，莫勤於巡狩，而舜猶親之，卒死於外而葬焉，惡用使禹攝哉？是必不然。或曰：《虞書》稱陟方乃死，孔安國以為升道南方巡守而死，《禮記》亦稱舜葬於蒼梧之野，皆如太史公之言。今獨以為不然，何與？曰：傳記之言固不可據以為實，藉使有之，又安知無中國之蒼梧而必在江南邪？《虞書》陟方云者，言舜治天下，陟於至道，然後死耳，非謂巡守為陟方也。」榮藩按：《書》言南巡狩，至於南嶽。《一統志》：「衡山在湖南衡州府衡山縣西。」今廣西梧州府蒼梧縣即漢之蒼梧郡治，然不得謂漢之蒼梧即虞之蒼梧也。今蒼梧道駐廣西桂林府，然不得謂今之桂林即漢之蒼梧也。舜陵在永州府寧遠縣東南，《史記》以為零陵。夫永州為漢之零陵郡，零陵縣其附郭邑，然今之零陵縣無零陵也。《寰宇記》：「臨桂縣有雙妃塚，舊傳二妃尋舜而卒，葬於此。」此蓋因二妃未從之語而附會之者。古今地名分合岐互，《一統志》不載蒼梧古蹟，意可見矣。

其二

重璧臺前八駿蹄，集作「壁」，非。歌殘黃竹日輪西。君王縱有長生術，忍向瑤池不並棲。○《穆天子傳》：「盛姬，盛柏之子也。天子乃為之臺，是曰重璧之臺。」又：「天子命駕八駿之乘。」　歌殘，見《臺城》。《穆天子傳》：「北風雨雪，有凍人，天子作詩三章以哀民，乃宿於黃竹。」韓詩：「溟波銜日輪。」　李義山詩：「莫恨名姬中夜沒，君王猶自不長生。」　瑤池，見《讚佛詩》注。

其三

昭陽甲帳影嬋娟，慚愧恩深未敢前。催道漢皇天上好，從容恐殺李延年。此首用李夫人事，似詠李少君之術者。○昭陽，見《讚佛詩》。甲帳，見《南苑應制》。嬋娟，見《宮扇》。　恩深，見《贈家侍御》。《晉子夜歌》：「恃愛如欲進，含羞未肯前。」《讚佛詩》：「寄語漢皇帝，何苦留人間。」即第三句注腳。　李延年，見《哭志衍》。

其四

茂陵芳草惜羅裙，青鳥殷勤日暮雲。從此相如羞薄倖，錦衾長守卓文君。○茂陵，見《送何省齋》。杜詩：「蔓草見羅裙。」　李義山詩：「青鳥殷勤為探看。」江詩：「日暮碧雲合，佳人殊未來。」　薄倖，見《琴河感舊》。　陳陶《答蓮花妓》詩：「已向昇天得門戶，錦衾深愧卓文君。」

其五

玉弨輕弓月樣開，弨，集作「靶」。六宮走動射鵰才。黃山院里長生鹿，曾駕昭儀翠輦來。○王詩：「玉弨角弓珠勒馬。」王子淵詩：「低望月如弓。」《周禮·天官》：「內宰以陰禮教六宮。」射鵰，見《雪中遇獵》。　黃山院，見《海戶曲》。長生鹿，見《秣陵口號》。　昭儀，見《永和宮詞》。張道濟詩：「芳園翠輦遊。」

其六

為掣瓊窗九子鈴，君王晨起婕妤醒。長楊獵罷離宮閉，放出天邊玉海青。○溫飛卿詩：「景陽粧罷瓊窗暖。」《西京雜記》：「昭陽殿上設九金龍，皆銜九子金鈴。」《漢書·外戚傳》：「武帝制倢伃。」師古曰：「倢言接幸於主也。伃，美稱也。」《史記》作「婕妤」。　長楊，見《讚佛詩》。離宮，見《宮扇》。　玉海青，見《海戶曲》。

其七

上林花落在芳尊，不死鉛華只死恩。金屋有人空老大，任他無事拭啼痕。○《晉書‧阮籍傳‧論》：「劉、畢芳樽之友。」 鉛華，見《玉京墓》。 金屋，見《鴛湖閨詠》。老大，見《老妓行》。 拭啼痕，見《永和宮詞》。

其八

銅雀空施六尺床，玉魚銀海自茫茫。不如先拂西陵枕，扶下君王到便房。○陸士衡引曹孟德《遺令》：「吾婕妤妓人皆著銅雀臺，於臺堂上施八尺牀，汝等時時登銅雀臺，望吾西陵墓田。」 玉魚，見《雒陽行》。《漢書‧劉向傳》：「秦始皇帝葬於驪山之阿，人膏為燈燭，水銀為江海，黃金為鳧雁。」茫茫，見《遇南廂園叟》。 便房，見《永和宮詞》。

為楊仲延題畫冊此仲延官和州時作。

歷陽山下訪潛夫，指點雲峰入畫圖。為讀劉郎廳壁記，過江煙雨作姑蘇。切定和州說。○《一統志》：「歷陽山在和州西北四十里。」《後漢書‧王符傳》：「隱居著書三十餘篇，號曰潛夫。」 指點，見《龍腹竹歌》。江詩：「平明登雲峰。」 劉夢得詩：「前度劉郎今又來。」《一統志》：「劉禹錫貶連州，累徙知和州，有《廳壁記》。」 按：和州在江北，蘇州在江南，故用「過江」字。煙雨，見《得願雲書》。《一統志》：「姑蘇山在吳縣西南。」

偶得

莫為高貲畏告緡，百金中產未全貧。只因程鄭吹求盡，卻把黔婁作富人。此有感於告緡波及者，用透過一層法。○高貲，見《茸城行》。《漢書‧食貨志》：「異時筭軺車、賈人之緡錢皆有差，請算如故。匿不自占，占不悉，戍邊一歲，沒入緡錢。有能告者，以其半畀之。」中人產，見《馬草行》。杜詩：「園收芋栗未全貧。」《漢書‧貨殖傳》：「程鄭，山東遷虜也，富埒卓氏。」又，《景十三王傳》：「有司吹毛求疵。」杜詩：「哀哀寡婦誅求盡。」 黔婁，見《行路難》。

其二

家居柳市匿亡逃，輕俠為生舊鼓刀。一自赤車收趙李，探丸無復五陵豪。此與《宜城酒家保》一首參看。○《漢書‧游俠傳》：「萬章，字子夏，長安人也。居城西柳市。」《史記‧高祖紀》：「徒多道亡。」《字典》：「亡，逃也。」 輕俠，

見《遇劉雪舫》。《史記·刺客傳》：「聶政曰：『政乃市井之人，鼓刀以屠。』」　赤車，見《行路難》其十一。《漢書·何並傳》：「陽翟輕俠趙季、李欵多畜賓客，以氣力漁食閭里。聞並且至，皆亡去。並下車，敕曰：『趙、李桀惡，雖遠去，當得其頭以謝百姓。』」　探丸，見《讀史雜詩》。杜詩：「金鞍五陵豪。」

其三

金城少主欲還家，油犢車輕御苑花。望斷龍堆無雁字，黑河秋雨弄琵琶。○《唐書·吐蕃傳》：「中宗景龍二年，吐蕃請昏，帝以雍王守禮女為金城公主妻之。帝念主幼，賜錦繒別數萬。」張正言詩：「還家萬里夢。」　犢車，見《玉京彈琴歌》。御苑，見《海戶曲》注。　李義山詩：「望斷平時翠輦過。」《漢書·西域傳》：「樓蘭國最在東垂，近當白龍堆。」蘇詩：「八月書空雁字聯。」　黑河，見《海戶曲》。

吳漢槎《燕支山辭》有云：「名王舊是呼韓裔，尚主中朝稱愛壻。好獵頻徵鳴鏑兒，酣歌偏惜琵琶伎。琵琶小伎珊瑚膚，歌舞朝朝粉態新。祭馬每陪青海月，射雕常從雪山雲。可敦嬌妬還猜忍，同昌那得犀觸忿。帳下纔驚一騎來，杯中已見雙蛾殞。短轅彳亍恨驅牛，腸斷狂夫淚莫收。自甘鏊面哀紅袖，不念同心歎白頭。荊棘滿懷相決絕，雙垂玉箸霑襟血。龍種寧同蔥薤捐，燕飛欲作東西別。妾意君情各自流，鴛鴦文采掩衾裯。卻分蕃部西樓去，別是秋風北渚愁。海西沙門術何秘，白馬迎來金布地。畏吾字譯貝多經，龜茲樂奏蓮花偈。灼爍禪燈著曙明，仙梵風飄夜夜聲。黃鵠歌中思故國，青鴛墻畔懺他生。妝殿何心理殘黛，空王飯禮應憔悴。已分猜嫌任狡童，誰憐調護勞諸妹。弱妹盈盈隔瀚源，黃雲千騎擁朱軒。判翼每嗟鸞鳳侶，迴腸偏繫鶺鴒原。錦車銀磧何迢遞，姊妹相逢自銜涕。為歡姮娥奔月來，卻教須女謬星至。相勸殷勤向玉真，莫將濁水怨清塵。苦辛應憶迴心院，嫵婉須諧結髮人。故人歡愛從今始，五色羅襦織連理。重畫修蛾待粉侯，休吹別鳳悲簫史。願作流蘇結不開，酡酥雙勸合歡杯。五部大人齊入賀，萬年公主竟歸來。」

吳詩集覽　卷十八下

黎城靳榮藩介人輯

七言絕句二之下

題畫其三、其四於元照為近。然歷舉澤潞、雙溪，蓋曾官於晉、浙、廣東歸而圖之者。俟考。

　　澤潞千山遶訟堂，江程到日海城荒。王郎妙手驅名勝，廳壁雲生見太行。此首題仕晉之畫。首句仕晉時事，次句自晉歸矣。太倉濱海，故用「海城」字。王郎是作畫之人。四句是所畫之景。○《一統志》：「澤州府在山西布政司東南六百二十里。潞安府在布政司東南四百五十里。」訟堂，見《贈楊仲延》。　孟東野詩：「孤帆楚江程。」海城，見《海市》。　王郎，見《王郎曲》。妙手，見《二十五日詩》。名勝，見《楚兩生行》。　廳壁，見《送沈旭輪》。太行，見《又詠古》。

其二

　　八詠樓頭翠萬重，使君家傍洞門松。不知尺許蒼茫裏，誰是雙溪第一峰。此首題仕浙之畫。○《一統志》：「八詠樓在金華府學西。齊隆昌初，大守沈約建，有《八詠詩》。」許仲晦詩：「山翠萬重當檻出。」　使君，見《代具師答》。《一統志》：「金華洞在金華縣北三十里金華山下，道書為第三十六洞，名金華洞元之天。」　《梁書・陶宏〔註1〕景傳》：「作渾天象，高三尺許。」杜詩：「獨立蒼茫自詠詩。」　《一統志》：「東陽溪自金華府北西流經義烏縣南，又西經府城南，與永康

〔註1〕「宏」，乙本誤作「安」。

溪合為雙溪。南山在金華縣南三十五里，高數千仞周，四百餘里，千峰層盡，高入雲表，其最高之巘曰若陽。上有龍湫，名三斷水。三斷之水有大溪、小溪，東流為上千、下千，合於梅溪。」王仲初詩：「家占中條第一峰。」

其三

臺池蕭瑟故園秋，庾嶺朱輪感昔遊。文采尚存先業廢，紙窗風雨寫滄洲。此首是於故園作畫。作畫之王郎即曾遊庾嶺者。○蕭瑟，見《彈琴歌》。　庾嶺，見《歡王子彥》。朱輪，見《送堵伊令》。杜有《昔遊》詩。　杜詩：「文采風流今尚存。」先業，見《送沈旭輪》。　《蘇子瞻集》：「歲行盡矣，風雨淒然，紙窗竹屋。」滄洲，見《畫中九友歌》。

其四

太守囊惟賣畫錢，琴書長在釣魚船。長官近欲知名姓，築屋江村擬種田。此首為作畫者寫懷。○陸務觀詩：「賣畫到前村。」元詩：「長官清平太守好。」　張仲素詩：「匈奴似欲知名姓。」　元裕之詩：「築屋山四繞。」江村，見《攀清湖》。《五代史・一行傳》：「鄭遨與道士李道殷、羅隱之友善，世目以為三高士。遨種田，隱之賣藥以自給。道殷有釣魚術，鉤而不餌。」

夜遊虎丘原注：次顧西巘侍御韻。

試劍石見《虎丘夜集圖》。

石破天驚出匣時，中宵氣共斗牛期。魚腸葬後應飛去，神物沉埋未足奇。詠劍石，故用奇拔語。○李長吉詩：「石破天驚逗秋雨。」出匣，見《送何省齋》。　第二句，見《讀史雜感》。《晉書・祖逖傳》：「中宵起坐。」　按：《吳越春秋》：「闔閭塚在閶門外，專諸魚腸之劍在焉。葬三日，而白虎踞其上。」《拾遺記》：「湛盧之劍飛入於楚。」梅村蓋合用之。按：飛去、神物俱用《晉書・張華傳》中字。見《送龔孝升》注。杜詩：「沉埋日月奔。」

王珣故宅見《虎丘夜集圖》。

捨宅風流尚可追，王郎別墅幾人知。即今誰令桓公喜，張如哉曰：「令，平聲，借讀去聲。」正是山花欲笑時。即離入妙。○捨宅，見《虎丘夜集圖》。　別墅，見《闔園・序》。　《晉書・郗超傳》：「桓溫轉為參軍，傾意禮待。時王珣為主簿，亦為溫所重。府中語曰：『髯參軍，短主簿，能令公喜，能令公怒。』」　徐孝穆詩：

「山花臨舞席。」按：詩人多謂花能笑者，如李義山詩「夭桃惟是笑」、崔殷功「桃花依舊笑春風」是也。張如哉曰：「『欲笑』應『喜』字。然曰『山花欲笑』，又是暗用釋典拈花微笑意，切捨宅為寺說。運事真如鏡花水月也。」

千人石見《虎丘夜集圖》。

　　碧樹朱欄白足僧，相攜劉尹與張憑。廣場月出貪趺坐，天半風搖講院燈。此首兼及梅村、友聖。○碧樹，見《詠山茶花》。朱欄，見《讚佛詩》。白足，見《訪文學博》。　《晉書·劉惔傳》：「累遷丹陽尹。嘗薦吳郡張憑，憑卒為美士。」又，《張憑傳》：「字長宗。」　廣場，見《虎丘夜集圖》。趺坐，見《謁剖公》。　天半，見《殿上行》。李義山詩：「猶自風搖九子鈴。」《湖山勝槩》：「白蓮院，相傳晉肇法師講經於此。」

顏書石刻見《虎丘夜集圖》

　　魯公戈法勝吳鉤，決石錐沙莫與儔。火照斷碑山鬼出，劍潭月落影悠悠。兼及劍池，方切虎丘之顏書也。○魯公，見《題帖》。戈法，見《汲古閣歌》注。鮑詩：「錦帶佩吳鉤。」　按：「決石」應作「抉石」。《唐書·徐浩傳》：「草隸尤工，世狀其法曰怒猊抉石，渴驥奔泉。」《續書譜》：「用筆如錐畫沙，欲其勻而藏鋒。」　王少伯詩：「火照西宮知夜飲。」斷碑，見《斷碑》。山鬼，見《行路難》。張如哉曰：「山鬼暗用蒼頡作字鬼夜哭意。」　按：劍潭，即劍池也。

劍池見《虎丘夜集圖》。

　　百尺靈湫風雨氣，星星照出魚腸字。轆轤夜半語空中，無人解識興亡意。○朱子詩：「窮源得靈湫。」司馬君實詩：「颯颯長含風雨〔註2〕氣。」　皮襲美《病孔雀》詩：「翠毫金縷一星星。」魚腸，見《夜集圖》。《古辭·陌上桑》：「腰中轆轤劍。」《吳越春秋》：「湛盧之劍惡闔閭之無道也，乃去而水行如楚。楚昭王召風湖子而問，風湖子曰：『臣聞吳王得越所獻寶劍三枚：一曰魚腸，二曰磐郢，三曰湛盧。湛盧，五金之英，太陽之精，寄氣託靈，出之有威，故去無道以就有道。』昭王大悅，遂以為寶。闔閭聞楚得湛盧之劍，因斯發怒，遂使孫武、伍胥、白喜伐楚。」按：「夜半空中」即指劍去吳之時。然覆楚之後，吳亦旋滅。興亡之故，難言之矣。第四句是此意。

可中亭《蘇州府志》：「虎丘山又有可中亭、千頃雲、悟石軒諸勝。」《丹鉛錄》：「劉禹錫《生公講堂》詩：『高坐寂寥塵漠漠，一方明月可中亭。』山谷、須溪皆稱其可字

之妙。按：《佛祖統祖》載宋文帝大會沙門，眾疑日過中，僧律不當食。帝曰：『始可中耳。』生公乃曰：『白日麗天，天言可中，何得非中？』遂舉箸而食。禹錫用可中字本此，蓋即以生公事詠生公堂，非杜撰也。」白日可中變，言明月可中，尤見其妙。

白石參來其此心，一亭矯立碧潭深。松間微月窺人澹，似識高賢屐齒臨。○白石，詳《悟石軒》。　《北史‧劉芳傳‧論》：「矯然特立碧潭，見蘗公話舊。」常建詩：「松際露微月。」蘇詞：「隙月窺人小。」《淮南子》：「高賢稱譽己。」屐齒，見《虎丘即事》注。

悟石軒見上。《十道四番志》：「生公，異僧竺道生也。講法於此，聚石為徒，與談至理，石皆為點頭。」

築居縹緲比良常，有客逢僧話石廊。仙佛共參唯此石，白蓮花發定中香。○縹緲，見《讚佛詩》。良常，見《過錦樹林》。　崔禮仙詩：「偏逢僧話久。」石廊，見卷十七《題畫》。　蘇詞：「遽與仙佛寂。」　李義山詩：「白石蓮花誰所供，六時常拂佛前燈。」定，見《送繼起入天台》。

後山月黑不見王少伯詩：「其時月黑猿啾啾。」

畫燭燒來入翠微，更邀微月暎清輝。欲窮千里登臨眼，笑約重遊興不違。○陸務觀詩：「畫燭銀燈看到明。」杜詩：「檢書燒燭短。」翠微，見《宿福源精舍》。　李詩：「舉杯邀明月。」白詩：「微月初三夜。」《古詩》：「秋月揚清輝。」　王之渙詩：「欲窮千里目。」登臨，見《海戶曲》。　白詩：「江南風月會重遊。」

　　　　張如哉曰：「各首多有夜字在內，惟《王珣故宅》隨意點染耳。」

戲題士女圖《古今畫鑑》：「周昉善寫真，作士女多穠麗豐肥，有富貴氣。」

一舸見《礬清湖》

霸越亡吳計已行，論功何物賞傾城。西施亦有弓藏懼，不獨鴟夷變姓名。翻新入妙。○杜光庭詩：「亡吳霸越已功全。」《史記‧吳起傳》：「請與子論功，可乎？」《句踐世家》：「范蠡自齊遺大夫種書曰：『蜚鳥盡，良弓藏。』」　鴟夷，見《礬清湖》。

　　　　《庚溪詩話》引鄭毅夫詩曰：「若論破吳功第一，黃金只合鑄西施。」與此同意。《丹鉛錄》：「世傳西施隨范蠡去，不見所出，只因杜牧『一舸逐鴟夷』之句而傅會也。《墨子》曰：『吳起之裂，其功也；西施之沉，其美也。』墨子去吳越之世甚近，所得其真。《修文御覽》引《吳越春秋》逸篇云：『吳亡後，越浮西施於江，令隨鴟夷以終。』正與《墨子》合。杜牧未精審，一時趁筆之過也。」

浮，沉也，反言耳。隨鴟夷者，子胥之譖死，西施有力焉。胥死，盛以鴟夷。今沉西施，所以報子胥之忠，故云隨鴟夷以終。范蠡去越，號鴟夷子皮。杜牧遂以子胥鴟夷為范蠡鴟夷，乃影撰此事，以墮後人於疑網。范蠡受誣千載，遇予而雪之，亦一快哉！

虞兮《史記·項羽紀》：「美人名虞，常幸從。」又：「羽自為詩曰：『虞兮虞兮奈若何。』」《楚漢春秋》：「虞美人和歌曰：『漢兵已略地，四面楚歌聲。大王意氣盡，賤妾何聊生。』」

千夫辟易楚重瞳，仁謹居然百戰中。博得美人心肯死，項王此處是英雄。○《書》：「千夫長。」《項羽紀》：「辟易數里。」又：「羽亦重瞳子。」《漢書·高祖紀》：「項羽仁而敬人。」《吳志·薛綜傳》：「先輩仁謹，不曉時事。」百戰，見《送杜弢武》。　英雄，見《茸城行》。

出塞《後漢書·南匈奴傳》：「昭君，字嬙，南郡人也。初，元帝時以良家子選入掖庭。時呼韓邪來朝，帝勅以宮女五人賜之。昭君入宮數歲，不得見御，積悲怨，乃請掖庭令求行。呼韓邪臨辭大會，帝召五女以示之。昭君豐容靚飾，光明漢宮，顧景裴回，竦動左右。帝見，大驚，意欲留之，而難於失信，遂與匈奴，生二子。」鄒之麟《女俠傳》：「昭君戎服乘馬，提一琵琶，出塞而去。」

玉關秋盡雁連天，磧裏明駝路幾千。夜半李陵臺上月，可能還似漢宮圓。妙入唐音。○玉關，見《行路難》。杜詩：「木落霜野雁連天。」　磧里，見《雪中遇獵》。《說文》：「磧，水渚有石者。」《古木蘭詩》：「願借明駝千里足。」《本草綱目》：「其臥而腹不著地，屈內露明者，名明駝，最能行遠。」江總持詩：「薊北鴻來路幾千。」　李陵臺，見《雪中遇獵》。　庾詩：「漢月何時更圓。」

　　李詩：「漢家秦地月，流影照明妃。一上玉關道，天涯去不歸。」似為此詩藍本。　張如哉曰：「李于鱗《明妃曲》：『曲罷不知青海月，徘徊猶作漢宮看。』吳詩更為翻新。尤展成《昭君怨》：『剩有清笳悲蔡琰，更無人弔李陵臺。』又從吳詩翻出。」

歸國《後漢書·列女傳》：「陳留董祀妻者，同郡蔡邕之女也，名琰，字文姬。適河東衛仲道。夫亡，無子，歸寧於家。興平中，天下喪亂，文姬為胡騎所獲，沒於南匈奴左賢王。在胡中十二年，生二子。曹操素與邕善，乃遣使者以金帛贖之，而重嫁於祀。」

董逃歌罷故園空，腸斷悲笳付朔風。贖得蛾眉知舊事，好修佳傳報

曹公。○《後漢書・五行志》:「靈帝中平中,京都歌曰:『承樂世董逃。』」董謂董卓也。言雖跋扈,縱其殘暴,終歸逃竄至於滅族也。張如哉曰:「文姬《悲憤詩》:『既至家人盡,又復無中外。城郭為山林,庭宇生荊艾。』所謂『故園空』也。」 悲笳,見《臨江參軍》。文姬有《胡笳十八拍》。曹詩:「仰彼朔風。」 白詩:「黃金何日贖蛾眉。」《後漢書・韋彪傳》:「問以三輔舊事。」又,《列女傳》:「操問曰:『聞夫人家無多墳籍,猶能憶識之不?』文姬曰:『昔亡父賜書四千許卷,流離塗炭,罔有存者。今所誦憶,裁四百餘篇耳。』於是繕書送之,文無遺誤。」《晉書・陳壽傳》:「丁儀、丁廙有盛名於魏。壽謂其子曰:『可覓千斛米,見與,當與尊公作佳傳。』」按:末句變化用之,兼翻用馬日磾說王允語「伯喈曠世逸才,多識漢事,當續成後史,為一代大典也」。

當壚《史記・司馬相如傳》:「卓王孫有女文君,新寡。好音,故相如以琴心挑之,使人重賜文君,侍者通殷勤,文君夜亡奔相如。相如乃與馳歸,家居徒四壁立。文君久之不樂,曰:『長卿第俱如臨邛,從昆弟假貸,猶足為生,何至自苦如此?』相如與俱之臨邛,盡賣其車騎,買一酒舍酤酒,而令文君當壚。」

四壁蕭條酒數升,錦江新釀玉壺冰。莫教詞賦逢人買,愁把黃金聘茂陵。○《十洲記》:「瀛洲在東大海中,有玉石,高且千丈,出泉如酒味,名為玉醴泉。飲之數升輒醉,令人長生。」《一統志》:「錦江在成都府華陽縣南。此水濯錦,鮮于他水。」韋端己詩:「榴花新釀綠於苔。」鮑《白頭吟》:「清如玉壺冰。」《文選・長門賦序》:「孝武皇帝陳皇后別在長門宮,愁悶悲思,聞司馬相如天下工為文,奉黃金百斤為相如文君取酒。而相如為文以悟主上,皇后復得幸。」《西京雜記》:「相如將聘茂陵二女為妾,文君作《白頭吟》以自絕,相如乃止。」《綱目質實》:「茂陵,漢之縣名,故城在西安府城西北一十里。」

墮樓《晉書・石崇傳》:「綠珠美而豔,孫秀使人求之,崇竟不許。秀怒,乃勸趙王倫誅崇。」《女俠傳》:「綠珠泣曰:『願效死於君前。』崇止之,遽墮樓而死。」

金谷糚成愛細腰,避風臺上五銖嬌。身輕好向君前死,一樹穠花到地消。○金谷,見《老妓行》。白詩:「糚成每被秋娘妒。」細腰,見《嘲張南垣》。《杜陽雜編》引賈至《贈元載姬薛瓊英》詩:「舞怯銖衣重,笑疑桃臉開。方知漢武帝,虛築避風臺。」注引王子年《拾遺記》:「趙飛燕體輕,恐暴風,帝為築臺焉。」張如哉曰:「當作漢成帝,賈詩誤耶?」《漢成帝內傳》:「飛燕身輕。」《詩》:「何彼襛矣,華如桃李。」宋公序《落花》詩:「金谷樓危到地香。」

奔拂張道濟《虯髯客傳》：「隋煬帝之幸江都，命司空楊素守西京。一日，衛公李靖以布衣上謁，獻奇策。素亦踞，見一妓有殊色，執紅拂立於前，獨目公。公既去，而執拂者臨軒指吏曰：『問公者處士第幾？住何處？』公具以對，妓領而退。其夜五更初，忽聞叩門聲低者，公起問，乃紫衣帶帽人，杖一囊。公問誰，曰：『妾楊家之執拂妓也。』公遽延入，脫衣去帽，乃十八九佳麗人也，素面畫衣而拜。」

　　歌舞侯門一見難，侍兒何得脫長安。樂昌破鏡翻新唱，換取楊公作舊官。翻新出奇。○侯門，見《圓圓曲》。　侍兒，見《老妓行》。　《本事詩》：「陳太子舍人徐德言之妻，後主叔寶之妹，封樂昌公主，才色冠絕。時陳政方亂，德言知不相保，乃破一鏡，人執其半，約曰：『他日必以正月望日賣於都市，我當在，即以是日訪之。』及陳亡，其妻果入越公楊素之家，寵嬖殊厚。德言流離辛苦，僅能至京，遂以正月望日訪於都市。有蒼頭賣破鏡者，大高其價，人皆笑之。德言直引至其居，設食，具言其故，出半鏡以合之，仍題詩云云。陳氏得詩，涕泣不食。素知之，愴然改容，即召德言還其妻。聞者無不感歎。仍與德言、陳氏偕飲，令陳氏為詩曰：『今日何遷次，新官對舊官。笑啼俱不敢，方驗作人難。』」

盜綃《劍俠傳》：「唐大曆中，有崔生者，其父為顯僚，與蓋天之勳臣一品者熟。生是時為千牛，其父使往省一品疾。一品命姬軸簾，召生入室，遂命衣紅綃者擎一甌與生食。生少年稅妓輩，終不食。一品命紅綃姬以匙而進之，生不得已而食。妓哂之，遂告辭而去，命紅綃送出院。時生回顧，姬立三指，又反掌者三，然後指胸前小鏡子云：『記取。』餘更無言。生歸，神迷意奪，語減容沮，怳然凝思，日不暇食。時家中有崑崙摩勒，顧瞻郎君曰：『心中有何事，如此抱恨不已？』遂具告之，又白其隱語。摩勒曰：『有何難會？立三指者，一品宅中有十院歌姬，此乃第三院耳。反掌三者，數十五。胸前小鏡子，十五夜月圓如鏡，令郎君來耳。』生大喜曰：『何計而能達我鬱結？』摩勒笑曰：『一品宅有猛犬，守歌姬院門外，常人不得輒入，入必噬殺之，其警如神，其猛如虎，今夕當為郎君擉殺之。』是夜三更，與生衣青衣，遂負而踰十重垣，乃入歌姬院內。止第三門，繡戶不扃，金釭微明，惟聞姬長歎而坐，若有所伺。摩勒請先為姬負其囊橐糚奩，如此三復，遂負生與姬而飛出峻垣十餘重，一品家之守禦無有警者。」

　　令公高戟妓堂開，黃耳金鈴護綠苔。博浪功成倉海使，緣何輕為美人來。○令公，見《西田賞菊》。張道濟詩：「森如高戟聳。」妓堂，見《老妓行》。《古今注》：「狗一名黃耳。」韋端己詩：「金鈴犬吠梧桐院。」綠苔，見《虎丘即事》。《史記·留侯世家》：「良嘗學禮淮陽，東見倉海君，得壯士，為鐵椎重百二十斤。秦始皇帝東遊，良與客狙擊秦皇帝博浪沙中。」《一統志》：「博浪在開封府陽武縣東南。」

取盒《劍俠傳》：「紅線，劍仙也，為潞州節度使薛嵩家侍兒。時魏博節度使田承嗣募甲卒五千，號外宅兒男，欲刻日並潞。嵩憂，計無所出。紅線請乘夜往魏，一覘虛實，伺便取事。乃佩靈符，挾匕首，御風而往，雞鳴即還，取具床頭金盒為信。嵩為寒溫書，遣人馳送。入夜赴魏，非時呼門，呈送書盒。時魏索盜金盒賊甚急，不可得，聞之警絕。乃留使厚勞，盡散外宅兒男，結為婚姻，兩軍帖然。」

銅雀高懸漳水流，月明飛去女諮謀。何因不取田郎首，報與官家下魏州。○銅雀，見《永和宮詞》。漳水，見《讀鄭世子傳》。《劍俠傳》：「持金盒以歸，將行二百里，見銅臺高揭，漳水東流，晨鐘動野，斜月在林。忿往喜還，頓忘於行役；感知酹德，聊副於諮謀。」 《新唐書·藩鎮傳》：「田承嗣，字承嗣，平州盧陵人。」《三輔決錄》：「田鳳為郎，靈帝目送之，因題柱曰：『堂堂乎張，京兆田郎。』」此借用。《劍俠傳》：「田承嗣與嵩書：某之首領，係在私恩。」 官家，見《讚佛詩》。《唐書·地理志》：「魏州魏郡，龍朔二年更名冀州，咸亨三年復曰魏州。」按：《一統志·冀州表》：「唐武德六年，移治下博。龍朔二年，改曰魏州。咸亨三年，復改。」與《唐書》互異。

王貽上《詠紅線》：「漳水向東流，銅臺露未收。六城千里道，一葉五更秋。金合消兵氣，紅顏赴國讐。洛妃乘霧去，空怨木蘭舟。」

夢鞋蔣防《霍小玉傳》：「大曆中，李生名益，隴西人，第進士，自矜風調。長安有媒鮑十一娘者，言故霍王女，字小玉，婢出也。諸兄弟以其母微，分貲遣居於外，易姓為鄭氏。女美甚。生悅，就之。二歲餘，歸而別娶。小玉思之成疾，生再至長安，不顧也。小玉使侍婢賣紫玉釵，欲賂人為通消息。生之密友勸生顧鄭，忽有豪士衣輕黃紵衫，挾生之鄭所，報云：『李十郎來也。』其前夕，小玉夢黃衫丈夫抱生來，令小玉為脫鞋。警而寤，解之曰：『鞋者，諧也；脫者，解也。其來合而永訣乎？』及見生，曰：『我為女子，薄命如斯；君是丈夫，負心若此。我死必為厲鬼，使汝妻妾不安。』遂慟而死。後李生之妻妾無一不反目者。」《舊唐書·李益傳》：「少有癡病，而多猜忌，防閒妻妾，過為苛酷，而有散灰扃戶之譚聞於時。故時謂妒癡為李益疾。」

玉釵敲斷紫鸞雛，消息聲華滿帝都。能致黃衫偏薄倖，死生那得放狂夫。○玉釵、鸞雛，見《青門曲》。 《獨異記》：「陳子昂一日之內，聲華溢都。」姚居雲詩：「歌謠聲徹帝王都。」 薄倖，見《琴河感舊》。 《詩》：「狂夫瞿瞿。」

驪宮《唐書》：「驪山宮，貞觀十八年置，咸亨二年始名溫泉宮，天寶六載改曰華清宮。」《一統志》：「華清宮在西安府臨潼縣南。」《太真外傳》：「昔天寶十載，侍輦避暑驪山宮。秋七月，牽牛織女相見之夕，上憑肩而望，因仰天感牛女事，密相誓心，願世世為夫婦。」

天上人間恨豈消，雙星魂斷碧雲翹。成都亦有支機石，烏鵲難填萬里橋。攢簇處妙。○白詩：「天上人間會相見。」又：「天長地久有時盡，此恨綿綿無絕期。」　杜詩：「銀漢會雙星。」杜牧之詩：「路上行人欲斷魂。」宋景文詩：「玉女從東來，頭帶雲翹足蹁躚。」　《集林》：「有人尋河源，見婦人浣紗，問之，曰：『此天河也。』乃與一石而歸。問嚴君平，君平曰：『此織女支機石也。』」《四川通志》：「支機石在蜀城西南隅石牛寺之側，出土而立，高可五尺餘，石色微紫。近土有一窩，傍刻支機石三篆文。」　《中華古今注》：「鵲一名神友，俗云七月填河成橋。」《華陽國志》：「萬里橋在成都縣南八里。蜀使費禕聘吳，諸葛亮祖之。禕歎曰：『萬里之行，始於此橋。』因以為名。」《唐國史補》：「蜀郡有萬里橋。玄宗至而喜曰：『吾常自知行地萬里則歸。』」

蒲東微之《會真記》：「唐貞元中，有張生者遊於蒲。蒲之東十餘里有僧舍，曰普救寺。張生寓焉。適有崔氏孀婦，將歸長安，路出於蒲，亦上茲寺。崔氏婦，鄭女也。張出於鄭，緒其親，乃異派之從母。有中人丁文雅，不善於軍。先是，張與蒲將之黨友善，請吏護之，遂不及於難。鄭厚張之德甚，因飪饌中堂宴之，命次女鶯鶯出拜。張自是惑之。崔之婢曰紅娘，生私為之禮者數四。紅娘捧崔氏而至。有頃，寺鐘鳴，天將曉，紅娘促去。」

背解羅襦避月明，乍涼天氣為多情。紅娘欲去喚鐘動，扶起玉人釵半橫。○《史記‧滑稽傳》：「羅襦襟解。」　韓致光詩：「已涼天氣未寒時。」按：月明是從《會真記》「斜月晶瑩，幽輝半床」句想出。然《會真記》上云「歲二月旬有四日矣」，下云「是夕旬有八日也」，皆非乍涼時。梅村好用乍涼，如「難得今宵是乍涼」之類。若云舍於崔氏者累月，必有乍涼時，恐非吳詩本意。多情，見《琴河感舊》。元詩：「狂兒撼起鐘聲動，二十年來曉寺情。」王渙詩：「鐘動紅娘喚歸去。」　玉人，見《永和宮詞》。歐陽永叔詞：「水晶雙枕，傍有墮釵橫。」

題寒香勁節圖壽袁重其節母八十袁重其，見《贈田宗周》。《蘇州府志》：「重其早喪父，傭書養母。以貧甚，母節不能旌，乃徵海內詩文，曰《孀哺篇》，多至數百軸。凡士大夫過吳門者，無不知有袁孝子也。」張如哉曰：「寒香，菊也。勁節，竹也。」

東籬漉酒泛芳樽，處士傳家湛母恩。傲盡霜花長不落，籜龍風雨夜生孫。菊竹分寫，兼寫節字。○東籬，見《賞菊和韻》。漉酒，見《別維夏》。芳樽，見《讀史有感》其七。　按：《綱目》書潛為晉處士。《晉書‧陶侃傳》：「倉卒無以待賓，其母乃截髮得雙髲，以易酒肴，樂飲極歡。」又，《列女傳》：「陶侃母湛氏，豫章新淦人也。」又，《陶潛傳》：「大司馬侃之曾孫也。」傳家，見《觀通天帖》。　蘇詩：

「菊殘猶有傲霜枝。」歐陽永叔詩:「秋花不比春花落。」 《焦氏說楛》:「竹萌,一名竹胎,一名籜龍。」王介甫詩:「籜龍空此見孫枝。」按:袁重其另有《侍母弄孫圖》,故末句及之。

烏棲曲 《樂錄》:「《烏棲曲》,鳥獸二十一曲之一也。」按:《烏棲曲》,梁武帝仄韻換平者二首,平韻換仄者一首,仄不換韻者一首。梁簡文帝「青牛丹轂七香車,可憐今夜宿倡家。倡家高樹烏欲棲,羅帷翠帳向君低」,則以平韻換平韻。唐人此曲不皆四句。其四句而不換韻者,趙承祐「宮烏棲處玉樓深,微月生簷夜夜心。香輦不回花自落,夜來空佩闐寒金」是也。然平韻換仄者為多,梅村此首從之。

沉香為笮錦為牽,白玉池塘翡翠船。芙蓉翻水鴛鴦浴,盧郎今夜船中宿。○沉香,見《永和宮詞》注。《漢鼓吹曲》:「桂樹為君船,青絲為君笮。」杜詩:「遲日徐看錦纜牽。」 李義山詩:「玉池荷葉正田田。」翡翠,見《行路難》。《楚辭》:「搴芙蓉兮木末。」韓詩:「文如翻水成。」和成績詞:「雙浴鴛鴦出綠汀。」 梁武帝詩:「十五嫁為盧家婦。」《魏書·盧元明傳》:「王熙見而歎曰:『盧郎有如此風神,惟須誦《離騷》,飲美酒,自為佳士。』」張文昌《烏棲曲》:「君王昨夜舟中宿。」

讀陳其年邗江白下新詞 徐原一《陳檢討誌銘》:「其年,諱維崧,別號迦陵。遇花間席上,尤喜填詞。興酣以往,常自吹簫而和之,人或指以為狂。其詞多至累千餘闋,古所未有也。」 《國朝詩別裁集》:「其年,江南宜興人。康熙己未,以諸生召試博學鴻辭,官翰林院檢討。」邗江,見《閬園·序》。白下,見《琴河感舊·序》。

漫寫新詞付管絃,臨春奏妓已何年。笑他狎客無才思,破費君王十萬箋。此首白下。○新詞,見《西泠閨詠》。 臨春,見《玉京彈琴歌》。虞茂有《衡陽王齋閣奏妓》詩。 狎客,見《觀石谷畫》。《南史·褚裕之傳》:「好學有才思。」蘇詩:「破費八姨三百萬。」《語林》:「王右軍為會稽內史,謝安就乞箋。紙庫中有九萬箋紙,悉與之。」

其二

鈿轂珠簾燕子忙,宮人斜畔酒徒狂。阿麼枉奏平陳曲,水調風流屬窈娘。此首邗江。○《楚辭·大招》:「瓊轂錯衡,英華假只。」珠簾,見《閬園·序》。謝克家詞:「燕子歸來依舊忙。」 宮人斜,見《銀泉山》。《史記·酈生傳》:「人皆謂之狂生。」又:「吾高陽酒徒也。」 《隋書·煬帝紀》:「小字阿麼。開皇八年冬,大舉伐陳,以上為行軍元帥。陳平,天下稱賢。」 杜牧之詩:「煬帝雷塘路,迷藏有舊

樓。誰家唱水調，明月滿揚州。」趙德先《樂苑》：「《水調》，商調曲也。隋煬帝幸江南時所製。」《唐書·武承嗣傳》：「聞左司郎中喬知之婢窈娘美且善歌，奪取之。」《道山新聞》：「李後主宮嬪窅娘，纖麗善舞，迴旋有凌雲之態。」俟考。

其三

落日青溪載酒時，靈和垂柳自絲絲。沈郎莫作齊宮怨，唱殺南朝老妓師。此首白下。○青溪，見《贈蔡羽明》。載酒，見《清風使節圖》。　靈和，見《贈寇白門》。絲絲，見《詠山茶花》。　《梁書·沈約傳》：「嘗侍讌，有妓師是齊文惠宮人。帝問識座中客不，曰：『惟識沈家令。』沈伏座流涕。」《嬭嬛記》：「謝秘書愛沈約集，獨構一室，四壁寫沈詩，大書於額曰沈郎書室。」李義山有《齊宮詞》。　李義山詩：「唱殺畔牢愁。」

> 《吳錄》：「華歆見沈友而異之，曰：『沈郎可登車語乎？』」此在休文以前者。

其四

冶習春來興未除，豔情還作過江書。長頭大鼻陳驚座，白袷諸郎總不如。此首邗江。○冶習，見《無題》。《楊子方言》：「豔，美也。」　《世說》：「過江人士。」　《漢書·陳遵傳》：「長頭大鼻，容貌甚偉。」陳驚座，見《癸巳禊飲》。　李長吉詩：「白袷王郎寄桃葉。」杜牧之詩：「捲上珠簾總不如。」

題思翁倣趙承旨筆思翁，見《畫中九友歌》。趙承旨，見《贈霍魯齋》。

佘山雲接弁山遙，苕霅扁舟景色饒。羨殺當時兩文敏，一般殘墨畫金焦。組織入妙。○佘山，見《九峰草堂歌·序》。《湖州府志》：「弁山在府城西北十八里，亦名卞山。」周處《吳興風土記》：「卞山當作冠弁之弁，以山形似弁也。」《湖州府志》：「苕溪在府城西，霅溪在府治南，合為一溪，東北流四十里入太湖。」韓詩：「天晴物色饒。」　《元史·趙孟頫傳》：「諡文敏。」《明史·董其昌傳》：「諡文敏。」　許仲晦詩：「古苔殘墨沼。」金焦，見《贈蒼雪》。

> 按：湖州亦有西佘山。然元宰華亭人，子昂湖州人，故用遙字。若西佘山，則接弁山，不遙矣。

李青城十十有六以自壽詩積閏平分已蓋年之句索和余題一絕贈之

詞家老宿號山農，移得青城八九峰。細數余分添甲子，黃楊千歲敵

喬松。妙在切題。○杜詩:「深臧供老宿。」山農,見《贈楊懷湄》。 青城,見《觀蜀鵑啼劇》。《一統志》:「青城山天倉諸峰屹然三十有六,前十八謂之陽峰,後十八謂之陰峰。」《左傳·襄三十年》:「四百有四十五甲子矣。」 子〔註3〕瞻《退〔註4〕圃》詩:「園中草木春無數,只有黃楊厄閏年。」 自注〔註5〕:「黃楊歲長一寸,閏月年縮一寸。」《詩》:「山有喬松。」

偶成

　　關河蕭索暮雲酣,流落鄉心太不堪。書劍尚存君且住,世間何物是江南。抒寫胸臆,自然入妙。○蕭索,見《哭志衍》。真山民詩:「雲酣纔釀臘三月。」 流落,見《遇劉雪舫》。鄉心,見《送何省齋》。 書劍,見《弔衛紫岫》。辛幼安詞:「得且住,為佳耳。」

題冒辟疆名姬董白小像並引

　　夫笛步麗人,出賣珠之女弟;雉皋公子,類側帽之參車。名士傾城,相逢未嫁;人諧嬿婉,時遇漂搖。《感舊集》補傳:「冒襄,字辟疆,一字巢民,號樸庵,江南如皋貢生。南渡時,用為推官,不就。有《樸巢詩》、《小三吾》、《水繪園》諸集。」《板橋雜記》:「董白,字小宛,一字青蓮。針神、曲聖、食譜、茶經,莫不精曉。後為辟疆側室,事辟疆九年,年二十七,以勞瘁死。辟疆作《影梅庵憶語》二千四百言哭之,同人哀辭甚多,惟吳梅村宮尹十絕可傳小宛也。」《一統志》:「邀笛步在上元縣青溪橋右,晉王徽之邀桓伊吹笛處。」《洛神賦》:「睹一麗人,於巖之畔。」《漢書·東方朔傳》:「館陶公主近幸董偃。始,偃與母以賣珠為事。」又,《孝武李夫人傳》:「平陽主因言延年有女弟。」《左傳·昭二十八年》:「昔賈大夫娶妻,三年不言不笑。御以如皋,射雉,獲之,始笑而言。」《一統志》:「冒起宗,如皋人。崇禎進士,以憲副督漕江上,乞休歸。子襄。」《北史·獨孤信傳》:「信美風度。嘗因獵,日暮,馳馬入城,其帽微側。詰旦,而吏人有戴帽者,咸慕信而側帽焉。」《晉書·孟嘉傳》:「為桓溫參軍,九月九日,溫宴龍山,參佐畢集,有風至,吹嘉帽墮落,嘉不之覺。」按:梅村蓋合用之。 顧瞻泰曰:「《梁詩紀》:『劉長史有《名士悅傾城詩》,同時多和之。』」 張文昌詩:「恨不相逢未嫁時。」《詩》:「燕婉之求。」 又:「風雨所漂搖。」則有白下權家,蕪城亂帥。阮佃夫刊章置獄,高無賴爭

〔註3〕「子」,乙本誤作「十」。
〔註4〕「退」,乙本誤作「之」。
〔註5〕「注」,乙本誤作「污」。

地稱兵。奔迸流離，纏綿疾苦；支持藥裏，慰勞羈愁。苟君家免乎，勿復相顧；寧吾身死耳，遑恤其勞。已矣夙心，終焉薄命。名留琬琰，跡寄丹青。白下，見《琴河感舊·序》。曹詩：「權家雖愛勝。」　蕪城，見《讀史雜感》。　阮佃夫，見《讀史雜感》。按：此指阮大鋮。刑章，見《讀史雜詩》。　高無賴，見《弔衛紫岫》。《五代史·高從誨世家》：「俚俗語謂奪攘苟得無愧恥者為賴子，猶言無賴也，故諸國皆目為高賴子。」按：此指高傑。《左傳·襄八年》：「今楚來討，曰：『女何故稱兵於蔡？』」《魏志·九錫文》：「海盜奔迸黑山順。」《詩》：「流離之子。」　《博〔註6〕雅》：「綢繆，纏綿也。」疾苦，出《史記·蕭相國世家》。　杜詩：「答效莫支持。」王詩：「松龕藏藥裏。」　《廣韻》：「勞，慰也。」陳子良詩：「何以慰羈愁。」　段柯古詩：「倦遊非夙心。」　薄命，見《玉京墓》。《竹書紀年》：「桀伐岷山，得二女，曰琬、琰，刻其名於苕華之玉。苕曰琬，華曰琰。」嗚呼！針神繡罷，寫春蚓於烏絲；茶癖香來，滴秋花之紅露。在軼事之流傳若此，奈餘哀之惻愴如何！鏡掩鸞空，弦摧雁冷。因君長恨，發我短歌。詒以八章，聊當一嘅爾。針神，見《七夕即事》。　《晉書·王羲之傳》：「制曰：蕭子雲行行若縈春蚓，字字如綰秋蛇。」《太平廣記》：「霍小玉出越州烏絲欄，授李生，生援筆成章。」黃魯直詩：「正圍紅袖寫烏絲。」　貫休詩：「茶癖金鐺快。」　《別賦》：「見紅蘭之受露。」　遺事，見《長安雜詠》。　《古詩》：「慷慨有餘哀。」《後漢書·光武十王傳》：「孤心悽愴，如何如何。」　沈雲卿詩：「形將鸞鏡隱。」　張子野詞：「雁柱十三弦。」　白有《長恨歌》。　短歌，見《短歌》。

　　射雉山頭一笑年，相思千里草芊芊。偷將樂府窺名姓，親擊雲璈第幾仙。此首點董字。○《登徒子好色賦》：「嫣然一笑。」　黃魯直詩：「相思千里夕陽殘。」千里草，見《讀佛詩》。李文山詩：「舌碑無字草芊芊。」　《兩都賦·序》：「外興樂府協律之事。」　《武帝內傳》：「王母乃命諸侍女王子登彈八琅之璈，董雙成吹雲和之笙，石公子擊昆庭之金，許飛瓊鼓震靈之簧。」《本事詩》：「飛瓊謂許澶曰：『子何故顯余姓名於人間？』」見《無題》其三。■〔註7〕按：千里讔董姓。而三四句蓋攢簇用之也。

其二

　　珍珠無價玉無瑕，小字貪看問妾家。尋到白隄呼出見，月明殘雪映

〔註6〕『博』，乙本誤作「搏」。
〔註7〕墨丁，稿本作空格。

梅花。原注：余向贈詩有「今年明月長洲白」之句。白隄即其家也。　此首點白字。○許仲晦詩：「珠璣無價競難酧。」蘇詩：「完我無瑕玉。」　左太沖詩：「小字為織素。」李詩：「遙指紅樓是妾家。」　《一統志》：「白公隄在長洲縣西北虎丘山塘。」張公亮《董小宛傳》：「壬午春，辟疆至吳，偶月夜蕩舟桐橋，得再見，將委以終身。」潘皆山曰：「白隄句正指此事。」

按：《板橋雜記》以此首為第四，則梅村之逸詩多矣。而原注所引亦逸詩也。《板橋雜記》又錄其六、其七、其八。　張如哉曰：「吳園次《董君哀辭序》：『吾友辟疆聞聲晉渡，覿面蘇臺』，則知初遇董君在虎丘也。」

其三

鈿轂春郊鬬畫裙，捲簾都道不如君。白門移得絲絲柳，黃海歸來步步雲。張公亮《小宛傳》：「姬自西湖遠遊於黃山白嶽間。壬午春，辟疆至吳，遂相與渡滸墅，遊惠山，歷毘陵、陽羨、澄江，抵北固，登金焦，觀競渡於江山勝處。」潘皆山曰：「『黃海歸來』指黃山歸後。其四之『京江話舊』則金焦競渡之遊也。」○鈿轂，見《讀陳其年詞》。白詩：「春郊柳踠煙。」畫裙，見《偶見》。　杜牧之詩：「卷上珠簾總不如。」　白門，見《讀史雜感》。絲絲柳，見《詠山茶花》。黃海，見《九友歌》。梁武帝詩：「那知步步香風逐。」

其四

京江話舊木蘭舟，憶得郎來繫紫騮。殘酒未醒驚睡起，曲闌無語笑凝眸。張如哉曰：「初遇在白隄，此云『京江話舊』，乃追寫其再遇耳。」○京江，見《送遠圖》。白詩：「話舊堪垂淚。」木蘭，見《虎丘夜集圖》注。　李義山詩：「待得郎來月已低。」紫騮，見《馬草行》。　殘酒，見《坐奇懷室》。秦少游詞：「睡起不勝情。」　白詩：「獨上危樓倚曲闌。」凝眸，見《朱氏畫樓》。

其五

青絲濯濯額黃懸，巧樣新妝恰自然。入手三盤幾梳掠，便攜明鏡出花前。張如哉曰：「此首承上首而言。『無語笑凝眸』，喜其再遇也。不暇多方結束，只『幾梳掠』便出相見，幾於握髮走出矣，生動之極。」○青絲，見《王郎曲》。《世說》：「有人歎王恭形茂者，云：『濯濯如春月柳。』」黃魯直詩：「漢宮嬌額半塗黃。」　元詩：「新妝巧樣畫雙蛾。」　《東觀記》：「明帝馬皇后美髮，為四起大髻，但以髮成，尚有餘，繞髻三匝。」白詩：「又不勞梳掠。」

其六

　　念家山破定風波，郎按新詞妾唱歌。恨殺南朝阮司馬，累儂夫婿病愁多。此首敘阮大鋮之禍。〇馬令《南唐書》：「後主妙音律。舊曲有《念家山》，主演為《念家山破》。」詞名有《定風波》。　新詞，見《西泠閨詠》。按歌，見《琵琶行》。南朝，見《韓蘄王墓》。梅村《柳敬亭傳》：「阮司馬大鋮。」《明史・姦臣傳》：「中旨起大鋮兵部添注右侍郎，轉左，進本部尚書。」　夫婿，見《青門曲》。張子澄詩：「多病多愁負少年。」

其七

　　亂梳雲髻下妝樓，盡室倉黃過渡頭。鈿合金釵渾拋卻，高家兵馬在揚州。此首敘高傑之禍。〇《洛神賦》：「雲髻峩峩。」張子澄有《妝樓記》。　盡室，見《送何省齋》。杜詩：「勢〔註8〕欲隨君去，形勢反倉黃。」　渡頭，見《避亂》。　鈿合金釵，見《青門曲》注。　第四句，見《遇南廂園叟》。　《隋書・魏德深傳》：「李密兵馬近在金墉。」

其八

　　江城細雨碧桃村，寒食東風杜宇魂。欲弔薛濤憐夢斷，墓門深更阻侯門。此首挽詞。〇李詩：「江城五月落梅花。」杜詩：「春帆細雨來。」郎君冑詩：「重門深鎖無人見，惟有碧桃千樹花。」　寒食東風，見《青門曲》。杜宇，見《送林衡者》詩後。　陸友仁《研北雜志》：「蜀妓薛濤，字宏度。」李詞：「秦娥夢斷秦樓月。」《詩》：「墓門有棘。」侯門，見《圓圓曲》。

　　　　韓元少《挽冒巢民》詩：「載得佳人字莫愁，染香亭子木蘭舟。繭絲待久方成匹，紈扇無緣得聚頭。花鳥湘中餘粉墨，人琴座上亦山丘。白楊未種俱消歇，何處春風燕子樓。」自注：染香、湘中，皆姬所居。　冒辟疆《蘭言》：「辛丑夏，余滯邗〔註9〕上時，閨中有小姬扣扣寄小箋云：『見蘭之受露，感人之離思。』余歸戲詞曰：『那得此好句？』答云：『《選》賦『見紅蘭之受露』，我僅剪一紅字耳。』去今十六年，扣扣化影梅庵畔黃土矣。」按：此事與序中秋花紅露軼事相似，辟疆姬人皆爾爾耶？

〔註8〕「勢」，杜甫《新婚別》作「誓」。
〔註9〕「邗」，乙本誤作「邦」。

又題董君畫扇董君，見《白燕吟》。此借用。《影梅庵憶語》：「姬於吳門曾學畫，未成，能作小叢寒樹，筆墨楚楚。」

過江書索扇頭詩，簡得遺香起夢思。金鎖澀來衣疊損，空箱須記自開時。從扇字著筆，映合入妙。〇過江書，見《讀陳其年詞》。　陸魯望詩：「冷翠遺香愁向人。」杜詩：「雲雨荒臺豈夢思。」　韋端己詩：「院開金鎖澀。」白詩：「自從不舞霓裳曲，疊在空箱二十年。」

其二

湘君浥淚染琅玕，骨細輕勻二八年。半折秋風還入袖，任他明月自團圓。亦從扇字生義。〇《楚辭》有《湘君》篇。湘妃哭，見《方竹杖歌》。唐無名氏詩：「常對春風浥淚痕。」琅玕，見《西泠閨詠》。　細骨，見《蟬猴》。蘇詩：「醉臉輕勻襯眼霞。」李詩：「紅妝二八年。」　班婕妤《怨歌行》：「裁為合歡扇，團團似明月。出入君懷袖，動搖微風發。常恐秋節至，涼飆奪炎熱。」

古意見五絕。袁子才曰：「《古意》六首乃是寫懷。」

爭傳婺女嫁天孫，纔過銀河拭淚痕。但得大家千萬歲，此生那得恨長門。〇《史記·天官書》：「婺女，其北織女。」天孫，見《七夕即事》。　銀河，見《青門曲》。　大家，見《永和宮詞》。宋玉《高唐賦》：「延年益壽千萬歲。」　長門，見《讚佛詩》。

其二

荳蔻梢頭二月紅，十三初八萬年宮。可憐同望西陵哭，不在分香賣履中。〇杜牧之詩：「娉娉嫋嫋十三餘，荳蔻梢頭二月初。」《唐書·高宗紀》：「永徽二年，改九成宮曰萬年宮。」西陵、分香賣履，見《讚佛詩》。

其三

從獵陳倉怯馬蹄，玉鞍扶上卻東西。一經輦道生秋草，說著長楊路總迷。〇從獵，見《讚佛詩》。陳倉，見《送李仲木》注。李義山詩：「從獵陳倉獲碧雞。」花蕊夫人《宮詞》：「初學乘騎怯又嬌。」　李詩：「龍駒雕鐙白玉鞍。」洪叔璵詩：「醉來扶上木蘭舟。」　唐文宗詩：「輦路生秋草。」　長楊，見《讚佛詩》。《楚辭·九辯》：「中路而迷惑兮。」

其四

玉顏憔悴幾經秋，薄命無言祇淚流。手把定情金合子，九原相見尚低頭。○玉顏，見《鴛湖閨詠》。王渙詩：「李夫人病已經秋。」　薄命，見《玉京墓》。　定情金合，見《永和宮詞》。　《禮》：「趙文子與叔譽觀乎九原。」李詩：「低頭向暗壁。」

其五

銀海居然妬女津，南山仍錮慎夫人。君王自有他生約，此去惟應禮玉真。○銀海，見《讀史有感》。《酉陽雜俎》：「劉伯玉妻段氏，字光明。性妬忌。伯玉嘗誦《洛神賦》，語其妻曰：『娶婦得如此，吾無憾焉。』光明曰：『君何以水神美而欲輕我？』乃自沉而死。七日託夢語伯玉曰：『君本願神，吾今為神矣。』伯玉終身不渡此水。婦人渡津者，皆壞衣素妝。不爾，風波暴發。」　第二句，見《銀泉山》。　李義山詩：「他生未卜此生休。」　玉真，見補注。

其六

珍珠十斛買琵琶，金谷堂深護絳紗。掌上珊瑚憐不得，卻教移作上陽花。○喬知之詩：「明珠十斛買娉婷。」　金谷，見《老妓行》。絳紗，見《西泠閨詠》。　《述異記》：「漢元帝二年，鬱林郡獻珊瑚婦人，謂之女珊瑚。」　上陽花，見《青門曲》。

倣唐人本事詩《唐書·藝文志》：「孟棨《本事詩》一卷。」或云為定南王孔友德女賦。俟考。

聘就蛾眉未入宮，待年長罷主恩空。旌旗月落松楸冷，身在昭陵宿衛中。○《史記·外戚世家》：「以良家子入宮。」《公羊傳注》：「待年父母國也。」《後漢書·曹后紀》：「小者待年於國。」　朱子奢詩：「霜氣入松楸。」　昭陵，見《觀法帖》。《史記·齊悼惠王世家》：「皆宿衛長安中。」

其二

錦袍珠絡翠兜鍪，軍府居然王子侯。自寫赫蹏金字表，起居長信閣門頭。○錦袍，見《讀史雜感》。杜牧之詩：「珠絡璀璀白闍袍。」王少伯詩：「勅賜飛鳳金兜鍪。」　軍府，見《玉京傳》。《史記》有《建元以來王子侯者年表》。　《漢書·外戚傳》：「發篋中有赫蹏書。」《注》：「赫音閱，小薄紙也。」金字表，出《元史·

世祖紀》。 《後漢書・岑彭傳》:「大長秋以朔望問太夫人起居。」《漢書・百官表》:「長信少府以太后所居宮為名也。」閣門,見《宮扇》。

其三

滕梧秋盡瘴雲黃,銅鼓天邊歸旐長。遠愧木蘭身手健,替耶征戰在他鄉。○《唐書・王翊傳》:「前經略使皆僑治藤梧。」杜詩:「瘴雲終不滅。」江詩:「黃雲蔽千里。」 銅鼓,見《贈馮訥生》。潘安仁《寡婦賦》:「飛旐翩以啟路。」《宋史》:「祀先蠶樂章:胡不留,歸旐有翩。」 唐韋元甫有《擬木蘭詩》一篇。杜詩:「朔方健兒好身手。」 《木蘭詩》:「願為市鞍馬,從此替耶征。」

其四

新來夫壻奏兼官,下直更衣禮數寬。昨日校旗初下令,笑君不敢舉頭看。○夫壻,見《青門曲》。兼官,見《遇南廂園叟》。 齊書《張欣泰傳》:「下直輒遊園池。」高季迪詩:「更衣直夜房。」禮數寬,見《避亂》。 下令,見《臨頓兒》。 竇遺直詩:「宮花一萬樹,不敢舉頭看。」

　　《八旗通志》:「康熙三年四月,有德女四貞疏言:『臣父孔有德死節桂林,蒙世祖章皇帝軫念孤忠,易名賜葬,仍命廟祀。泣思先臣航海投誠,舍生報國,北討南征,勳猷懋著。今煢煢孤女,僅延一線。祈再沛成命,速令興工,則勞臣報國之靈,與普天効忠之氣,俱感激無涯矣。』得旨:每年春秋致祭。有德一子為李定國所擄,惟女四貞存,特恩照和碩格格食俸。四貞適孫延齡。十二年十二月,吳三桂反,聖祖仁皇帝以延齡為撫蠻將軍,率師駐防廣西。十三年二月,延齡據桂林叛,降於三桂,自稱安遠大將軍。十四年,四貞勸其反正,代延齡具疏乞降,許之。十五年冬,吳三桂遣其孫吳世琮至桂林,誘執延齡殺之。十八年二月,撫蠻滅寇將軍傅宏烈、鎮南將軍莽依圖擊走吳世琮,四貞歸於京師。」按:此詩之第一首無可考,二、三、四首於四貞為合,敢以俟之博聞者。

題錢棐穀畫蘭原注:「為袁重其祺祝。 程迓亭曰:「棐穀,名朝鼎,常熟人。善畫蘭花竹石,得法於孫克宏。《蘇州府志》:「順治四年進士唐朝鼎復姓錢。」又:「錢朝鼎,字禹久。刑部主事。歷官大理少卿。」 《漢書・戾太子傳》:「使東方朔、枚皋作祺祝。」師古曰:「祺,求子之神也。」

謝家燕子鬱金堂,玉樹東風遶砌長。帶得宜男春鬪草,眾中推讓杜蘭香。兩首俱點出蘭字。此首寫足祺祝之意。○劉夢得詩:「舊時王謝堂前燕。」蘇

詩：「禖壇初記燕來時。」沈雲卿詩：「盧家少婦鬱金香。」一作「堂」。　《晉書‧謝玄傳》：「子弟亦何預人事，而欲使其佳？曰：『如芝蘭玉樹，欲使生於庭階耳。』」梁武帝詩：「吟蟲繞砌鳴。」　《群芳譜》「萱一名宜男。」于鵠詩：「胸前空帶宜男草。」劉夢得詩：「若其吳王鬭百草，不知應是欠西施。」　《韓詩外傳》：「後言先默，得之推讓。」《晉書‧曹毗傳》：「時桂陽張碩為神女杜蘭香所降毗，因以二篇詩嘲之，並續蘭香歌詩十篇，甚有文采。」《杜蘭香傳》：「杜蘭香自稱南陽人。」

其二

北堂萱草戀王孫，膝下含飴阿母恩。錯認清郎貪臥雪，生兒強比魏蘭根。此首從阿母著筆，更切為重其祿祝也。○《詩》：「焉得諼草，言樹之背。」《集傳》：「背，北堂也。」《招隱》：「春草生兮萋萋，王孫遊兮不歸。」梅村蓋變化用之。《孝經》：「故親生之膝下。」《後漢書‧馬皇后紀》：「吾但當含飴弄孫。」阿母字，借用《漢武內傳》王母語。　清郎，見《清風使節圖》。《後漢書‧袁安傳》：「令人除雪，見安僵臥，曰：『大雪人皆餓，不宜干人。』」　生兒，見《贈遼左故人》。《北齊書‧魏蘭根傳》：「魏蘭根，鉅鹿曲陽人也。」《北史‧魏蘭根傳》：「蘭根道冠時英，功參霸業，亦一代之偉人也。」

　　宋玉叔《錢黍穀畫蘭歌》：「性本愛幽蘭，常欲製為佩。得作江南遊，芳菲日相對。晨夕臥其下，怡情惟灌溉。惜哉中棄捐，官貧莫能載。錢郎贈我白團扇，彩毫善寫瀟湘態。煙姿霧質半空濛，墨氣淋漓羞粉繢。我聞畫蘭如畫眉，最難彷彿雙螺黛。錢郎本自江海人，能事相成蓋有因。坐擁嬋娟稱畏友，牙籤班管常隨身。羸馬歸來爽鳩署，美人當鏡生微矄。驪驪之裘脫沽酒，清尊對雨花開晨。幽窗小鬟擎箋侍，玉臺高詠聲何新。雪兒十五能吳歌，更解絲桐妙入神。箜篌一曲歌一闋，流光宛轉飛梁塵。綃袖濡毫染麝煤，紫莖綠葉交紛綸。婉變能令卉木榮，九畹開遍無冬春。珍重古人交誼好，相思千里遺芳草。短褐逢君宛洛間，抵掌論文非不早。便留此幅付添丁，大璐明璬信非寶。篋有吳江一匹練，研光不減鵞溪縞。東軒茶熟鶯正啼，乘興還須為余掃。何用重詢屈大夫，看取文君作腹槁。」

題王石谷畫

綠樹參差倚碧天，波光瀲灩尚湖船。煙巒自遜王維墅，不必重參畫裏禪。二首俱雅令宜人。此首夏景。○任彥升詩：「綠樹懸宿根。」杜牧之詩：「參差煙樹五湖東。」碧天，見《蕩子行》。　謝玄暉詩：「瀾光媚碧隄。」木玄虛《海賦》：

「潋淡潋灩。」尚湖，見《琴河感舊》。　煙巒，見《二十五日詩》。《唐書·王維傳》：「晚年得宋之問藍田別墅，在輞川口。」

其二

初冬景物未蕭條，紅葉青山色尚嬌。一幅天然圖畫裏，維摩僧寺破山橋。此首冬景。○紅葉，見《琴河感舊·序》。　天然，見《觀石谷畫》。　維摩寺，見《洗象圖》。破山，見《壽鶴如》。

吳詩補注

卷十八

讀史偶述

　　臺幾程迓亭曰：「臺幾幾有跗者。」拜詔《北齊書・宋世良傳》：「群吏拜詔而已。」銀盤美《箋》：「銀盤，天花菜名，五臺僧歲以充貢，故以烹熊白。」○春水積成渠程《箋》：「《湧幢小品》：『積水潭源出西山一畝、馬眼諸泉，繞出甕山後，紆廻向西南行數十里，繞都城開水門內，注潭中。』」○神龍按：宋玉《對楚王》，《楚國先賢傳》作「神龍」，《文選》作「鯤魚」；《楚國先賢傳》多「超騰雲漢之表」兩句。○左枝忽發《韓詩外傳》：「右手發之，左手不知，此蓋射之道。」仰視見《松鼠》。○撥去《漢書・司馬遷傳》：「秦撥去古文。」○歡聲《唐書・裴度傳》：「歡聲如雷。」交歡按：「歡」應作「驩」。《史記》本作「驩」，兼與上句字不復也。○松林路轉御河行《魏書・彭城王勰傳》：「高祖幸代郡，路旁有天松樹十數根，勰詩曰：『問松林，松林經幾冬？』」路轉，見《吾谷行》。程迓亭曰：「劉若愚《蕪史》：『端門內東曰闕左門，再東松林，會推處也。』」蔣德璟（字申保）《慤書》：「禁荊城外有護城河，河外即御溝。」穿宣見《琵琶行》補注。○滿前王〔註1〕仲初詩：「風景滿前人自改。」酒盞《東坡集・題跋》：「吾少年望見酒盞而醉，今亦能三蕉葉矣。」香盒朱有燉《送雪》詩：「準脩燧金香盒子。」○琉璃舊廠虎房西程迓亭《箕城雜綴》：「琉璃廠在永光寺南，虎坊橋在廠東南，其西有鐵門，前朝虎圈地也。廠燒琉璃瓦，有營建專官

〔註 1〕「王」，乙本誤作「一」。

—1049—

督之。」鳳吻《緗素雜記》：「東宮舊事呼鴟尾為祠尾，又俗間呼為鴟吻。」《江南野錄》：「初，臺殿閣各有鴟吻。」《石林燕語》：「設吻者為殿，無吻不為殿矣。」按：鳳吻者，尊之之辭也。○幾度王子安詩：「物換星移幾度秋。」○新築戴勿公詩：「南野起新築。」別勅《梁書‧孔休源傳》：「為晉安王府長史，別勅專行南徐州事。」魚服張平子《東京賦》：「白龍魚服，見困豫且。」○詞臣見《永和宮詞》補注。御帖親題蘇詩：「玉璽親題御筆。」○椒園《金鼇退食筆記》：「禁中呼瀛臺為南海，椒園為中海，五龍亭為北海。椒園山一名芭蕉園。中元夜，諸喇嘛於此，建盂蘭盆道場。法螺梵唄，夜深而罷。」○打圍《五代史‧四夷傳》：「我在上國，以打圍食肉為樂。」○錦袋《洛陽伽藍記》：「惠生初發京師之日，皇太后勅付五色百尺幡千口、錦香袋五百枚。」交爭《戰國策》：「張儀說楚王曰：『兩國敵侔交爭。』」○錦背《宋史‧食貨志》：「景祐初，遂詔罷輪錦背、繡背。」此借用。

詠柳

柳宿傍邊占小星白詩：「柳宿光中添兩星。」○無言欲語王龜齡《柳》詩：「向我無言眉自展。」白詩：「琵琶聲停欲語時。」

送友人出塞

一哭見《送沈友聖》。

雜題

白袷春衣李頎詩：「白袷春衫仙吏贈。」王元常詩：「思淚點春衣。」翻得元詩：「偷得新翻數般曲。」

靈巖山寺放生雞

爭雄《東京賦》：「七雄並爭。」低飛見《贈趙友沂》補注。○開籠韋承慶詩：「雞鬭始開籠。」疎窗唐茂業詩：「松拂疎窗竹映闌。」

讀史有感

並棲杜彥之詩：「月照松頭鶴並棲。」○晨起溫飛卿詩：「晨起動徵。」○上林花落梁簡文帝詩：「上林紛紛花落。」○六尺牀按：《魏武集》作「六尺」。

為楊仲延題畫冊許九日《秋水集》：「楊仲延刺史招集和陽郡樓，眺望天門、雞籠諸勝。時郡樓初成，把酒屬余大書其額，曰懷抱江山，因繪為圖冊。」

偶得

為生《晉書・魏舒傳》:「以漁獵為生。」秋雨弄琵琶石季倫《王明君辭引》:「昔公主嫁烏孫,令琵琶馬上作樂,以慰其道路之思。」

題畫

雲生見《湖中懷友》補注。故園秋何仲言詩:「獨守故園秋。」琴書見《訪霍魯齋》。

王珣故宅

山花欲笑時歐陽永叔詩:「山花徒能笑,不解與我言。」

悟石軒

築居縹緲杜詩:「築居仙縹緲。」

虞兮

博得《韻會》:「博,貿易也。」

出塞

秋盡見《即事》其九。

奔拂

得脫《史記・外戚世家》:「少君獨得脫。」新唱陸魯望詩:「鳳尾與鯨牙,紛披落新唱。」

取盒

高懸《後漢書・陳留老父傳》:「網羅高縣。」

夢鞋

敲斷曹堯賓詩:「敲斷金鸞使唱歌。」

蒲東

背解唐平康妓詩:「銀缸斜背解明璫。」扶起白詩:「侍兒扶起嬌無力。」

壽袁重其節母八十按：程《箋》：「節母吳姓。」

讀陳其年刊江白下新詞

○春來溫飛卿詩：「春來多少傷心事。」何年見《送杜于皇》。過江書此疑用王子敬《桃葉歌》事。李涉詩：「君到揚州見桃葉，為傳風雨過江難。」

偶成

世間何物是江南元裕之詞：「問世間情是何物。」

題冒辟疆名姬董白小像

名士傾城按：梁簡文帝有《和湘東王名士悅傾城詩》。香來梁元帝詩：「香來知驟近。」軼事《史記·管晏傳·贊》：「論其軼事。」前注非。一慨湛方生《懷歸謠》：「豈羈旅兮一慨，亦代謝兮感人。」○珍珠無價玉無瑕湯文奎詩〔註2〕：「神珠無纇玉無瑕。」貪看杜詩：「仰面貪看鳥。」月明殘雪映梅花疑合用高季迪《詠梅》詩「雪滿山中高士臥，月明林下美人來」也。○明鏡出花前《吳志·孫奮傳》：「明鏡所以照形。」薛元卿詩：「思發在花前。」○唱歌曹堯賓詩：「敲斷金鸞使唱歌。」○拋卻薛大拙詩：「麓官寄與真拋卻。」

又題董君畫扇

過江書見《陳其年新詞》補注。○半折子山《枯樹賦》：「頓山腰而半折。」然此詩所用乃曲折之折也。任他明月兼用唐無名氏詩「任他明月下西樓」。

古意

拭淚痕柳誠懸詩：「重入椒房拭淚痕。」爭傳王介甫詩：「玉堂新樣世爭傳。」此生李義山詩：「他生未卜此生休。」○低頭見《讀史雜詩》其四。○堂深蘇詞：「後堂深綠珠嬌小。」

仿唐人本事詩

其四程迓亭曰：「孔有德女歸孫延齡。延齡，廣西副將，故有德部曲，第四章詠此事。」校旗《會典》：「八旗武職：驍騎參領，滿洲旗各五人，蒙古旗各二人，漢軍旗各五人。正三品。副驍騎參領，如參領之數。佐領無定員。均正四品。驍騎校，每佐領下一人。從六品。」

〔註2〕按：出殷文圭《贈池州張太守》。

題錢黍穀畫蘭

錯認見《高涼司馬行》補注。

題王石谷畫

景物陸士龍詩：「景物臺暉。」一幅見《畫蘭曲》。

吳詩集覽　卷十九上

黎城靳榮藩介人輯

詩餘一之上　小令　中調王貽上曰：「婁東祭酒長短句，能驅使南北史，為體中獨創。流麗穩貼，不徒直逼幼安。」　丁飛濤曰：「有以梅村比吳彥高，曰：吳郎近以樂府高天下，余讀其『十八年來如夢，萬事淒涼』一語，又元之許祭酒也，詞維步武稼軒，故無一字放逸。得力句，唾壺欲碎，頹仰固是獨絕。」　聶晉人曰：「有欲合刻梅村、香嚴、棠村為三大家詞者，以梅村駘蕩，香嚴警挺，棠村有柳欹花嚲之致。或謂河北、河南代為雄視，未若三公之旨之一也。意氣遒上，感慨蒼涼，當以梅村為冠。」

　　【詞乃詩之餘也，故不別立《吳詞集覽》之目，卷數亦仍其舊。】〔註1〕按：錢塘毛氏云：「五十八字以內為小令，五十九字至九十字為中調，九十一字以外為長調。」萬紅友《詞律》極言分小令、中調、長調之非，又引《詞綜》謂草堂以臆見分之，後遂相沿，其辨甚覈。然紅友亦不能不以字之多少為先後，則與草堂之例無甚異也。茲仍從原本書之。《詞綜·發凡》謂《花間》體制，調即是題，如《女冠子》則詠女道士，《河瀆神》則為送迎神曲，《虞美人》則詠虞姬是也。宋人詞集，大約無題，自花菴、草堂增入閨思、閨情〔註2〕、四時景等題，深為可憎。按：《東坡集》，詞之以暮春〔註3〕、春情名題者頗多。而《蝶戀花》之「花褪殘紅青杏小」，何嘗不題曰春景；《賀新郎》之「乳燕飛華屋」，何嘗不題曰夏景；《江神子》之「相逢不覺又初寒」，何嘗不題曰冬景乎？況竹垞之

〔註1〕《梅村詞鈔箋注》無【】文字。
〔註2〕「情」，《梅村詞鈔箋注》、乙本作空格。
〔註3〕「春」，《梅村詞鈔箋注》、乙本作空格。

《江湖載酒集》、《茶煙閣體物集》有題者較多，是嚴於論花庵、草堂，而於己集中又未嘗堅守其說也。《梅村集》中有不書題者，有書題者，悉仍其舊。　梅村為近代詩人冠冕，而尤展成謂其遺命「■■■■」〔註4〕，題以圓石，文曰詞人吳梅村之墓」，豈不以病中《賀新郎》一闋為平生心血所寄，而發其詩之所未發，與「頌其詩，讀其詞，不知其人，可乎？是以論其世也」，吾重為梅村惜也。《明史·文苑傳》：「張昱，字光弼，盧陵人。仕元為江浙行省左右司員外郎，行樞密院判官，留居西湖壽安坊。酒間為瞿佑誦所作詩，曰：『我死埋骨湖上，題曰詩人張員外墓足矣。』」梅村遺令與昱相類，然昱於明初被徵，上憫其老，曰：「可閒矣。」厚賜遣還。因自號可閒老人。故昱得以員外書，而梅村不以職銜書，則較昱尤可悲也。白傅《自撰墓誌》曰：「無請太常謚，無建神道碑，但於墓前立一石，刻《醉吟先生傳》一本。」嗟乎！白傅之曠達，張員外之高逸，譚五經之峻潔，亦各有嘉遇也哉！

望江南 《詞律》：「望江南，一名江南好。」

江南好，聚石更穿池。水檻玲瓏簾幕隱，杉齋精麗繚垣低。木榻紙窗西。此詠池館之好。○蘇詞：「江南好，十鍾美酒，一曲滿庭芳。」《梁書·徐勉傳》：「聚石移果。」又：「正欲穿池種樹。」　杜詩：「新添水檻供垂釣。」玲瓏，見《琵琶行》。簾幕，見《哭志衍》。　杉齋，見《送何省齋》。《世說》：「支道林敘致精麗。」《西京賦》：「繚垣緜聯，四百餘里。」《〈三國志·管寧傳〉注》：「常坐一木榻。」紙窗，見《題畫》。

又〔註5〕

江南好，翠翰木蘭舟。窄袖釵衣持橶女，短簫急鼓採菱謳。逆漿打潮頭。此詠舟人之好。○〔註6〕魏文帝《大牆上蒿行》：「飾以翠翰，既美且輕。」木蘭舟，見《贈袁韞玉》。　窄袖，見《鴛湖曲》。王仲初《宮詞》：「每到日中重掠鬢，釵衣騎馬遶宮廊。」《大業拾遺記》：「每舟擇妙麗長白女子千人，執雕板鏤金橶。獨吳絳仙得賜螺黛，因吟《持橶篇》賜之。」《唐書·南蠻傳》：「龜茲部有長短簫、橫笛、方響、大銅鈸、貝，皆四。」楊誠齋詩：「急鼓繁鉦動地呼。」採菱，見《行路難》陽阿注。《武林舊事》：「浙江之潮，天下偉觀也。吳兒善泅者數百，皆披髮文身，手持

〔註4〕「■■■■」，稿本、天圖本、讀秀本作「葬以緇衣」。
〔註5〕「又」，《梅村詞鈔箋注》作「前調」。下同。
〔註6〕「○」，《梅村詞鈔箋注》作空格。下同。

十幅大彩旗，爭先鼓勇，泝迎而上，出沒於鯨波萬仞中，騰身百變，而旗尾略不沾濕，以此誇能。」按：江南打潮事應類之。劉夢得詩：「風駕潮頭入渚田。」

又

　　江南好，博古舊家風。宣廟乳爐三代上，元人手卷四家中。廠盒鬭雞鍾。此詠骨董之好。○《宣和博古圖》三十卷，宋徽宗著。家風，見《送杜弢武》。《昭代叢書》：「冒辟疆《宣爐歌》注『宣廟時，傳內佛殿火，金銀銅像渾而成液。』又云：『寶藏焚，金銀珠寶與銅俱結命鑄爐。』又曰：『宣爐以百摺彝、乳足、花邊、魚鰍蜒蚰諸耳為最。不規規三代，鼎鬲多取宋瓷爐式倣之。』」〔註7〕按：宣廟，指明宣宗。見《蟋蟀盆歌》。　顧俠君《元詩小傳》：「梅花道人吳鎮與黃公望、倪瓚、王蒙有畫苑四大家之目。」　廠盒，見《蟋蟀盆歌》。鬭雞，見《宮扇》。

又

　　江南好，蘭蕙伏盆芽。茉莉縷藏新茗椀，木瓜香透小窗紗。換水膽瓶花。此詠盆玩之好。○茉莉，見《茉莉》。茗椀，見《觀王石谷畫》。　《爾雅》：「楙，木瓜。」《注》：「寔如酢，可食。」白詩：「絮撲窗紗燕拂簷。」　陳君舉詩：「掇花實膽瓶。」

又

　　江南好，五色錦鱗肥。反舌巧偷紅嘴慧，畫眉羞傍白頭栖。翡翠逐金衣。此詠魚鳥之好。○錦鱗，見《送汪均萬》。　《禮》：「仲夏之月，反舌無聲。」《注》：「反舌，百舌鳥。」元詩：「言語巧偷鸚鵡舌。」杜《鸚鵡》詩：「紅嘴漫多知。」　梅聖俞詩：「山鳥本無名，兩眉如畫粉。」《安慶府志》：「畫眉似鸜鵒而色微黃，目上有白眉如畫，故名。」《江表傳》：「有白〔註8〕頭鳥集殿前。權曰：『此何鳥也？』恪曰：『白

〔註7〕王士禎《池北偶談》卷十五《宣爐注》：
　　　如臯冒辟疆（襄）博雅嗜古，嘗為桐城方詹事（拱乾）賦《宣爐歌》，自為之注，甚精覈，云：「……宣廟時，內佛殿火，金銀銅像渾而液。」又云：「寶藏焚，金銀珠寶與銅俱結命鑄爐。……爐式不規規三代鼎鬲，多取宋瓷爐式仿之。宣爐以百摺彝、乳足、花邊、魚鰍蚰蜒諸耳、薰冠、象鼻、石榴足、橘囊，香盒、花素方員鼎為最……。」
　　　然《沈氏宣爐小志》：「明宣廟銅器甚精，制度亦雅，鑄爐不規規三代，鼎鬲多取宋瓷爐式仿之。其制以百摺彝爐、乳足、戟耳、魚鰍蜒蚰諸耳、薰冠、象鼻、獸面、橘囊，香盒、花素方圓鼎為上品。」（呂震等撰《宣德彝器圖譜》，中國書店2006年版，第510～511頁）所載與此略有不同。
〔註8〕「白」，乙本誤作「自」。

頭翁也。』」　翡翠，見《行路難》。《天寶遺事》：「唐明皇於禁苑中見黃鶯，呼為金衣公子。」

又

　　江南好，蒱博擅縱橫。紅鶴八番金葉子，元盧五木玉楸枰。擲採坐人傾。此詠蒱博之好。○蒱博〔註9〕，見《遇劉雪舫》。　沈休文《棲禪精舍銘》：「八番海鶴，九噪巖蟬。」《品外錄》：「葉子，如今之紙牌酒令。」《鄭氏書目》：「有南唐李後主妃周氏編金葉子格，此戲今少傳。」　《唐國史補》：「擲之全黑者為盧。」程大昌《攟蒱經》：「古惟斲木為子，一具凡五子，故名五木。」玉楸枰，見《哭志衍》。《國史補》：「擲採之骰有二，其法生於握槊，變於雙陸。」杜詩：「一見能傾坐。」張如哉曰：「擲採句暗用袁彥道事。」

又

　　江南好，茶館客分棚。走馬布簾開瓦肆，搏羊餳鼓賣山亭。傀儡弄參軍。此詠市肆之好。○分棚，見《贈湖州守》。　《陳書·袁憲傳》：「徙席山亭，談宴終日。」　傀儡，見《琵琶行》。參軍，見《鴛湖曲》。

又

　　江南好，皓月石場歌。一曲輕圓同伴少，十反麤細聽人多。絃索應雲鑼。此詠絃管之好。○《詩》：「月出皓兮。」按：石場即千人石廣場也。見《虎丘夜集圖》。　蘇詩：「輕圓白曬荔。」同伴，見《彈琴歌》。　十反，見《彈琴歌》。《玉篇》：「麤，不精也，大也。」　絃索，見《琵琶行》。《元史·禮樂志》：「雲璈製以銅為小鑼十三，同一木，架下有長柄，左手持而右手以小槌擊之。」

又

　　江南好，黃爵紫車螯。雞臛下豉澆苦酒，魚羹加芼擣丹椒。小吃砌宣窰。此詠市脯之好。○《戰國策》：「夫黃雀，其小者也。」《孟子》「雀」作「爵」。車螯，見《蛤蜊》。　陸務觀詩：「黃雞煮臛無停箸。」下豉，見《贈馮訥生》。豉，去聲，借讀平聲。《晉書·張華傳》：「試以苦酒濯之。」《齊民要術》：「《食經》有作大豆千歲苦酒法，作小豆千歲苦酒法。」　魚羹，見《畫蘭曲》。朱子《詩傳》：「芼，熟而

───────────────

〔註9〕「博」，乙本誤作「搏」。

薦之也。」《蜀都賦》：「或豐綠荑，或蕃丹椒。」　按：宋玉叔有「百鎰始購宣窰杯」之句，蓋指明宣德時。

又

江南好，櫻筍薦春羞。梅豆漸黃探鶴頂，芡盤初軟剝鷄頭。橘柚洞庭秋。此詠蔬果之好。○櫻筍，見《贈陳定生》。《禮記》：「俎豆、牲醴、薦羞皆有等差。」　王龜齡詩：「盤食飣梅豆。」《群芳譜》：「鶴頂梅寔大而紅。」　《周禮・天官・籩人》：「菱芡橐。」《注》：「芡，雞頭也。」　橘柚，見《高涼司馬行》。韋應物詩：「憐君臥病思新橘，試摘猶酸亦未黃。書後欲題三百顆，洞庭須待滿林霜。」

又

江南好，機杼奪天工。孔翠裝花雲錦爛，冰蠶吐鳳霧綃空。新樣小團龍。此詠機絲之好。○《古詩》：「札札弄機杼。」《書》：「天工人其代之。」《晉書・劉宏傳・論》：「舉賢登善，窮掇孔翠之毛。」《明史・輿服志》：「嘉靖六年，復禁中外官不許濫服五彩裝花織造違禁顏色。」沈休文詩：「雲錦不須織。」《尚書大傳》：「卿雲爛兮。」　《拾遺記》：「員嶠山有冰蠶，長七尺，黑色，有鱗角。以霜雪覆之，然後為繭。其色五采，織為文錦，入水不濡，投火不燎。」李義山詩：「門多吐鳳才。」《洛神賦》：「曳霧綃之輕裾。」　新樣，見《永和宮詞》。《明史・輿服志》：「皇后常服襖褖子，深青，金繡團龍文。」

又

江南好，獅子法王宮。白足禪僧爭坐位，黑衣宰相話遭逢。拂子塞虛空。此詠禪林之好。○《楞嚴經》：「富樓那云：『世尊知我有大辨才，以音聲輪教我，發揚我於佛前，助佛轉輪。』因獅子吼，成阿羅漢。」法王，見《讚佛詩》注。　白足，見《訪文學博》。顏清臣有《爭坐位帖》。　黑衣宰相，見《讚佛詩》注。遭逢，見《宮扇》。　梭拂子，見《送照如師》。

又

江南好，鬧掃鬪新粧。鴉色三盤安鈿翠，雲鬟一尺壓蛾黃。花讓牡丹王。此詠梳掠之好。○鬧掃，見《無題》其四注。新粧，見《鴛湖閨詠》。　鴉色，見《偶見》。三盤，見《題董白像》。梅聖俞詩：「鞦韆競打遺鈿翠。」　段柯古詩：「出

意桃鬟一尺長。」李義山詩：「八字宮眉捧額黃。」《牡丹譜》：「錢思公曰：『人謂牡丹花王，今姚黃直為王魏紫後爾。』」按：此詠牡丹頭也。

又

江南好，豔飾綺羅仙。百襉細裙金線柳，半裝高屐玉臺蓮。故故立風前。此詠閨裝之好。○綺羅，見《七夕即事》。《類篇》：「襉，裙幅相襵也。」顧敻詞：「瑟瑟羅裙金線縷。」溫飛卿詩：「卓氏壚前金線柳。」梁簡文帝詩：「羅裙宜細襉，畫屐重高牆。」梁武帝歌：「心如玉池蓮。」玉臺，見《西泠閨詠·序》。按：此蓋合用元詩「金蹙重臺履」。杜詩：故故滿青天。

又

江南好，繡帥出針神。霧縠湘君波窈窕，雲幢大士月空明。刻畫類天成。此詠刺繡之好。○《論衡》：「刺繡之帥能縫帷裳納縷之工，不能織錦。」針神，見《七夕即事》。蘇詩：「霧縠風鬟木葉衣。」湘君，見《呈李太虛》。王會之詩：「雲幢煙節紫霧居。」柳子厚《聖安寺碑》：「菩薩大士，其眾無涯。」《赤壁賦》：「擊空明兮泝流光。」刻畫，見《鐵獅歌》。《南史·文學傳·論》：「放言落紙，氣韻天成。」

又

江南好，巧技棘為猴。髹漆湘筠香墊幾，戧金螺鈿酒承舟。鍍鏤匠心搜。此詠器玩之好。○《韓非子》：「衛人有能以棘刺之端為母猴者，必三月齋，然後能觀之。」髹漆，見《讚佛詩》。李賓之詩：「湘筠憶舊斑。」戧金，見《蟋蟀盆歌》。《正韻》：「陷蚌曰螺鈿。」《六書故》：「細鏃金銀為文曰鍍鏤。」匠心，見《讀史偶述》其十三。

又

江南好，狎客阿儂喬。趙鬼挪揄工調笑，郭尖儇巧善詼嘲。幡綽小兒曹。此詠狎客之好。○狎客，見《觀石谷畫》。《伽藍記》：「吳人自呼阿儂。」《南史·齊東昏記》：「左右趙鬼能讀《西京賦》，云：『柏梁既災，建章是營。』於是大起諸殿。」又，《茹法珍傳》：「初，左右刀勑之徒悉號為鬼，宮中訛云趙鬼食鴨劖，諸鬼盡著調。」《後漢書·王霸傳》：「市人皆大笑，舉手邪揄之。」「邪」亦作「挪」。《晉陽秋》：「羅友以家貧乞錄，曰：『民首旦出門，於中途逢一鬼，大見挪揄。』」詞名有

《調笑令》。　《魏書‧郭祚附傳》：「景尚，字思和。善事權寵，世號曰郭尖。」儇巧，見《王郎曲》跋。詼嘲，見《楚兩生行》。　幡綽，見《哭志衍》。小兒曹，見《松鼠》。

又

　　江南好，舊曲話湘蘭。薛素彈丸豪士戲，王微書卷道人看。一樹柳摧殘。此詠聲伎之好。○《北里志》：「平康里入北門，東回三曲即諸妓所居之聚也。」《明詩綜》：「馬守真，字湘蘭，一字元兒，又字月嬌，金陵妓。」　又，《薛素素》：「小字潤孃，嘉興妓。」按：素素能畫蘭竹，作小詩，善彈走馬。以女俠自命，置彈於小婢額上彈去而婢不知。江湖俠少年皆慕稱薛五矣。豪士，見《機山》。《明詩綜》：「王微，字修微。揚州妓。皈心禪悅，自號草衣道人。有《期山草》、《樾館詩集》。」《隋書‧柳機傳》：「機在周，與族人昂俱歷顯要。及此，並為外職。楊素方用事，戲機曰：『二柳俱摧，孤楊獨聳。』」摧殘，見《短歌》。張如哉曰：「末句指柳如是『即縱使君來，豈堪折』之意，兼以調笑東澗也。」

　　　　有明興亡，俱在江南，固聲名文物之地，財賦政事之區也。梅村追言其好，宜舉遠者大者。而十八首中，止及嬉戲之具，市肆之盛，聲色之娛，皆所謂足供兒女之戲者，何歟？蓋南渡之時，上下嬉遊，陳臥子謂其「清歌漏舟之中，痛飲焚屋之內」。梅村親見其事，故直筆書之，以代長言詠歎。十八首皆詩史也，可當《東京夢華錄》一部，可抵《板橋雜記》三卷。或認作煙花帳簿，恐沒作者苦心矣。

如夢令

　　鎮日鶯愁燕懶，徧地落紅誰管。睡起爇沉香，小飲碧螺春盌。簾卷，簾卷，一任柳絲風軟。此詠春閨。○鎮日，見《獨往王庵看梅》。薛洪度詩：「曉蟬鳴咽暮鶯愁。」馬浩瀾詞：「雙飛燕懶，百囀鶯嬌。」　張子野詞：「明日落紅應滿徑。」辛幼安詞：「斷腸點點飛紅，都無人管。」　秦少游詞：「睡起不勝情。」沉香，見《讚佛詩》。　李詩：「高陽小飲真瑣瑣。」王弼《花遊曲》：「清音震落碧瑤椀。」白詩：「籌插紅螺椀。」　劉仲晦詩：「六宮簾卷東風軟。」　柳絲，見《雒陽行》。

又

　　誤信鵲聲枝上，幾度樓頭西望。薄倖不歸來，愁殺石城風浪。無恙，無恙，牢記別時模樣。此詞若成於仕南都告歸時則佳矣。○陸賈《新語》：「乾鵲

噪而行人至。」　秦少游詞：「薄倖不來春老。」　《古詩》：「蕭蕭愁殺人。」石城，見《西泠閨詠·序》。崔顥詩：「下渚多風浪。」　無恙，見《喜穆苑先歸》。

又

小閣焚香閒坐，摵摵紙窗風破。女伴有誰來，管領春愁一箇。無那，無那，斜壓翠衾還臥。此當與前首合看。○小閣，見《西田詩》。蘇詩：「掃地焚香閉閣眠。」　盧諶詩：「摵摵芳葉落。」《正字通》：「摵，故借用瑟字。瑟瑟，即摵摵也。」《字典》引白詩「楓葉荻花秋摵摵」。紙窗，見《送王元照》。　女伴，見《彈琴歌》。高季迪詩：「夜深宮禁有誰來。」　杜牧之詩：「管領春風總不如。」梁元帝詩：「春愁春自結。」　李後主詞：「繡床斜憑嬌無那。」　鄭奎妻詩：「風釵斜壓瑞香枝。」柳耆卿詞：「猶壓香衾臥。」

又

煙鎖畫橋人病，燕子玉關歸信。報導負情儂，屈指還家春盡。休聽，休聽，又是海棠開近。梅村《郊城曉發》云：「屈指歸期二月頭。」此詞似代閨人憶遠者。○蘇詩：「煙瑣竹枝寒。」陰子堅詩：「畫橋長且曲。」　玉關，見《行路難》。《西溪叢語》：「韓中令行次鳳洲，為絕句云：『欲託雙魚附歸信。』」　李涉詩：「報導花時也不開。」《南史·王敬則傳》：「子仲雄作《懊儂曲》，曰：『常歡負情儂。』」　李詩：「春盡秋轉碧。」　孫夫人詞：「海棠開後望到如今。」

生查子

青鎖隔紅牆，撇下韓嫣彈。花底玉驄嘶，立在垂楊岸。　　纖指弄東風，飛去銀箏雁。寄語畫樓人，留得春光半。閨情。○賈幼鄰詩：「千條弱柳垂青瑣。」隔紅牆，見《琴河感舊》。　《漢書·佞倖傳》：「韓嫣，字王孫。弓高侯頹當之孫也。」《西京雜記》：「韓嫣好彈，以金為丸。」　玉驄，見《彈琴歌》。　李義山詩：「斑騅只係垂楊岸。」　《琴賦》：「飛纖指以馳騖。」梁簡文帝《箏賦》：「玩飛花之度窗，看春風之入柳。命麗人於玉席，陳寶器於紈羅。」　銀箏，見《畫蘭曲》。張子野《詠箏詞》：「雁柱十三弦。」　鮑詩：「寄語後生子。」畫樓，見《朱氏畫樓》。　崔澄瀾詩：「二月風光半。」

又

香煖合歡襦，花落雙文枕。嬌鳥出房櫳，人在梧桐井。　　小院賭

紅牙，輸卻蒲桃錦。學寫貝多經，自屑泥金粉。閨情。○合歡，見《子夜歌》。　嬌鳥，見《圓圓曲》。張茂先詩：「房櫳自來風。」　秦少游詞：「行到碧梧金井。」　紅牙，見《西泠閨詠》。　蒲桃，見《讚佛詩》。　貝多，見《送張玉甲》。《內則》：「屑薑與桂。」《字典》：「屑，碎末也。」王介甫詞：「泥金小小迴文句。」金粉，見《送沈繹堂》。

又　旅思

一尺過江山，萬點長淮樹。石上水潺潺，流入清溪去。　六月北風寒，落葉無朝暮。度樾與穿雲，林黑行人顧。玩此詞語意，似應召過淮時作。○蘇詞：「咫尺江山分楚越。」過江，見《贈蒼雪》。　杜〔註10〕詩：「萬點蜀山尖。」蘇詞：「波聲拍枕長淮曉。」　潺潺，見《哭剖石》。《一統志》：「清水墩堤在淮安府清河縣界東。」　皮襲美詩：「盡日穿林樾。」《玉篇》：「楚人謂兩木交蔭之下曰樾。」穿雲，見《哭蒼雪》。　杜詩：「林黑鳥應棲。」

點絳唇　蕉團蕉團，見《觀華嚴會》。

細骨珊珊，指尖拂處嬌弦語。著水撩人，點點飛來雨。　撲罷流螢，帳底輕風舉。眠無主，誤黏玉體，印得紅絲縷。○細骨，見《蟬猴》。《南楚新聞》：「李泌辟穀，身輕，能行屏風上。每導引骨節，珊然有聲。」宋玉《神女賦》：「拂墀聲之珊珊。」　張承吉詩：「仿彿還應露指尖。」陸魯望詩：「玉指弄嬌弦。」　楊誠齋詩：「蜜梅花發更撩人。」　蘇詞：「點點樓前細雨。」　杜牧之詩：「輕羅小扇撲流螢。」　毛文錫詞：「羅袂從風輕舉。」《漢書・王吉傳》：「數以要脆之玉體。」　王仲初《織錦曲》：「紅縷葳蕤紫茸軟。」周美成詞：「枕痕一線紅生玉。」

浣溪沙

斷頰微紅眼半醒，背人驀地下堦行。摘花高處賭身輕。　細撥薰爐香繚繞，嫩塗吟紙墨欹傾。慣猜閒事為聰明。閨詞。○《會真記》：「雙臉斷紅而已。」黃昇詞：「沉水香銷夢半醒。」《說文》：「驀，超越也。」俞克成詞：「又怎禁驀地上心。」李正己詩：「即便下階拜。」　韋應物詩：「摘花愛芳在。」身輕，見《墮樓》。　梁簡文帝詩：「薰爐滅復香。」蘇詩：「繚繞香煙來月下。」　杜詩：「墨淡字欹傾。」　盧允言詩：「愛捉狂夫問閒事。」杜詩：「水雪淨聰明。」

〔註10〕「杜」，乙本誤作「柱」。

又

一斛明珠孔雀羅，湘裙窣地錦文韡。集作「窄地」，非。紅兒進酒雪兒歌。 石黛有情新月皎，玉簪無力暖雲拖。見人先唱定風波。此伎席作。○一斛明珠，見《圓圓曲》。孔雀，見《讚佛詩》補注。 李文山詩：「裙拖六幅湘江水。」尹鶚詩：「鸞鳳衣裳香窣地。」李詩：「青黛畫眉紅錦韡。」 紅兒，見《偶成》。雪兒，見《贈寇白門》。 徐孝穆《玉臺新詠序》：「南都石黛，最發雙蛾。」駱賓王詩：「眉頭畫月新。」 《西京雜記》：「武帝過李夫人，就取玉簪搔頭，自此宮人搔頭皆用玉，玉價倍貴焉。」楊勉仁詩：「春光淡蕩暖雲生。」 《東皋雜錄》：「王定國自嶺南歸，出歌者柔奴勸酒，東坡問以嶺南風俗應是不好，柔奴曰：『此心安處便為鄉。』東坡亦作《定風波》詞，其卒章云『試問嶺南應不好，為道，此心安處便為鄉。』」

菩薩蠻

江天漠漠寒雲白，長橋客醉閒吹笛。沙嘴荻花秋，垂蘿拂釣舟。 危峰敧半倚，仄徑蒼苔屐。欲上最高亭，遠山無數橫。此望遠懷人之作。○杜詩：「江天漠漠鳥雙去。」寒雲，見《贈劉雪舫》。 李有中詩：「魚行細浪分沙嘴。」鄭德璘詩：「洞庭風軟荻花秋。」《洛陽伽藍記》：「懸葛垂蘿。」 庾子慎詩：「絕磵倒危峰。」 摩詰《與裴秀才書》：「步仄徑臨清流也。」蒼苔，見《讚佛詩》。 杜牧之詩：「莫上最高層。」 又：「月曉遠山橫。」辛幼安詞：「可憐無數山。」

張如哉曰：「『屐』應作『履』，與倚葉。」

減字木蘭花　題畫

藤谿竹路，鳥道無人雲獨過。鹿柵猿棲，布襪青鞋客杖藜。 江頭尺鯉，展罷生綃天欲雨。記得曾遊，古木包山五月秋。前段詠畫，後段寫意。○王令甫詩：「曉步藤溪霜落後。」劉文房詩：「眾溪連竹路。」 鳥道，見《閬州行》。岑參詩：「日沒鳥飛急，山高雲過遲。」 王有《鹿柵》詩。青鞋布襪，見《六真歌》注。杖藜，見《訪吳永調》。 《淮南子》：「牛蹄之涔，必無尺鯉。」 生綃，見《六真歌》。古木包山，見《贈古如》。杜詩：「陂塘五月秋。」

張如哉曰：「詞韻，路字在夫甫父，過字在哥果箇。路過通叶。如詩中《卞王京彈琴》、《蟋蟀盆》、《送志衍入蜀》、《遣悶》第六首之以七霽二十箇通叶也。古韻又鯉通叶雨，是以奇起氣叶魚雨御也。」

醜奴兒令

落紅已拂，雕闌近入手枝低。莫肯高飛，費盡東風著力吹。　　分明燕子，唧來到因甚差池。墜在污泥，惹動游絲不自知。此詠。○落花、落紅，見《如夢令》。　雕闌，見《圓圓曲》。杜詩：「卑枝低結子。」　《戰國策》：「不可以高飛。」　王晉卿詞：「經年費盡東君力。」詞名有《東風齊著力》。　林子羽詩：「天涯春色燕唧來。」《詩》：「差池其羽。」《淮南子》：「琬琰之玉在污泥之中。」《梁書·范縝傳》：「如一樹花隨風而墮，自有拂簾幌墜於茵席之上，自有關籬牆墜於溷糞之側。」梁武帝詩：「晻曖矖游絲。」

又

溪橋雨過看新漲，高柳鳴蟬。荷葉田田，指點兒童放鴨船。　　前村濁酒沽來醉，今夜涼天。明月初圓，一枕西窗自在眠。此詠秋景。○韓君平詩：「溪橋折筍遊。」范致能詩：「今朝一雨添新漲。」　陸士衡詩：「寒蟬鳴高柳。」《江南古詞》：「蓮葉何田田。」　指點，見《龍腹竹歌》。陸務觀詩：「借得南隣放鴨船。」　前村，見《避亂》。濁酒，見《贈嵇叔子》。　韋應物詩：「散步詠涼天。」　蘇詩：「一枕黑甜余。」西窗，見《次姜如須韻》。杜詩：「自在嬌鶯恰恰啼。」

又

低頭一霎風光變，多大心腸。沒處參詳，做箇生疎故試郎。　　何須抵死催儂去，後約何妨。卻費商量，難得今宵是乍涼。秋閨。　清拔在纏綿之中，是詞家生面。○低頭，見《子夜歌》。孟東野詩：「昨夜一霎雨。」詞名有《風光好》。　《五代會要》：「王樸上疏曰：『中書舍人竇儼參詳太常樂事。』」　劉克莊詩：「磬折轉生疎。」　孫巨源詞：「何須抵死催人去。」　後約，見《圓圓曲》。　史邦卿詞：「又軟語商量不定。」　乍涼，見《蒲東》。

清平樂　題雪景

江山一派，換出瓊瑤界。凍合灘舟因訪戴，沽酒南村誰賣。　　草堂風雪雙扉，畫圖此景依稀。再補吾廬佳處，露橋一笠僧歸。前段雪景，後段是題字。○王介甫詞：「一派秋聲入寥廓。」《詩》：「報之以瓊瑤。」　蘇《雪》詩：「凍合玉樓寒起粟。」杜詩：「樵爨倚灘舟。」李義山《憶雪》詩：「虛乘訪戴船。」呂聖求詞：「初過南村沽酒市。」　皮襲美詩：「夏陰初合掩雙扉。」　吾廬，見《送李

友梅》。佳處，見《縹緲峰》。　周美成詞：「念月榭攜手，露橋吹笛。」一笠，見《西田詩》。

浪淘沙　題畫蘭

　　枉自苦凝眸，腸斷歸舟。依然明月舊南樓。報導孫郎消息好，楊柳風流。　　花意落銀鉤，一寸輕柔。生綃不剪少年愁。看取幽蘭啼露眼，心上眉頭。此答畫蘭女子。○凝眸，見《朱氏畫樓》。　《別賦》：「是以行子腸斷。」謝玄暉詩：「天際識歸舟。」明月、南樓，用庾亮事。見《送龔孝升》注。　孫郎，見《二十五日詩》。　楊柳風流，見《王郎曲》跋。　花意，見《畫蘭曲》。銀鉤，見《九友歌》。　元裕之詩：「纖絲弄輕柔。」　生綃，見《六真歌》。　宋顯夫詞：「更休教，鄰曲偷窺，幽蘭■啼曉露。」〔註11〕白詩：「葉含濃露如啼眼。」　范希文詞：「眉間心上，無計相廻避。」李易安詞：「纔下眉頭，卻上心頭。」

又　端午

　　纏臂彩絲繩，妙手心靈。真珠嵌就一星星。五色疊成方勝小，巧樣丹青。　　刻玉與裁冰，眼見何曾。葫蘆如豆虎如蠅。旁系纍絲銀扇子，半黍金鈴。極力鋪排，亦《東京夢華錄》之意。○《爾雅翼》：「荊楚之俗：五月五日，五絲纏臂，謂為長命縷。」《古詩》：「直如朱絲繩。」　妙手，見《二十五日詩》。《參同契》：「心靈本自悟。」　《字彙》：「嵌，陷入中也。」皮襲美詩：「翠毫金縷一星星。」　袁伯長詩：「翠標疊勝歲華移。」賀方回詞：「巧剪合歡羅勝子。」　巧樣，見《董白像》。　子山《馬射賦》：「刻玉而遊河。」辛幼安詞：「鏤玉裁冰著句。」　元詩：「耳聞眼見為君說。」　陸務觀詩：「恨渠不識小葫蘆。」高季廸詩：「書字細如蠅。」《淮南王畢萬術》：「五月五日，取蠅虎杵碎，拌豆，豆自踊躍，可以擊蠅。」《夢華錄》：「五月五日，都人爭造百索、文〔註12〕花、銀樣鼓兒、花花巧扇。」　半黍，見《楚兩生行》。《天寶遺事》：「密綴金鈴，繫於花梢之上。」

又　枇杷　《群芳譜》：「枇杷一名盧橘，樹形似琵琶，故名。」《本草綱目》：「金橘盧橘。注《文選》者以枇杷為盧橘，誤矣。」

　　上苑落金丸，黃鳥綿蠻。曉窗清露濕雕盤。恰似戒珠三百顆，琥珀

〔註11〕（元）宋褧（字顯夫）《穆護砂·燭淚》：「更休教、鄰壁偷窺，幽蘭啼曉露。」墨丁，稿本作空格。
〔註12〕「文」，《夢華錄》作「艾」。

沉檀。　　纖手摘來看，香色堪餐。羅衣將褪玉漿寒。怕共脆圓同薦酒，學得些酸。工於賦物。○上苑，見《海戶曲》。金丸，見《生查子》注。宋景文《枇杷詞》：「柯疊黃金丸。」　李山甫詩：「碧峰來曉窗。」清露，見《西田詩》。張道濟詩：「雕盤裝草樹。」　戒珠，見《戲贈》。蘇詩：「飽啖荔枝三百顆。」《廣志》：「枇杷四月熟，大者如雞子，小者如龍眼。」　琥珀沉檀，見《戲贈》。　纖手，見《茉莉》。　陸士衡詩：「秀色若可。」　羅衣，見《子夜歌》。劉孝威詩：「雕壺承玉漿。」楊廷秀《枇杷詩》：「漿流冰齒寒。」　周美成《梅花詞》：「相將見脆圓薦酒。」陶九成《梅詞》：「待一點，脆圓成，須信和羹問切。」張如哉曰：「脆圓謂梅子也。梅子酸，故云。」　《群芳譜》：「枇杷甘酸，平，無毒。」宋張孚休《枇杷》詩：「如蜜少加酸。」

吳詩集覽　卷十九下

詩餘一之下

柳梢青

　　紅粉牆高，風吹嫩柳，露濕夭桃。扇薄身輕，香多夢弱，腸斷吹簫。　　誰能一見相拋。動人處，詩成彩毫。帳底星眸，窗前皓腕，又是明朝。此贈伎之作。○唐無名氏詩：「紅粉牆頭道蘊家。」　庾詩：「綠珠歌扇薄。」身輕，見《浣溪沙》。　呂溫詩：「紙上香多蠹不成。」　羅昭諫詩：「任是無情亦動人。」■〔註1〕溫飛卿詩：「彩毫一畫竟何榮。」　崔千牛詩：「明璫玉女動星眸。」　《洛神賦》：「攘皓腕於神滸兮。」

西江月　靈巖聽法

　　昔日君王舞榭，而今般若經臺。千年霸業總成灰，只有白雲無礙。　　看取庭前柏樹，那些石上青苔。殘山廢塔講堂開，明月松間長在。此當與靈巖觀設戒同時作。○劉夢得詩：「舞榭粧臺處處遮。」　蘇詩：「長誦金剛般若經。」《廬山記》：「晉沙門惠遠於廬山集，一時名士高僧會於般若臺。」　霸業，見《登縹緲峰》。李詩：「刧石乃成灰。」　白詩：「了然無一礙。」　張如哉曰：「《傳燈錄》：『僧問如何是祖師西來意。答云：庭前栢樹子。』」　樓穎《浣紗石》詩：「石上青苔思殺人。」　杜詩：「殘山碣石開。」《蘇州府志》：「靈巖禪寺，宋太平興國初節

〔註1〕「■」，稿本、天圖本、讀秀本作空格。

－1069－

度使孫承祐為其姊吳越國妃建磚塔於此。」講堂，見《謁剖公》。　王詩：「明月松間照。」

又　詠別

烏鵲橋頭夜話，櫻桃花下春愁。廉纖細雨綠楊舟，畫閣玉人垂手。
紅袖盈盈粉淚，青山剪剪明眸。今宵好夢倩誰收，一枕別時殘酒。

深情高唱，寫出名士風流。○烏鵲橋，見《驪山》。白詩：「能來夜話否。」　櫻桃花，見《琴河感舊・序》。春愁，見《如夢令》其三。■　孫巨源詞：「那更廉纖雨。」蘇詞：「點點樓前細雨。」綠楊船，見《孝若山樓》。　畫閣，見《鴛湖曲》。玉人，見《永和宮詞》。《古西洲曲》：「欄干十二曲，垂手明如玉。」　歐陽永叔詞：「寸寸柔腸，盈盈粉淚。」　韓致光詩：「側側輕寒剪剪風。」按：梅村兼用剪水雙瞳意。明眸，見《銀泉山》。　張建詩：「月影曉窗留好夢。」高季迪詩：「冷香狼藉倩誰收。」　一枕，見《醜奴兒令》。李易安詞：「濃睡不消殘酒。」

氣韻逼真大蘇，此梅村詞之最高者。

又　詠雪塑僧伽像《魏書・釋老志》：「所謂佛者，本號釋迦。」

透出光明眼耳，忍來冰雪心腸。坐時兩手且收藏，捏弄兒童無狀。
著體生成冷絮，開門自在齋糧。大千世界盡銀裝，到得來朝一樣。

將雪字、僧字組織成文。○《法苑珠林》：「如來有六種光明。」《般若經》：「六根者，謂眼耳鼻舌身意根。」《莊子》：「肌膚若冰雪。」　收藏，見《讀西臺記》。《史記・賈生傳》：「自傷為傅無狀。」　張如哉曰：「『生成冷絮』暗用『塵心已作黏泥絮』。」李義山詩：「雪絮相和飛不休。」　《法華經》：「觀自在菩薩行身般若波羅蜜多時。」嚴正文詩：「齋糧穀鳥銜。」　《華嚴經》：「此三千大千世界之中有百億須彌山。」沈存中詩：「銀裝背嵬打回回。」

南柯子　涼枕

頰印紅多暈，釵橫響易尋。美人一覺在花陰，怕是耳珠鉤住鬢雲
侵。　　有分投湘簟，無緣伴錦衾。眼多唧溜為知音，受盡兩頭牽繫像
人心。清麗入情，各段後半更用意。○蘇詩：「笑窺有紅頰。」又：「曉日著顏紅有暈。」　釵橫，見《蒲東》。沈自炳詞：「覺來枕畔，玉釵猶響。」　王介甫詩：「驚回一覺遊仙夢。」孫夫人詞：「一鉤羅襪行花陰。」　《風俗通》：「耳珠曰璫。」白詩：「春黛雙蛾斂，秋蟲兩鬢侵。」　韋應物詩：「湘簟玲瓏透象床。」　錦衾，見《讀史

有感》。　《字典》:「溜,水溜下也。」《禮》:「審聲以知音。」　《古捉搦歌》:「中央有絲兩頭繫。」晏叔原詞:「牽繫玉樓人。」

又　竹夫人蘇詩:「贈君無語竹夫人。」

　　玉骨香無汗,從教換兩頭。受人顛倒被人勾,只是更無腸肚便風流。　　嬌小通身滑,玲瓏滿眼愁。有些情性欠溫柔,怕的一時拋擲在深秋。遊戲之作○蘇詞:「冰肌玉骨,自清涼無汗。」《詩》:「顛倒衣裳。」　腸肚,見《子夜歌》。　嬌小,見《青門曲》。　玲瓏,見《琵琶行》。白詩:「春嬌滿眼睡紅消。」　《飛燕外傳》:「謂為溫柔鄉。」白詩:「不如此毯溫且柔。」　牛希濟詞:「恨郎拋擲,淚濕羅衣。」薛大拙詩:「疎雨似深秋。」

鵲橋仙

　　園林晚霽,池塘新漲,明月窺人縹緲。萬木陰森穿影過,驚噪起一群山鳥。　　纖雲暗度,銀河斜轉,露濕桂花香悄。少年此夜不須眠,把鐵笛橫吹到曉。此詠夜景。○祖詠詩:「霽日園林好。」宋延清詩:「晚霽江天好。」　曾純甫詩:「碧波新漲小池塘。」　蘇詞:「一點明月窺人。」縹緲,見《送志衍》。　韋應物詩:「秋深萬木疎。」溫飛卿詩:「畫壁陰森九子堂。」　蘇詩:「鳥噪猿呼晝閉門。」嵇叔夜詩:「山鳥群飛。」　傅休奕詩:「纖雲時髣髴。」杜詩:「暗度南樓月。」　銀河,見《青門曲》。謝偃《明河賦》:「百紫極以斜轉。」　王仲初詩:「冷露無聲濕桂花。」　鐵笛,見《避亂》。張見賾詩:「還同橫笛吹。」

南鄉子　新浴

　　皓腕約金環,艷質生香浸玉盤。曲曲屏山燈近遠,偷看一樹梨花露未乾。　　扶起骨珊珊,裙衩風來怯是單。衩,楚懈切,音差。背立梧桐貪避影,更闌月轉廻廊半臂寒。艷詞。○曹詩:「皓腕約金環。」　豔質,見《西田賞菊》。生香,見《玉京墓》。玉盤,見《海戶曲》。　張子野詞:「屏風曲曲鬬紅牙。」　李義山詩:「偷看吳王苑內花。」白詩:「梨花一枝春帶雨。」岑參詩:「柳拂旌旗露未乾。」按:末二句暗用《趙后遺事》內窺浴事,而明用《長恨歌》中字也。　白詩:「侍兒扶起嬌無力。」骨珊珊,見《蕉團》。　李義山詩:「裙衩芙蓉小。」　呂洞賓詞:「教人立盡梧桐影。」《酉陽雜俎》:「王山人言人影不欲照水照井及浴盆中,古人避影亦為此。」　潘庭堅詞:「更闌折得梅花獨自看。」　沈自炳詞:「桐花月轉廻廊。」半臂,見《子夜歌》。

又　春衣

　　玉尺剪裁工，鬬色衣衫巧樣縫。深淺配來纖手綻，重重蒲紫蒲青雅澹中。　　斜領叩金蟲，透肉生香寶袜鬆。茜袖半垂鴉襪淺，從容百折羅裙細細風。平而腴，是福澤人語。○玉尺，見《楚兩生行》。歐陽永叔詩：「老手尚能工剪裁。」　楊廉夫詩：「吳娃鬬色櫻在口。」巧樣，見《題董白像》。　纖手，見《茉莉》。綻，見《謝贈道衣》。　白詩：「裁綃裁錦一重重。」謝靈運詩：「新蒲含紫茸。」韓詩：「青青水中蒲。」周美成詞：「衣裳淡雅。」《古捉搦歌》：「可憐女子能照影，不見其餘見斜領。」　吳叔庠詩：「寶葉鈿金蟲。」周美成詞：「睡半醒生香透肉。」隋煬帝詩：「寶襪楚宮腰。」《類篇》：「袜，所以束〔註2〕衣也。」《本草》：「茜，今染絳茜草也。」鴉襪，見《楚雲》。《字典》：「折，曲也。」羅裙，見《鴛湖閨詠》。韓致光詩：「抱柱立時風細細。」

又　牡丹頭

　　高聳翠雲寒，時世新妝喚牡丹。豈是玉樓春宴罷，金盤頭上花枝鬬合歡。　　著意畫煙鬢，用盡玄都墨幾丸。不信洛陽千萬種，爭看魏紫姚黃總一般。李笠翁《閒情偶寄》極辨牡丹頭之謬，梅村此詞蓋賞鑒之。○張子澄詞：「綠雲高綰。」《字典》：「聳，高也。」馮敬通《顯志賦》：「乘翠雲而相伴。」　白詩：「時世妝，時世妝，出自城中傳四方。」　又：「玉樓宴罷醉和春。」　岑參詩：「岸柳拂金盤。」嵇叔夜《養生論》：「合歡蠲忿。」　煙鬢，見《讚佛詩》注。　玄都，見《題周櫟園墨癖詩》。《唐書・藝文志》：「秘書監季給上谷墨三百三十六丸。」《牡丹譜》：「牡丹出洛陽者為天下第一。」　魏紫姚黃，見《望江南》注。

臨江仙　逢舊

　　落拓江湖常載酒，十年重見雲英。依然綽約掌中輕。燈前纔一笑，偷解䙀羅裙。　　薄倖蕭郎憔悴甚，此生終負卿卿。姑蘇城外月黃昏。綠窗人去住，紅粉淚縱橫。逸情雋上，非大蘇不能。○杜牧之詩：「落拓江湖載酒行。」《唐詩紀事》：「雲英，鍾陵妓。」羅昭諫詩：「重見雲英掌上身。」《莊子》：「綽約若處子。」掌中，見《聽朱樂隆》注。　吳文英（字君特）詞：「一笑燈前，釵行兩兩春容。」《麗情集》崔懷寶詞：「䙀羅裙上放嬌聲。」　薄倖蕭郎，見《琴河感舊》。　卿卿，字出《晉書・庾敳傳》。又，《世說》王安豐婦語　。張懿孫詩：「姑

〔註2〕「束」，乙本誤作「東」。

蘇城外寒山寺。」林君復詩：「暗香浮動月黃昏。」　蘇詩：「綠窗朱戶春晝閒。」司空文明詩：「天涯去住淚沾巾。」　紅粉，見《贈李雲田》。杜詩：「四座淚縱橫。」

此詞蓋為下玉京作。歷落纏綿，聲情俱佳，自屬集中高唱。

張如哉曰：「油蔚《贈別營妓卿卿》詩：『日照綠窗人去住，鴉啼紅粉淚縱橫。』又：『此生終不負卿卿。』梅村此詞用之。」

又　過嘉定感懷侯研德《明詩綜》：「侯泓，字研德，後更名涵，字中德。蘇州嘉定縣學生。鄉黨私諡貞憲先生。有《掌亭集》。」

苦竹編籬茅覆瓦，海田久廢重耕。相逢還說廿年兵。寒潮沖戰骨，野火起空城。　門戶凋殘賓客在，淒涼詩酒侯生。西風又起不勝情。一篇思舊賦，故國與浮名。君房門第多遷改，當以此詞注之。○白詩：「黃蘆苦竹繞宅生。」編籬，見《松鼠》。蘇詩：「新居已覆瓦。」　海田，見《再寄三弟》。　寒潮，見《塗松晚發》。戰骨，見《蟋蟀盆歌》。　白詩：「野火燒不盡。」空城，見《行路難》。　門戶，見《送維夏北行》。劉越石《答盧諶書》：「親友凋殘。」　侯生，見《贈陳定生》。　西風，見《江上》。不勝情，見《青門曲》。　思舊賦，見《贈陸生》。　浮名，見《別孚令》。

醉春風　春思

門外青驄騎，山外斜陽樹。蕭郎何事苦思歸，去。去。去。燕子無情，落花多恨，一天憔悴。　私語牽衣淚，醉眼偎人覷。今宵微雨怯春愁，住。住。住。笑整鸞衾，重添香獸，別離還未。兩首俱妓館之詞。此首是將別而挽留之。○溫飛卿詩：「門外蕭郎白馬嘶。」青驄，見《琴河感舊》。　歐陽永叔詞：「行人更在春山外。」徐師川詞：「胸中千種愁，掛在斜陽樹。」　蕭郎，見《琴河感舊》。　鼂叔用詞：「無情燕子，怕春寒，輕失佳期。」　韋承慶詩：「落花相與恨。」　一天，見《送遠圖》。　白詩：「夜半無人私語時。」牽衣，見《雒陽行》。　杜詩：「桃花氣暖眼自醉。」歐陽永叔詞：「弄筆偎人久。」　陶詩：「微雨自東來。」春愁，見《如夢令》。　杜牧之詩：「將淚入鸞衾。」《香譜》：「香獸以塗金為狻猊，空中以燃香，使煙自口出。」

又

眼底桃花媚，羅襪鉤人處。四肢紅玉軟無言，醉。醉。醉。小閣廻廊，玉壺茶暖，水沉香細。　重整蘭膏膩，偷解羅襦繫。知心侍女下

簾鉤，睡。睡。睡。皓腕頻移，雲鬟低擁，羞眸斜睇。○李文山詩：「眼底桃花酒半醺。」　羅襪，見《楚雲》。《西京雜記》：「趙飛燕與女弟昭儀色皆如紅玉。」施肩吾詩：「酒入四肢紅玉軟。」　小閣，見《西田詩》。迴廊，見《虎丘夜集圖》。《飛燕外傳》：「後報合德以沉水香玉壺。」羅昭諫詩：「夜直鑪香細。」　張仲舉詞：「重整釵鸞箏雁。」蘭膏，見《戲贈》其八。　賀方回詞：「羞把香羅偷解。」《史記‧淳于髡傳》：「羅襦襟解。」　盧仝詩：「指揮婢子掛簾鉤。」　皓腕，見《柳梢青》。　朱子詩：「落木鬢鬟擁。」《禮記疏》：「不邪睇而視之。」

　　　　較李笠翁紀艷等詞，自有雅鄭之分。

江城子　**風鳶**《唐書‧田悅傳》：「以紙為風鳶，高百餘丈。」

　　柳花風急賽清明，小兒擎，走傾城。一紙身軀，便欲上天行。千丈游絲收不住，纔跌地，倏無聲。　　憑誰牽弄再飛鳴，御風輕，幾人驚。江南二月聽呼鷹。趙瑟秦箏天外響，彈不盡，海東青。○白詩：「誰能更學兒童戲，尋逐東風捉柳花。」風急，見《避亂》。《續博物志》：「今之紙鳶，引絲而上，令小兒張口望視，以泄內熱。」杜詩：「走過掣電傾城知。」　又：「一行白鷺上青天。」　周美成詞：「惟有游絲千丈嫋晴空。」　韋承慶詩：「到地無一聲。」　御風，見《贈杜退之》。　呼鷹，見《百草堂觀劇》。　楊子幼《報孫會宗書》：「婦，趙女也，雅善鼓瑟。」曹詩：「秦箏何慷慨。」謝玄暉詩：「秦箏趙瑟。」　海東青，見《海戶曲》。楊和吉《灤京雜詠》：「新腔翻得涼州曲，彈出天鵝避海青。」

　　　　此詞似為阮大鋮而作。大鋮扳附魏閹，身麗逆案，所謂上天跌地也。南渡偽立，為馬士英所援，蟒玉巡江，所謂牽弄飛鳴也。至呼鷹海青，固為襯貼鳶字。然風鳶即風箏，故用箏瑟字，而又以箏瑟暗襯阮字也。又，大鋮字圓海，故用海東青字。敢以質之論世者。

　　　　張如哉曰：「後段「江南」上少二字，與蘇子瞻、謝無逸諸詞不合，疑漏刻『草長』二字也。『江南草長，群鶯亂飛』，丘希範語，見《送李退菴侍御》注。」

千秋歲　**題袁重其侍母弄孫圖**袁重其，見《贈田宗周》。《後漢書‧馬后紀》：「吾但當含飴弄孫。」

　　吳中佳士，獨有袁絲耳。營筆墨，供甘旨。但期慈母笑，敢告吾勞矣。願只願，年年進酒春風裏。　　少婦晨糚起，抱得佳兒侍。珠一顆，駒千里。石麟天上送，蠟鳳階前戲。回首道，待看兒長還如此。兩段末句最佳。○《晉書‧司馬承傳》：「王敦曰：『太王雅素佳士。』」《史記‧袁盎傳》：「字

絲。」又：「天下所望者，獨季心、劇孟耳。」　張喬詩：「何處營甘旨。」《詩》：「不敢告勞。」　《古樂府》有《將進酒》。　少婦，字出《東方朔傳》。白詩：「桃李晨糚靚。」　司空文明詩：「蔡廓是佳兒。」　《梁書·劉孺傳》：「此兒吾家之明珠也。」《五燈會元》：「既是一顆明珠，學人為甚不識？」　《漢書·劉德傳》：「武帝謂之千里駒。」　《南史·徐陵傳》：「天上石麒麟也。」　又，《王僧虔傳》：「父曇首與兄弟集，子孫任其戲。適僧綽採蠟燭珠為鳳凰。」

風八松　題和州守楊仲延所寄鷹阿山人戴君畫

程迃亭曰：「戴大有，字書年，杭人。善人物花鳥，蘭竹尤佳。見《續圖繪寶鑑》。」

　　長松落落陰南岡，亂山橫砌銀塘。梅花消息經年夢，慢支頤，老屋繩床。棐几風吹散帙，紙窗雨洗疏篁。　　丹青點染出微茫，妙手過倪黃。寒雲流水閒憑弔，誰能認，當利橫江。翰墨幽人小戴，文章太守歐陽。○《遊天台山賦》：「陰落落之長松。」《南史·沈慶之傳》：「徒步歸南岡。」　亂山，見《園次罷官》。銀塘，見《訪霍魯齋》。　李詩：「聞道春還未相識，走傍寒梅訪消息。」經年，見《呈李太虛》。　支頤，見《和西田韻》。　老屋，見陸墩詩。岑參詩：「山月吐繩床。」　棐几，見《玉京傳》。《說文》：「帙，書衣也。」　紙窗，見《題畫》。杜詩：「雨洗娟娟淨。」雍國鈞詩：「疏篁抽晚筍。」　點染，見《送遠圖》。微茫，見《宿福源精舍》。　妙手，見《二十五日詩》。倪雲林、黃子久，並已見。　寒雲，見《遇劉雪舫》。　《一統志》：「當利浦在和州東南，大江之別浦也。橫江浦在和州東南。橫江河在和州南一里許。」　翰墨，見《觀通天帖》。《易》：「幽人貞吉。」　《漢書·儒林傳》：「戴聖號小戴，以博士論石渠，至九江太守。」　歐陽永叔詞：「文章太守，揮毫萬字，一飲千鍾。」《醉翁亭記》：「太守為誰？廬陵歐陽修也。」

　　　　按：《詞律》載《風入松》凡三體，而皆與此詞小異。吳文英詞尚為近之。然前段第二句「飛作楚雲狂」乃五字句，後段「慰溪橋，流水昏黃」「慰」字用仄，「橋」字用平，亦與此詞異。俟考。

紅林檎近　春思

　　龜甲屏還掩，博山香未焦。鸚鵡煖猶睡，曉鶯上花梢。醒來擡身半晌，細雨濕夢無聊。女伴戲問春宵，笑頰暈紅潮。　　黛眉新月偃，羅襪小蓮鈒。更衣攏鬢，背人自折櫻桃。怨玉郎起早，日長倦繡，小樓花落吹洞簫。將「細雨夢回雞塞遠，小樓吹徹玉笙寒」衍為兩段矣。○《洞冥記》：「上起神明臺，上有金床象席，雜玉為龜甲屏風。」　博山，見《行路難》注。韓致光詩：

「韓壽香焦亦能偷。」　司空表聖詩：「滿鴨香薰鸚鵡睡。」溫飛卿詩：「籠中嬌鳥煖猶睡。」　黃魯直詩：「君看花梢朝露。」《篇海》：「晌，午也。」　王詩：「草色全經細雨濕。」崔魯詩：「濕雲如夢雨如塵。」司空表聖詩：「花落夢無聊。」　女伴，見《彈琴歌》。白詩：「芙蓉帳煖度春宵。」　韋端己《撫楹歌》：「笑頰兮花嬌。」蘇詞：「玉顏醉裏紅潮。」　《戰國策》：「權衡犀角偃月。」王廣津詩：「惟看新月吐娥眉。」　羅襪，見《楚雲》。張如哉曰：「蓮衼用潘妃步步生蓮花事。」《類篇》：「衼，襪頸也。」　更衣，出《史記・外戚世家》。韓致光詩：「無言攏鬢時。」　櫻桃，見《青門曲》。李巨山詩：「玉郎猶未歸。」　袁伯長詩：「美人倦繡態橫陳。」　李後主詞：「小樓昨夜又東風。」洞簫，見《行路難》。

金人捧露盤　觀演秣陵春 按：《秣陵春》，梅村所作傳奇也。

記當年，曾供奉，舊霓裳。歎茂陵、遺事凄涼。酒旗戲鼓，買花簪帽一春狂。綠楊池館，逢高會、身在他鄉。　　喜新詞，初填就，無限恨，斷人腸。為知音、仔細思量。偷聲減字，畫堂高燭弄絲簧。夜深風月，催檀板，顧曲周郎。此詞與《琵琶行》「我亦承明侍至尊」一段語意相似，但觀自作之劇，更覺惘然耳。○供奉，見《王郎曲》。　霓裳，見《琵琶行》。　茂陵，見《永和宮詞》。遺事，見《琵琶行》。■〔註3〕　李長吉詩：「試問酒旗歌板地。」劉詵詩：「紙旗戲鼓祭叢祠。」　于國寶詞：「一春費盡買花錢。」陸務觀詩：「簪帽憑誰揀好枝。」　綠楊，見《避亂》。池館，見《哭志衍》。高會，見《遇劉雪舫》。　蔡伯喈詩：「忽覺在他鄉。」　填詞，見《琵琶行》。　李詩：「解釋春風無限恨。」　孟詩：「天涯一望斷人腸。」　周美成詞：「仔細端相知音，見說無雙。」　楊補之詞：「偷聲減字，不怕人腸斷。」　杜牧之詩：「畫堂檀板秋拍碎。」高燭，見《西田賞菊》。絲簧，見《虎丘夜集圖》。　風月，見《半圃》。林君復詩：「不須檀板共金尊。」《吳志・周瑜傳》：「曲有誤，周郎顧。」

柳初新　閨思

畫欄深鎖鴛鴦暖，照素影、花枝軟。綠雲斜嚲，音妥。寶釵欲墜，倦起日高猶嬾。嗔道是風簾卷，半擡身、慵開嬌眼。　　閣外青山點點，問平疇、綠蕪誰糝。王驄嘶去，欲窺還避，肩倚侍鬟微掩。凝望處，雙眉歛，似不禁、燕拘鶯管。「閣外青山」二句最佳。○李才江詩：「遙想清才倚畫

〔註3〕「■」，稿本、天圖本、讀秀本作空格。

欄。」許仲晦詩：「樓臺深鎖無人到。」杜詩：「沙暖睡鴛鴦。」　萬齊融詩：「素影沉沉對蝶飛。」蔣竹山詞：「我愛荷花花最軟。」　晏叔原詞：「綠雲斜嚲金釵墜。」　白詩：「日高猶睡綠窗中。」　謝玄暉詩：「風簾入雙燕。」李易安詞：「簾捲西風。」　曹堯賓詩：「雙眼慵開玉筯斜。」蘇詞：「縈損愁腸，困酣嬌眼。」　潘庭堅詞：「閣下溪聲閣外山。」白詞：「吳山點點愁。」　陶詩：「平疇交遠風。」白詩：「孤城覆綠蕪。」張如哉曰：「『糝』字本杜詩『糝徑楊花鋪白氈』。」　玉驄，見《彈琴歌》。　江詩：「凝望信長懷。」　李重規詩：「嬌嚬眉際斂。」　孔平仲詩：「千枝花葉誰拘管。」

　　發乎情，止乎禮義，詩教也。後半段似有越思，或以示戒與？

吳詩補注

卷十九

望江南

　　蘭蕙伏盆芽《楚辭》：「余既滋蘭之九畹兮，又樹蕙之百畮。」劉後村《詠蘭》詩：「兩盆去歲共〔註1〕移來。」劉孝綽詩：「蘭芽隱陳葉。」鄭淇（字君舉）詩：「蕙芽蘭葉翠纖纖。」○瓦肆《東京夢華錄》：「街南桑家瓦子，近北則中瓦，次裏瓦，其中大小勾欄五十餘座。內中瓦子蓮花棚、牡丹棚，裏瓦子夜叉棚。象棚最大，可容數千人。」又云：「崇、觀以來，在京瓦肆伎藝，諸棚看人，日日如是。」山亭《東京夢華錄》：「清明節，名花異果山亭戲具。」按：此則山亭即所賣之物也。前注非是。一曲見《焦桐》。○波窈窕謝靈運《山居賦》：「濬潭澗而窈窕。」月空明《東坡題跋》：「庭下如積水空明，水中藻荇交橫，蓋竹柏影也。」○巧技陳承祚《進諸葛武侯文集表》：「工械技巧。」酒承舟《周禮·春宮·司尊彝》：「春祠夏禴，裸用雞彝、鳥彝，皆有舟。」鄭司農云：「舟，尊下臺，若今時承槃。」賈公彥《疏》：「漢時酒尊下槃象，周時尊下有舟，故舉以為況也。」《正字通》：「一說古彝有舟，設而陳之，為禮神之器，以酌以裸，皆挹諸其中而注之。舟與彝二器相須，猶尊之與壺，瓴之與罍。先儒謂舟形如盤，若舟之載物，彝居其上，非也。今考漢敦足舟、履花舟，舟之用在於容，非虛設以承彝也。形制詳《博古圖》。」程迓亭曰：「酒杯之跗為舟。」喬按：《東京夢華錄》：「丁儀、瘦吉等弄喬影戲，又有喬筋骨、喬相樸。」此粧喬等字之始。○一樹柳摧殘張如哉曰：「《雲溪友議》：『白居易有妓樊素善歌，小蠻善舞，年既高

〔註1〕「共」，乙本誤作「其」。

邁，而小蠻方豐艷，因《楊柳詞》以託意云：『一樹春風千萬枝，嫩於金色軟於絲。永豐西角荒園裏，盡日無人屬阿誰？』宣宗朝，國樂唱前詞，上問誰作，永豐在何處，左右具以對。遂因東使，命取永豐柳兩枝，植於禁中。居易感上知其名，且好尚風雅，又為詩一章：『一樹衰殘委泥土，雙枝榮耀植天庭。定知元象今春後，柳宿光中添兩星。』詞正用此事，前引《柳機傳》非是。」

如夢令

幾度樓頭西望幾度，見《讀史偶述》。樓頭，見《過朱氏畫樓》。西望，見《送李秀州》。〇閒坐元詩：「閒坐說玄宗。」翠衾李義山詩：「翠衾歸臥繡簾中。」

生查子

花底白詩：「笑容花底迷。」留得春光歐陽永叔詞：「無計留春住。」〇香暖薛大拙詩：「酥油香暖夜如蒸。」

點絳唇　蕉團

帳底李詩：「芙蓉帳底奈君何。」

浣溪沙

背人王■渙詩〔註2〕：「鐘動紅娘喚歸去，背人勻淚拾金鈿。」細撥李文山《琵琶引》：「細撥紫雲金鳳語。」按：此當如蘇詩「白灰旋撥通紅火」之撥。

柳梢青

風吹嫩柳《詩》：「風其吹女。」許敬宗（字延族）詩：「學噸齊柳嫩。」露濕見《長平輓詩》。相拋白詩：「未能拋得杭州去。」帳底見《點絳唇》補注。窗前李詩：「窗前明月光。」

西江月　詠別

紅袖張茂先《樂府》：「羅袿徐轉紅袖揚。」

又　詠雪塑僧伽像

著體貢師泰（字泰甫）詩：「重裘著體如鐵厭。」

〔註2〕出王渙《惆悵詩十二首》其一。

南柯子　涼枕

有分元詩：「春陽各有分。」唧溜田汝成《委巷叢談》：「杭人有以二字反切一字成聲者，如以秀為唧溜，以精為唧伶。」

南鄉子　新浴

曲曲屏山薑元章詞：「曲曲屏山夜深，獨自甚情緒。」背立蘇詩：「背立東風初破睡。」

又　春衣

半垂賀方回詞：「半垂羅幕護窗紗。」

江城子　風鳶

天外宋玉《大言賦》：「長劍耿耿，倚天之外。」海東青《宋史・禮志》：「太宗雅不奸弋獵。定難軍節度使趙保忠獻鶻一，號海東青。」

紅林檎近　春思

背人見《浣溪沙》補注。

金人捧露盤　觀演秣陵春

程《箋》：「《秣陵春》傳奇四十餘齣，不勝錄。錄其標目《沁園春》，可舉其慨：『次樂徐生，四海無家，客遊洛陽。喜展娘小姐，玉杯照影，買來金鏡，卻是紅粧。後主昭儀，兼公外戚，倩女離魂出洞房。招佳壻，仙官贊禮，王母傳觴。　東都折散鸞凰，賜及第春風第一場。待狀元辭職，貂璫獻婢，嫋煙相見，話出行藏。給假完婚，重修遺廟，舊事風流說李唐。淒涼恨，霓裳一曲，萬古傳芳。』」

吳詩集覽　卷二十上

黎城靳榮藩介人輯

卷詩餘二之上　長調

意難忘　山家見《查灣過友人飯》。

　　村塢雲遮，有蒼藤老幹，翠竹明沙。溪堂連石穩，苔徑逐籬斜。文木幾，小窗紗，是好事人家。啟北扉，移床待客，百樹梅花。　　衰翁健飯堪誇，把甖尊茗椀，高話桑麻。穿池還種柳，汲水自澆瓜。霜後橘，雨前茶，這風味清佳。喜去年，山田大熟，爛熳生涯。○庾詩：「依稀映村塢。」杜詩：「浮雲薄漸遮。」　又：「翠木蒼藤日月昏。」戴復古詩：「老幹百年久。」　梁簡文帝詩：「翠竹垂秋採。」謝玄暉《臨楚江賦》：「明沙宿莽。」　溪堂，見《送周子俶》。　盧允言詩：「苔徑綠無塵。」　漢中山王有《文木賦序》。　王介甫《吳氏女子》詩：「西風不入小窗紗。」　《集異記》：「青州人李清，好仙術。雲門山下有石崖，縋而下，忽有臺宇。道士四五人，囑清曰：『汝遊此院宇，慎勿開北扉。』」　移床，見《園居》。　衰翁，見《過姜給事》。健飯，見《得友人札》。　李有《瘦木尊》詩。茗椀，見《觀王石谷畫》。　高話，見《送周子俶》。孟詩：「把酒話桑麻。」　穿池，見《望江南》。種柳，見《送純祜》。　《南史・沈麟士傳》：「負薪汲水。」《晉書・苻堅載記》：「澆瓜之惠，梁宋息兵。」　孟詩：「金子耀霜橘。」　《宋史・食貨志》：「建寧臘茶，北苑為第一。其最佳者曰社前，次曰火前，又曰雨前。」《開元傳信記》：「曲生風味，不可忘也。」楊誠齋詩：「草光葉潤亦清佳。」　《後漢書・淳于恭傳》：「家有山田果樹。」《書》：「秋大熟。」　爛熳，見《海戶曲》。生涯，見《塗松晚發》。

滿江紅　題畫壽總憲龔芝麓

　　楚尾吳頭，僅斗大、孤城山縣。正遇著，青絲白馬，西風傳箭。歸去秦淮花月好，召登省閣江山換。更風波，黨籍總尋常，思量遍。文史富，才名擅。交與盛，聲華健。正三公、開府張燈高宴。綠鬢功名杯在手，青山景物圖中見。待他年，揀取碧雲峰，歸來羨。壽龔詩有「賀監歸來」語，詞中亦羨歸來，與泛然壽詞不同。○朱子詩：「春回楚尾吳頭。」《南史·宗慤傳》：「為豫州，曰：『慤年六十，得一州如斗大，不能復與典籤共臨之。』」山縣，見《送永城令》。按：此指芝麓令蘄水時。《梁書·侯景傳》：「普通中，童謠曰：『青絲白馬壽陽來。』」傳箭，見《遇南廂園叟》。秦淮，見《閬州行》。《後漢書·馮衍傳》：「子豹，舉孝廉，拜尚書郎。每奏事未報，常俯伏省閣。」《晉書·王導傳》：「舉目有江山之異。」風波，見《鴛湖曲》。王明清《揮塵後錄》：「紹聖改元，章惇為左僕射。蔡卞迎合，由是立元祐黨籍。」思量，見《觀秣陵春》。文史，見《送李雲田》。才名，見《壽龔芝麓》。《易》「上下敵應」《疏》：「爻皆峙敵，不相交與，故曰上下敵應，不相與也。」聲華，見《送何省齋》。開府，見《老妓行》。高達夫詩：「高館張燈酒復清。」《南史·沈炯傳》：「指柏梁而高宴。」吳叔庠詩：「綠鬢愁中改。」沈會宗詞：「景物因人成勝槩。」江詩：「平明登雲峰。」

又　白門感舊

　　松栝凌寒，掛鐘阜，玉龍千尺。記那日，永嘉南渡，蔣陵蕭瑟。群帝翱翔騎白鳳，江山縞素觚稜碧。躡麻鞋，血淚灑冰天，新亭客。　雲霧鎖，臺城戟。風雨送，昭丘柏。把梁園、宋寢燒殘赤壁。破衲重遊山寺冷，天邊萬點神鴉黑。羨漁翁，沽酒一簑歸，扁舟笛。高唱入雲，兼寫出作者身份。張如哉曰：「此遇雪而感舊也。」玉龍、白鳳、縞素、冰天，明點雪字。次段暗寫雪字。○松栝，見《雒陽行》。李詩：「誰知凌寒松，千載長守一。」按：鍾阜即鍾山。羅昭諫詩：「玉龍無主渡頭寒。」王子端詩：「掛鏡臺西掛玉龍。」永嘉南渡，見《送子俶青琱》。蔣陵，見《鍾山》。蕭瑟，見《彈琴歌》。謝玄暉詩：「秉玉朝群帝。」《詩》：「將翱將翔。」子山《象戲賦》：「白鳳遙臨。」縞素，見《圓圓曲》。觚稜，見《行路難》。杜詩：「麻鞋見天子。」淚灑冰天，見《贈遼左故人》注。《晉書·王導傳》：「過江人士，每至暇日，出新亭飲宴。周顗中坐而歎，相視流涕。」殷瑤詩：「雲鎖木龕聊息影。」黃魯直《三笑圖贊》：「霧鎖雲埋。」臺城，見《臺城》。《史記·龜策傳》：「風雨送之。」昭丘，見《永和宮詞》。梁園、

魏寢，見《後東皋歌》。　燒殘赤壁，見《東南風》注。　《長阿含經》：「尊者迦葉著敗衲衣。」　劉孝綽詩：「天邊生岸影。」姜特立詩：「璿霄烏萬點。」神鴉，見《黃河》。　鄭守愚《雪》詩：「漁人披得一簑歸。」　梅聖俞詩：「迥聞孤舟笛。」

又　過虎丘申文定公祠《明史·申時行傳》：「字汝默，長洲人。以左侍郎兼東閣大學士累進少傅、吏部尚書、建極殿，贈太師，諡文定。」《蘇州府志》：「申文定公祠祀明大學士時行。一祠在虎丘。」

　　相國祠堂，看古樹，蒼崖千尺。聽斷澗，轆轤聲緊，闌干吹笛。士女嬉遊燈火亂，君臣際會松杉直。任年年，急雨打荒碑，兒童識。　今古恨，興亡跡。白社飲，青門客。歎三公，舊事吾徒蕭瑟。歌舞好隨時世改，溪山到處還堪憶。盡浮生，風月倒金尊，千人石。前段申祠，後段感慨繫之。○杜詩：「丞相祠堂何處尋。」　《易林》：「集於古樹。」蒼崖，見《臨江參軍》。　《水經注》：「斷澗為城。」　轆轤，見《柳毅井》。　陸務觀詩：「獨倚欄干吹玉笛。」　士女嬉遊，見《陸天乙畫》。蘇詞：「望長橋上，燈火亂，使君還。」　杜詩：「君臣已與時際會。」又：「古廟松杉巢水鶴。」　又：「急雨捎溪足。」　白社，見《後東皋歌》。　青門，見《青門曲》。　舊事，見《歸國》。　浮生，見《二十五日詩》。風月，見《半圖》。謝靈運詩：「金罍盈清醑。」　千人石，見《虎丘夜集圖》。

又　讀史王介甫有《讀史》詩。

　　顧盼雄姿，數馬稍，當今誰比。論富貴，刀頭取辦，只應如此。十載詩書何所用，如吾老死溝中耳。願君侯，誓恚掃秦關，如江水。　烽火靜，淮淝壘。甲第起，長安裏。尚輕他，絳灌何知程李。揮塵休譚邊塞事，封侯拂袖歸田里。待公卿，置酒上東門，功成矣。此贈將帥之作，而以讀史命題，意所贈者非其人也。○顧盼，見《雁門尚書行》。傅休奕《鷹賦》：「雄姿邈世。」　馬稍，見《哭志衍》。　《南史·周盤龍傳》：「子奉叔就帝求千戶侯，忽謂蕭諶曰：『若不能見與千戶侯，不復應減五百戶。不爾，周郎當就刀頭取辦耳。』」　《史記·陸賈傳》：「安事詩書？」　《漢書·朱買臣傳》：「妻恚怒曰：『如公等，終餓死溝中耳。』」　君侯，見《贈馬督府》。白詩：「誓志居巖扃。」張如哉曰：「《晉書·王鎮惡傳》：『咸陽不克，誓不濟江。』誓志句暗用之。」　駱賓王詩：「秦塞重關一百二。」　蘇詩：「有田不歸如江水。」　烽火，見《閬州行》。　淮淝，見《壽申青門》。　甲第，見《送杜弢武》。　《史記·淮陰侯傳》：「羞與絳灌等列。」絳灌，見《讀史偶述》。　《史記·魏其武安侯傳》：「今日斬頭陷胸，何知程、李乎？」

按：程不識、李廣。　揮塵，見《寄周芮公序》。《史記·三王世家》：「待罪行間，宜專邊塞之思慮。」　拂袖，見《送何省齋》。歸田，見《贈吳雪航》。　《後漢書·疏廣傳》：「公卿大夫、故人邑子設祖道，供帳東都門外。」上東門，見《洛陽行》。《晉書·羊祜傳》：「既定邊事，當角巾東路歸故里，為容棺之墟，疏廣是吾師也。」《老子》：「功成而不居。」

又　感舊

　　滿目山川，那一帶，石城東冶。記舊日，新亭高會，人人王謝。風靜旌旗瓜步壘，月明鼓吹秦淮夜。籌北軍，天塹隔長江，飛來也。　　暮雨急，寒潮打。蒼鼠竄，宮門瓦。看雞鳴，埭下射雕盤馬。庾信哀時惟涕淚，登高卻向西風灑。問開皇，將相復何人，亡陳者。與《白門感舊》同意。彼首所感者家國，此首所感者身世也。○李巨山詩：「山川滿目淚沾衣。」　韓持國《潤州》詩：「一帶分江紀。」〔註1〕石城，見《哭志衍》。《一統志》：「冶城在江寧府上元縣西。」《輿地紀勝》：「東冶亭在城東八里。」　新亭，見《白門感舊》。《南史·侯景傳》：「王謝門高。」　瓜步，見《送周子俶》。　《宋史·樂志》：「鼓吹者，軍樂也。」秦淮，見《閬州行》。　天塹三句，見《讀史雜感》注。　劉夢得詩：「潮打空城寂寞回。」　杜詩：「蒼鼠竄古瓦。」　《一統志》：「雞鳴埭在上元縣南。」　射雕，見《雪中遇獵》。《魏書·傅永傳》：「年逾八十，猶能馳射，盤馬奮矟。」　杜詩：「詞客哀時且未還。」又：「庾信平生最蕭瑟。」　楊補之詞：「應將別淚灑西風。」按·開皇，隋文帝年號。末三句即「戚秦者，秦也」之意。

又

　　詩酒溪山，足笑傲，終焉而已。回首處，亂雲殘葉，幾篇青史。昔日兒童俱老大，同時賓客今亡矣。看道傍，爭羨錦衣郎，曾如此。　　遭際盛，聲名起。跨燕許，追蘇李。苟不知，一事吾之深恥。年少即今何所得，孝廉聞一當知幾。論功名，消得許多才，偶然耳。此南歸後詠懷之作。○笑傲，見《贈李笠翁》。《晉書·王羲之傳》：「初渡浙江，便有終焉之志。」《七發》：「波湧雲亂。」庾子慎詩：「林高葉早殘。」　青史，見《遣悶》。　老大，見《送何省齋》。《史記·項羽紀》：「富貴不歸故鄉，如衣錦夜行耳。」《唐書·蘇頲傳》：「與張說以文章顯，稱望略等，故時號燕許大手筆。」　又，《蘇味道傳》：「與里人李

〔註 1〕比實出胡宿《登潤州城》。

嶠俱以文翰顯，時號蘇李。」又，《宋之問傳》：「蘇李居前，沈宋比肩。」謂蘇武、李陵也。　《後漢書・張衡傳》：「恥一物之不知。」《南史・陶宏景傳》：「讀書萬餘卷，一事不知，以為深恥。」　《後漢書・左雄傳》：「孝廉徐淑，年未及舉，雄詰之曰：『顏回聞一知十，孝廉聞一知幾耶？』」　羅虬詩：「費得微之爾許才。」　《後漢書・劉昆傳》：「詔問昆曰：『江陵反風滅火，弘農虎北渡河，何德政而致是？』對曰：『偶然耳。』」

又　贈南中余澹心　《簏衍集》：「余懷，字澹心，福建莆田人。」

綠草郊原，此少俊，風流如畫。盡行樂，溪山佳處，舞亭歌榭。石子岡頭聞奏伎，瓦官閣外看盤馬。問後生，領袖復誰人，如卿者。　雞籠館，青溪社。西園飲，東堂射。捉松枝、塵尾做些聲價。賭墅好尋王武子，論書不減蕭思話。聽清譚，矗矗逼人來，從天下。　澹心僑蘇、杭最久，蓋高尚之士而隱於聲色間者。此詞足以表之。○梁昭明太子《七契》：「碧樹初蘂，綠草含滋。」蕭子範詩：「郊原共超遠。」　錢仲文詩：「少俊蔡邕許。」蘇詞：「江山如畫。」　行樂，見《行路難》注。　佳處，見《縹緲峰》。　戴良詩：「荒基記歌榭。」　石子岡，見《鍾山》。奏伎，見《老妓行》。　《一統志》：「升元閣在江寧縣西南。」《輿地紀勝》：「升元閣又名瓦官閣，乃梁朝所建，高二百四十丈。」盤馬，見《感舊》。　《晉書・胡母輔之傳》：「誠為後進領袖也。」　《吳志・孫策傳》：「我不如卿。」　雞籠館，見《雞鳴寺》注。　青溪，見《清風使節圖》。　曹詩：「清夜遊西園。」　《南史・庾悅傳》：「劉毅在京口，與鄉曲往東堂共射。」　松枝塵尾，見《閬園詩》。　《後漢書・袁紹傳》：「袁本初坐作聲價。」　賭墅，見《送沈繹堂》。《晉書・王濟傳》：「字武子。」　《宋書・蕭思話傳》：「南蘭陵人。好書史。」庾子慎《書品》：「蕭思話書，走墨連綿，字勢屈強。」　清譚，見《哭志衍》。《晉書・謝安傳》：「此客矗矗，為來逼人。」　《漢書・周勃傳》：「以為將軍從天而下也。」

尤展成《和韻》：「對酒當歌，君休說，麒麟圖畫。行樂耳，柳枝竹葉，風亭月榭。滿目山川汾水雁，半頭霜雪燕臺馬。問何如，變姓隱吳門，吹簫者。　蘭亭禊，香山社。桐江釣，華林射。更平章，花案秤量詩價。作史漫嗤牛馬走，詠懷卻喜漁樵話。看孟光，把盞與眉齊，皋橋下。」

又　重陽感舊

把酒登高，望北固，崩濤中斷。還記得，寄奴西伐，彭城高讌。飲至凌歊看馬射，秋風落木堪傳箭。歎黃花，依舊故宮，非江山換。　獨酌罷，微吟倦。斜照下，東籬畔。念柴桑居士，高風誰見。佳節又逢重

九日，明年此會知誰健。論人生，富貴本浮雲，非吾願。前段懷舊，後段自詠，俱用重陽點綴。〇把酒，見《送志衍》。登高，見《虎丘即事》。　北固，見《九友歌》。　《南史·宋武帝紀》：「小字寄奴，彭城縣綏輿里人。」按：西伐指義熙十三年尅長安，禽姚泓也。彭城高讌指為宋公在彭城，九日出項羽戲馬臺讌集也。《一統志》：「彭城故城，今徐州府治。」高宴，見《壽龔芝麓》。　《左傳·隱五年》：「歸而飲至。」凌歊，見《海戶曲》。子山有《華林園馬射賦》。　傳箭，見《遇南廂園叟》。　黃花，見《後東皋歌》。　故宮，見《雒陽行》。　江山換，見《壽龔芝麓詞》。　杜詩：「重陽獨酌杯中酒。」　魏文帝詩：「短歌微吟不能長。」　王子安詩：「斜照移仙影。」　東籬，見《西田賞菊》。　柴桑，見《送李友梅》。居士，見《閬園詩》。　王《九日》詩：「每逢佳節倍思親。」　杜《九日》詩：「明年此會知誰健。」　楊子幼《報孫會宗書》：「人生行樂耳，須富貴何時。」　《歸去來辭》：「富貴非吾願。」

又　賀縣本芝壽兼得子程逈亭曰：「本芝名朝讓，常熟人。」《蘇州府志》：「朝讓，字光甫。崇禎辛未進士。由刑部員外出知泉州府，陞建南道，進按察使，陞江西布政使，未赴而明亡。優游林泉四十餘年，年九十而終。」

老矣君謨，曾日啖，荔枝三百。拂袖去，筍輿芒屩，彈琴吹笛。九日登高黃菊酒，五湖放棹青山宅。論君家，住處本桃源，仙翁石。　門第盛，芝蘭集。五福滿，雙珠出。看龍文驥子，鳳毛殊特。竹馬鳩車堦下繞，朱顏綠鬢尊前立。問今朝，誰捧碧霞觴，同年客。前段賀壽，後段兼賀得子。同年捧觴，仍點壽字。〇《宋史·蔡襄傳》：「字君謨。」《倦遊雜錄》：「蔡君謨亦著《荔枝譜》。」　次句，見《贈穆大苑先》。　拂袖，見《送何省齋》。　筍輿，見《縹緲峰》。芒屩，見《贈願雲師》。　張如哉曰：「五湖放棹，暗用范蠡事。」嵇叔夜詩：「放櫂投竿。」李詩：「宅近青山同謝朓。」　崔顥詩：「君家住何處。」　梅村《壽陸孟鳧》詩自注：「常熟有桃源澗。」　又，《孫孝維贈言》自注：「孫氏之先遇仙於烏目山之大石。」《唐書·柳玭傳》：「戒子曰：凡門第高，可畏不可恃。」　芝蘭，見《黍穀畫蘭》。　《三輔決錄》：「韋康，字元將。弟誕，字仲將。孔融與其父書曰：『不意雙珠近出老蚌。』」　《北史·裴延儁傳》：「二子：景鸞、景鴻，並有逸才。河東呼景鸞為驥子，景鴻為龍文。」　《南史·謝超宗傳》：「鳳子超宗。帝曰：『超宗殊有鳳毛。』」　杜氏《幽求錄》：「子年五歲有鳩車之樂，七歲有竹馬之歡。」　秦少游詞：「把綠鬢朱顏，一時留住。」　曹堯賓詩：「方士飛軒駐碧霞，酒寒風冷月初斜。」

《天香樓偶得》：「《槎菴小乘》曰：『今人稱佳子弟為鳳毛，以為始於謝超宗，因超宗父名鳳，故稱曰鳳毛。不知王邵風姿似其父導，桓大司馬曰：大奴固自有鳳毛。其事已在超宗前矣。』」

又　感興

老子平生，雅自負，交遊然諾。今已矣，結茅高隱，溪雲生閣。暇日好尋鄰父飲，歸來一枕松風覺。但拖條藤杖，筍鞋輕，湖山樂。　也不赴，公卿約。也不慕，神仙學。任優游散誕，斷雲孤鶴。健飯休嗟容鬢改，此翁意氣還如昨。笑風塵，勞攘少年場，安耕鑿。玩此詞意，梅村其有憂患乎？○《晉書·庾亮傳》：「老子於此處，興復不淺。」　袁陽源詩：「意氣深自負。」　交遊，見《贈王杏翁》。然諾，見《哭志衍》。　鮑詩：「結茅野中宿。」　許仲晦詩：「溪雲初起日沉閣。」　《韓非子》：「其鄰人之父亦云。」杜有《遭田父泥飲》詩。　《晉書·陶潛傳》：「高臥北窗之下，清風颯至，自謂羲皇上人。」王和甫詞：「稱瀟湘，一枕南柯。」按：此兼用陶宏景特愛松風語。　朱希真詞：「拖條竹杖家家酒。」張文昌詩：「畫苔藤杖細，踏石筍鞵輕。」　《詩》：「優游爾休矣。」散誕，見《二十五日詩》。　杜詩：「低空有斷雲。」隋煬帝詩：「孤鶴近追群。」　健飯，見《得友人札》。　劉希夷詩：「此翁白頭真可憐。」意氣，見《贈李雲田》。　《古樂府》有《結客少年場行》。　高達夫詩：「一身與耕鑿。」

又　蒜山懷古蒜山，見《寄周芮公》。

沽酒南徐，聽夜雨，江聲千尺。記當年，阿童東下，佛貍深入。白面書生成底用，蕭郎幞屐偏輕敵。笑風流，北府好譚兵，參軍客。　人事改，寒雲白。舊壘廢，神鴉集。盡沙沉浪洗，斷戈殘戟。落日樓船鳴鐵鎖，西風吹盡王侯宅。任黃蘆苦竹，打荒潮，漁樵笛。此首詠鎮江府事，聲情悲壯，不必沾煞明末事也。○南徐，見《贈馮訥生》。　《後赤壁賦》：「江流有聲，斷岸千尺。」　阿童，見《次走馬詩》。　按：佛貍，魏道武小字。深入，見《臨江參軍》。　白〔註2〕面書生，見《揚州》注。　蕭郎，見《贈蕭明府》。幞屐，見《贈馮訥生》。輕敵，見《壽龔芝麓》。　北府風流，見《寄周芮公》。　參軍，見《臨江參軍》。　陸虞辰詞：「煙月不知人事改。」　寒雲，見《遇劉雪舫》。　劉夢得詩：「故壘蕭蕭蘆荻秋。」　辛幼安《北固懷古》詞：「佛貍祠下，一片神鴉社鼓。」　杜

牧之詩：「折戟沉沙鐵未消。」 劉夢得詩：「王濬樓船下益州。」又：「千尋鐵鎖沉江底。」 杜詩：「王侯第宅多新主。」 白詩：「黃蘆苦竹繞宅生。」 打荒潮，見《感舊》注。

　　　張如哉曰：「此詞俱切鎮江說。《晉書‧王濬傳》：『太康元年，濬發自成都，率巴東監軍、廣武將軍唐彬攻吳丹陽，尅之。』又：『濬上書自理曰：臣被詔之日，即便東下。』『阿童東下』用此。《南史‧宋文帝紀》：『元嘉二十七年，魏太武率大眾至瓜步，聲欲渡江，都下震懼，內外戒嚴，緣江六七百里，舳艫相接。二十八年，太武俘廣陵居人萬餘家以北。』『佛貍深入』用此。《南史‧沈慶之傳》：『元嘉二十七年，文帝將北侵，慶之固陳不可。時丹陽尹徐湛之、吏部尚書江湛並在坐，上使難慶之。慶之曰：今欲伐國，而與白面書生輩謀之，事何由濟？』『白面』句用此。『蕭郎』字本《梁武帝紀》，指梁武帝。『帶屐少年』，見《北史‧邢巒傳》，指蕭深藻，而此詞則借指蕭斌也。《沈慶之傳》：『慶之與蕭斌留守碻磝，王元謨攻滑臺，積旬不拔。魏太武大軍南向，斌遣慶之將五千人救元謨，慶之曰：少軍輕往，必無益也。』又：『慶之曰：蕭斌婦人不足數。』『蕭郎帶屐偏輕敵』用此。《晉書‧郗超傳》：『超為桓溫參軍，時父愔在北府，溫恒云：京口酒可飲，兵可用。』又：『謝安笑曰：郗生可謂入幕之賓矣。』『笑風流北府』三句兼用。此阮亭所云『能驅使南北史為詞』也。」

又　壽金豈凡相國七十 豈凡即曹村相國，見五律。

雒社耆英，高會處，門前雙戟。風景好，沙堤花柳，錦堂琴瑟。北叟南翁須健在，東封西禪何時畢。羨蒼生，濟了袞衣歸，神仙客。　　法醞美，雕薪炙。燈火焰，笙歌席。正朱樓雪滿，早梅消息。矍鑠青山霜鐙馬，歡娛紅粉春泥屐。願百年，父老進霞觴，升平日。 時相國已告歸矣，故壽詞皆家居語。○朱子《名臣言行錄》：「文潞公彥博元豐五年以太尉留守西都，時富韓公以司徒致仕，公慕唐白樂天九老會，乃集洛中公卿大夫年德高者為耆英會。以洛中風俗尚齒不尚官，就資聖院建大廈曰耆英堂，閩人鄭奐繪象堂中。時富公年七十九，公與司封郎中席汝言皆七十七，朝議大夫王尚恭年七十六，太常少卿趙丙、秘書監劉幾、衛州防禦使馮行己皆年七十五，天章閣待制楚建中、朝議大夫王慎言皆年七十二，大中大夫張問、龍圖閣直學士張燾皆年七十。時宣徽使王拱宸留守北京，貽書潞公，願預其會，年七十一。獨司馬溫公年未七十，潞公素重其人，用唐九老、狄兼謨故事，請入會。」 雙戟，見《後東皐歌》。 杜詩：「自是江南好風景。」 《唐故

事》:「宰相初拜京兆,使人載沙填路,自〔註3〕私第至於城東街,名沙隄。」　歐陽永叔有《畫錦堂記》。　杜詩:「垂白辭南翁,委身希北叟。」健在,見《壽孫子長》。　東封,見《九峰歌》。　蒼生,見《龍腹竹歌》。杜詩:「整頓乾坤濟時了。」《詩》:「是以有袞衣兮,無以我公歸兮。」　白詩:「美醖香醪嫩。」　雕薪,見《長平主詩》。　白詩:「笙歌歸院宇,燈火下樓臺。」　朱樓,見《揚州》。　僧齊己有《早梅》詩。李詩:「走傍寒梅訪消息。」　疊鑠,見《又詠古》。　杜詩:「結束多紅粉,歡娛恨白頭。」　竇鞏詩:「馬踏春泥半是花。」　高道素《上元賦》:「霞觴羽飛。」　升平,見《琵琶行》。

又　壽顧吏部松交五十《蘇州府志》:「顧予咸,字小阮,長洲人。順治丁亥進士,晉寧山陰知縣,擢刑部主事,調吏部,遷考功員外,移疾歸。有諸生十八人,面詰吳縣令不法事,巡撫朱國治庇令,密告會勘大臣,逮予咸繫獄,坐以指使論絞,奉旨復官,尋以奏銷案落職。居鄉風裁峻整,為後進所憚。」按:詞中有「眼底羊腸」、「天邊鱷浪」,當在其繫獄落職以後也。

　拂袖歸來,閒管領,煙霞除目。筭得是,與人無競,高飛黃鵠。眼底羊腸逢九阪,天邊鱷浪愁千斛。脫身時,還剩辟疆園,浮生足。　樽酒在,殘書讀。拳石小,滄洲綠。有風亭月榭,醉彈絲竹。嫩籜雨抽堂下筍,蒼皮霜洗窗前木。倩丹青,寫出虎頭癡,山公屋。前段寫其脫險,後段是園居之趣。〇拂袖,見《送何省齋》。　管領,見《如夢令》。《唐書·隱逸傳》:「田遊巖煙霞痼疾。」■除目,見《送沈旭輪》。　張子壽詩:「無心與物競。」《戰國策》:「黃鵠奮其六翮而凌清風,飄搖乎高翔,自以為無患,與人無爭也。」《史記正義》:「羊腸阪在太行山上。」九阪,見《送何省齋》。　按:鱷浪如陸務觀詩「鯨浪浮天信所之」、歐陽永叔詩「荊江畏蛟浪」之類比也。愁千斛,見《讀西臺記》。　脫身,見《又詠古》。　《晉書·王獻之傳》:「嘗經吳郡,聞顧辟疆有名園。」　浮生,見《二十五日詩》。　杜詩:「草堂尊酒在。」　薛大拙詩:「就床吹落讀殘書。」　滄洲,見《九友歌》。　溫飛卿詩:「月榭風亭繞曲池。」　絲竹,見《老妓行》。　歐陽永叔詩:「嫩籜筠粉暗。」韓詩:「或亂若抽筍。」　杜詩:「蒼皮成委積。」孟東野詩:「霜洗水色盡。」《名畫記》:「晉顧愷之,字長康,小字虎頭。」《晉書·顧愷之傳》:「俗傳愷之有三絕:才絕、癡絕、畫絕。」　山公,見《茸城行》。按:末二句讔顧吏部三字也。

_____

〔註3〕「自」,乙本誤作「白」。

按：《艮齋雜說》：「顧松交、顧蒨來兩吏部同時歸里，聲勢赫奕，有『一顧傾人城，再顧傾人國』之謔。其在此詞以前乎？」

滿庭芳　孫太初太白亭落成分韻得林字《湖州府志》：「太白亭在道場山孫一元墓前，知府吳綺立。」別見七言律。

鐵笛橫腰，鶴瓢在手，烏巾白裌行吟。仙蹤恍惚，埋玉舊煙林。多少唐陵漢寢，王孫夢，一樣銷沉。殘碑在，高人韻士，留得到而今。　　雲深。來此地，相逢五隱，白石同心。喜今朝、吾輩醨酒登臨。忽聽松風驟響，蘇門嘯，髣髴遺音。歸來晚，峰頭斜景，明日約重尋。前段從太初說到墓，又以漢唐之墓作對照也。後段詠落成，意思深摯。張如哉曰：「太初，秦人。或曰安化王裔。故用『唐陵漢寢，王孫夢』等語。」○《明史·孫一元傳》：「太初蹤跡奇譎，烏巾白帢，攜鐵笛鶴瓢，遍遊中原。」庾詩：「橫腰帶錦心。」《楚辭》：「行吟澤畔。」　張子壽詩：「空想列仙蹤。」《老子》：「恍兮惚兮。」　《晉書·庾亮傳》：「埋玉樹於土中，使人情何能已？」溫飛卿詩：「獨此臥煙林。」《一統志》：「太初卒，葬道場山。」　林景熙詩：「唐陵愁問永和帖。」徐孝穆詩：「漢寢若龍川。」　王孫，見《汴梁》。銷沉，見《茸城行》。　殘碑，見《讚佛詩》。　按：高人韻士指劉麟、龍霓等，所謂苕溪五隱也。見七律注。　白石，見《新都》。《易》：「同心之言，其臭如蘭。」　醨酒，見《陳徵君祠》。孟詩：「我輩復登臨。」　《南史·陶弘景傳》：「特愛松風，每聞其響，欣然為樂。」　蘇門嘯，見《高士圖》注。《禮》：「有遺音矣。」　張見賾詩：「歸雲向谷晚。」　峰頭，見《讚佛詩》。褚希明詩：「斜影照殘虹。」　王詩：「再尋畏迷悞，明發更登歷。」

張如哉曰：「白帢，帽也。白裌，衣也。史作帢，詞作裌。《一統志》亦作帢，宜從帢。」

六么令　詠桃

一枝穠艷，蘸破垂楊色。到處倚牆臨水，裝點清明陌。障袖盈盈粉面，獨倚斜柯立。深紅淺白，無言忽笑，鬥盡鉛華半無力。　　年年閒步過此，柳下人家識。煙臉嫩，霧鬢斜，腸斷東風客。燕子欲來還去，滿地愁狼藉。芳姿難得，韶光一片，囑付東君再三惜。此借桃以見意。前段就花說，後段就看花說，似意有所屬也。○李詩：「一枝穠艷露凝香。」《說文》：「蘸，以物投水也。」趙德莊詞：「看波面垂楊蘸綠。」　王介甫詩：「倚牆斜日數枝紅。」杜詩：「短短桃花臨水岸。」　翁文堯詩：「雨中妝點望中黃。」趙德仁詞：「陌上清明

近。」　周美成詞：「障風映袖，盈盈笑語。」柳耆卿詞：「擁粉面，雲鬟相亞。」《本事詩》：「崔護清明遊城南，得村居，叩門曰：『酒渴求飲。』女子啟關，以盂水至。獨倚小桃柯竚立，而屬意殊厚。」　柳耆卿詞：「惟是深紅淡白而已。」　〔註4〕《荀子》：「桃李不言。」崔殷功詩：「桃花依舊笑春風。」　鉛華，見《玉京墓》。　周美成詞：「柳下人家，猶自相識。」　又：「自別河陽，長負露房煙臉。」　杜詩：「香霧雲鬟濕。」　〔註5〕羅昭諫《詠桃》詩：「回首東風一斷腸。」　張子野詞：「當時去燕還來。」柳耆卿詞：「畫樑紫燕，對對腳泥，飛來又去。」　周美成詞：「亂花過，隔院芸香，滿地狼藉。」　楊衡《白紵歌》：「芳姿豔態妖且妍。」　李延年歌：「佳人難再得。」　唐太宗詩：「韶光開令序。」　趙長卿詞：「一種春光，占斷東君惜。」周美成詞：「更把茱萸再三惜。」

燭影搖紅　山塘即事

　　踏翠尋芳，柳條二月春風半。泰娘家在畫橋西，有客金錢宴。道是留儂可便？細沉吟、回眸顧盼。繡簾深處，茗椀爐煙，一床絃管。　　惜別匆匆，明朝約會新亭館。扁舟載酒問嬋娟，驀地風吹散。此夜相思豈慣，孤枕宿、黃蘆斷岸。嚴城鍾鼓，凍雨殘燈，披衣長歎。此詞蓋為楚雲而作，即所謂「二月相逢約玩花」也。○白詩：「搴芳踏翠弄潺湲。」詞名有《倦尋芳》。　晏叔原詞：「春入柳條將半。」崔澄瀾詩：「二月風光半。」　泰娘家，見《重贈楚雲》。陰子堅詩：「畫橋長且曲。」蔣竹山詞：「過窈娘堤，秋娘渡，泰娘橋。」　杜詩：「何時詔此金錢會，爛醉佳人錦瑟傍。」　隋煬帝詩：「留儂不留儂，不留儂也去。」　沉吟，見《送何省齋》。廻眸，見《畫蘭曲》。王晉卿詞：「早是縈心可慣，更那堪，頻頻顧盼。」　岑參詩：「煖屋繡簾紅地爐。」　茗椀，見《觀石谷畫》。梁簡文帝詩：「爐煙入斗帳。」　孟東野詩：「一床空月色。」　杜牧之詩：「燭燭有心還惜別。」杜詩：「告別莫匆匆。」　陸務觀詞：「看金鞍爭道，香車飛蓋，爭先占，新亭館。」　載酒，見《清風使節圖》。　嬋娟，見《行路難》。　毛平仲詞：「怕嬌雲細雨，東風驀地輕吹散。」　杜牧之詩：「酒醒孤枕雁來初。」黃蘆，見《蒜山懷古》。《後赤壁賦》：「斷岸千尺。」　李義山詩：「白日相思可奈何，嚴城清夜斷經過。」　陳無己詩：「凍雨能妨夢。」　崔澄瀾詩：「憶夢殘燈落。」■　披衣，見《秋夜不寐》。蘇子卿詩：「握手一長歎。」

〔註4〕空格，乙本作「玉」。
〔註5〕空格，乙本作「燕」。

倦尋芳　春雨

欺梅黯澹，弄柳迷離，一幅煙水。醉墨糢糊，澹插浮屠天際。卷湘簾，憑畫閣，白鷗點點飛還起。視吾廬，如掀翻一葉，空江深處。　　記今朝，南湖禊飲，士女嬉遊，此景佳麗。細馬輕車，不到斷橋西路。雙屐沖泥僧喚渡，一瓢沽酒柴門閉。料今宵，對殘燈，客情憔悴。張如哉曰：「七律《補禊・序》云：『壬辰上巳，鴛湖禊飲，余後三日始至』云云，此當是禊日阻雨誤期而作者，故云『車馬不到客情憔悴』也。」○韓詩：「欺梅並壓枝。」黯淡，見《行路難》。　李義山詩：「青門弄煙柳。」迷離，見《鴛湖曲》。　李有中詩：「帆開煙水深。」　醉墨，見《歸玄恭像》。崔夢之詩：「東邊一片青糢糊。」　按：浮圖通浮屠，見《贈蒼雪》。天際，見《石公山》。　湘簾，見《玉京傳》。　畫閣，見《鴛湖曲》。　杜詩：「白鷗沒浩蕩。」庾詩：「可憐數行雁，點點向空排。」吳城龍女詞：「撲鹿沙鷗驚起。」　陶詩：「吾亦愛吾廬。」　《指月錄》：「大地掀翻無覓處。」一葉，見《鴛湖曲》。　周美成詞：「人正在空江煙浪裏。」　南湖，見《鴛湖曲》。禊飲，見《採蘭曲》。　士女嬉遊，見《虞山圖歌》。　謝玄暉詩：「江南佳麗地。」　細馬輕車，見《玉京彈琴歌》。　杜詩：「斷橋無復板。」按：路字應叶韻。俟考。■■■■■■■■■■■劉文房詩：「披榛著雙屐。」沖泥，見《苑先齋中》。陸務觀詩：「斷彴苔生人喚渡。」　殘燈，見前首。　周美成詞：「轉使客情如醉。」

　　　張如哉曰：「路字在夫、甫、父韻，處字在魚、雨、御韻。此詞與支、紙、寘，圍、委、未；奇、起、氣通叶，《醉春風》、《水龍吟》亦然，蓋古韻通也。又渡字，古人於此句不用韻，惟王元澤『憶得高陽人散後，落花流水仍依舊』為用韻耳。」

念奴嬌

東籬殘醉，過溪來、閒訪黃花消息。小院高樓門半掩，細雨欄干吹笛。側帽狂呼，摵箏緩唱，翠袖偎人立。欲前還止，此中何處佳客。　　卻是許掾王郎，風流年少，爛醉金釵側。十載揚州春夢斷，薄倖青樓贏得。遍插茱萸，山公老矣，顧影顛毛白。憑高惆悵，暮雲千里凝碧。此亦伎館之作，意不在伎而在友，兼以自詠也。○東籬，見《西田賞菊》。于國寶詞：「明日重扶殘醉。」按：過溪，字出《廬山記》。黃花，見《後東皋歌》。消息，見《滿江紅・壽金豈凡》。　陸務觀詞：「最是眠時枕，寒門半掩。」　細雨，見《春思》。欄干吹笛，見《滿江・紅過文定公祠》。　側帽，見《董白像・序》。狂呼，見《王郎曲》。《唐

書・禮樂志》：「西涼伎有彈琴搊箏。」謝靈運詩：「六引緩清唱，三調佇繁音。」　杜詩：「天寒翠袖薄。」歐陽永叔詞：「弄筆偎人久。」　何仲言詩：「日暮留佳客。」　按：許掾，許詢。王郎，王凝之也。此借用。　韋端己詞：「陌上誰家年少，足風流。」　京仲遠詞：「年年爛醉金釵。」　杜牧之詩：「十年一覺揚州夢，贏得青樓薄倖名。」李詞：「秦娥夢斷秦樓月。」　王詩：「遍插茱萸少一人。」　山公，見《茸城行》。《列子》：「顧若影則知之。」《國語》：「管子曰：『班序顛毛。』」　唐文宗詩：「憑高何限意。」　南唐元宗詞：「漫倚遍危欄，盡黃昏也，只是暮雲凝碧。」

吳詩集覽　卷二十下

詩餘二之下　長調

木蘭花慢　**過濟南**濟南，見《送詹司理》。

　　天清華不注，搔首望，白雲齊。想尚父夷吾，雪宮柏寢，衰草長堤。松耶柏耶在否？祇斜陽、七十二城西。石碏功名何處？鐵籠籌算都非。　　盡牛山涕淚沾衣，極目雁行低。歎鮑叔無人，魯連未死，憔悴南歸。依然洋洋東海，看諸生，奏玉簡金泥。誰問磢硉戰骨，秋風老樹成圍。此南歸時過濟南而作者。前段懷古，後段兼以自詠也。「極目雁行」，應指陳彥升輩。「鮑叔無人，魯連未死」，是梅村悔恨處。○司馬退之詩：「沈寥楚天清。」■《一統志》：「華不注山在濟南府歷城縣東北。」　搔首，見《哭志衍》。　劉文房詩：「孤城上與白雲齊。」《詩》：「維師尚父。」《晏子春秋》：「齊侯見晏子於雪宮。」《一統志》：「雪宮在青州府臨淄縣東北。」《韓非子》：「景公與晏子游少海，登柏寢之臺，望其國，曰：『美哉！堂堂乎！』」《一統志》：「柏寢臺在青州府樂安縣界。」　李易安詞：「連天衰草。」皇甫茂政詩：「草色引長堤。」　《史記·田世家》：「齊人怨王建不蚤與諸侯合從攻秦，聽姦臣賓客以亡其國，歌之曰：『松耶柏耶，住建共者客耶！』」　秦少游詞：「杜鵑聲裏斜陽暮。」《史記·樂毅傳》：「下齊七十餘城，皆為郡縣，以屬燕。惟獨莒、即墨未服。」　《左傳·成二年》：「齊侯以辟司徒之妻有禮，予之石碏。」《通典》：「長清縣，齊之石碏邑。」《一統志》：「長清故城在今濟南府長清縣東南三十里。」　《史記·田單傳》：「燕師長驅平齊，而田單走安平，令其宗人盡

斷其車軸末而傳鐵籠。已而，燕軍攻安平，城壞，齊人爭走，塗以轊折車敗，為燕所虜，惟田單宗人以鐵籠故得脫。」《隋書・李崇傳》:「英果有籌算。」　杜牧之詩:「牛山何必淚沾衣。」　極目，見《蕩子行》。《禮》:「兄之齒雁行。」　鮑叔，見《送詹司理》。　魯連，見《夜宿阜昌》。　《後漢書・范滂傳》:「滂事釋南歸。」　《左傳・讓二十九年》:「泱泱乎大風也哉！表東海者，其太公乎！」　張如哉曰:「諸生句用《封禪書》『秦徵齊魯之儒生』。」《漢書》應劭《注》:「王者功成治定，告成於天，有金策石函、金泥玉簡之封。」　《魏書・孝文紀》:「行幸碻磝。」《一統志》:「碻磝山在泰安府東阿縣南七里，有關城，相傳即檀道濟唱籌量沙處。或以為即碻磝城，非也。」《方輿紀要》:「碻磝城在長清縣西北。沈約《宋書》作『敲囂』，今讀曰敲敖。濟州關在長清縣西，即碻磝津也。」張如哉曰:「《南史・王元謨傳》:『大舉北侵，以元謨為前鋒，軍至碻磝，進向滑臺，圍城二百餘日。魏太武自來救之。江夏王義恭以碻磝沙城不可守，召令還，為魏軍所追，大破之，流矢中臂。還至歷城。『問碻磝戰骨』，當是用王元謨事耳。」戰骨，見《蟋蟀盆歌》。　老樹，見《雕橋莊歌》。成圍，見《西田次韻》。

　　程叔才注陳其年《蓮洋集序》，引《輿志》:「碻磝，山東濟州治。」按:《一統志》:「濟寧州為金元之濟州。」而不載碻磝。或謂碻同鄗，即《左傳》宣十二年「晉師在鄗敖之間」，《注》謂鄗敖二山在滎陽縣西北者。然《一統志》滎陽有磝山而無鄗山。敖即《尚書序》之「仲丁遷囂」，《詩》之「搏獸於敖」，《史記》之遷隞及敖倉者。滎陽與濟寧不可合而為一也。

又　話舊

　　西湖花月地，櫻筍熟，鱠魚肥。記粉袖銀箏，青簾畫舫，煙柳春堤。驚風一朝吹散，歎西興、兵火渡人稀。白髮龜年尚在，青山賀監重歸。　　恰相逢，紫蟹黃雞，猶唱縷金衣。奈狂客愁多，秋娘老去，木落烏棲。無情斷橋流水，把年光，流盡付斜暉。世事浮生急景，道人抱膝忘機。此亦伎館之作。前段由合而離，後段承賀監重歸說下，情致惘然。○《一統志》:「西湖在杭州府錢塘縣西。」　櫻筍，見《贈陳定生》。　《淮南子》:「秋風起而鱠魚肥。」　銀箏，見《畫蘭曲》。　杜詩:「青簾白舫益州來。」畫舫，見《贈文園公》。　李義山詩:「青門弄煙柳。」孟詩:「春堤楊柳發。」　周美成詞:「眷戀雨潤雲溫，苦驚風吹散。」　西興，見《贈吳錦雯》。兵火，見《遇南廂園叟》。　龜年，見《琵琶行》。　賀監，見陸墩詩。　紫蟹黃雞，見《追敘西田舊約》。　金縷衣，見《偶見》。　狂客，見《送田髯淵》。白詩:「愁多常少眠。」　秋娘，見《琴河感舊・序》。

雍國鈞詩：「老去風光不屬身。」　木落，見《送何省齋》。烏棲，見《烏棲曲》。　崔禮仙詩：「水流花謝兩無情。」《一統志》：「自斷橋至孤山為白公堤。」　韓琮詩：「流盡年光是此聲。」斜暉，見《後東皋歌》。　孫巨源詞：「悵望浮生急景。」　道人，見《西田詩》。抱膝，見《題莊檀菴像》。忘機，見《遇姚翁》。

又　壽嘉定趙侍御舊巡滇南嘉定，見《贈王內三》。《雲南通志》：「巡按監察御史趙洪範，江南人。崇禎中任。《嘉定縣志》。」趙洪範，字元錫。天啟壬戌進士。

仰首看皓魄，切莫放，酒杯空。記六詔飛書，百蠻馳傳，萬里乘驄。天南碧雞金馬，把枯碁、殘局付兒童。雞黍鹿門高隱，衣冠鶴髮衰翁。　歎干戈滿地飄蓬，落日數歸鴻。喜歇浦寒潮，練塘新霽，投老從容。菊花滿頭須插，向東籬，狂笑醉顏紅。高館青尊紅燭，故園黃葉丹楓。前段從滇南點染，後段從嘉定點染。○《古西洲曲》：「仰首望飛鴻。」皓魄，見《塵鏡》。　元裕之詩：「到手金杯不放空。」　六詔，見《滇池鐃吹》。《晉鼙舞歌》：「飛書告諭，響應來同。」　百蠻，見《送杜弨武》。馳傳，見《送志衍入蜀》。　《後漢書‧桓典傳》：「為侍御史，常乘驄馬。」　張文昌詩：「借問炎州客，天南幾日行。」金馬碧雞，見《訪文學博》。　韋昭《博弈論》：「枯碁三百，孰與萬人之將？」　鹿門，見《襄陽》注。《南史‧隱逸傳》：「阮孝緒著《高隱傳》。」　張如哉曰：「衣冠用『四皓衣冠甚偉』語。」庾子慎詩：「鶴髮辭軒冕。」衰翁，見《過姜給事》。　杜詩：「干戈滿地客愁破。」飄蓬，見《送王藉茅》。　嵇叔夜詩：「目送歸鴻。」　歇浦，即春申浦，見《贈陸生》。寒潮，見《塗松晚發》。　練塘，見《王菴看梅》注。新霽，見《虎丘新霽》。　投老，見《西田詩》。　杜牧之詩：「菊花須揷滿頭歸。」　東籬，見《西田賞菊》。顏紅，見《喜苑先初歸》。　高館，見《玉京墓》。青尊，見《嘲張南垣》。紅燭，見《孝若山樓》。　《易林》：「隕其黃葉。」丹楓，見《橫雲山》。

又　中秋詠月

冰輪誰碾就，千尺起，嘯臺東。記白傅堤邊，庾公樓上，幾度曾逢。今宵廣寒高處，問嫦娥、環珮在何峰。天上銀河珠斗，人間玉露金風。　聽江樓鶴唳橫空，人影立梧桐。有宮錦袍緋，綸巾頭白，鐵笛仙翁。欲乘月明飛去，過嚴城，下界打霜鐘。醉臥三山絕頂，倒看萬箇長松。此首以高屬見奇，仿佛子瞻《水調歌頭》。結二句更為工絕。○冰輪，見《再觀打冰》。韓致光詩：「猶是玉輪曾碾處。」　胡武平詩：「風遞鶯聲認嘯臺。」　白堤，見《題董白像》。　庾樓，見《送龔孝升》。　張元幹詞：「花落花開，幾度池塘草。」　廣

寒，見《讀史偶述〔註1〕》。　蘇詞：「高處不勝寒。」　《〈後漢書·天文志〉注》：「羿請無死之藥於西王母，姮娥竊之以奔月。」姮一作嫦。杜詩：「環珮空歸月夜魂。」　蘇詞：「不知天上宮闕，今夕是何年。」銀河，見《青門曲》。王詩：「月迥藏珠斗。」　秦少游詞：「金風玉露一相逢，便勝卻人間無數。」　元詩：「鶴唳晴空聞九霄。」　人影立梧桐，見《新浴》注。　《唐書·李白傳》：「月夜乘舟采石，衣宮袍。」又，《車服志》：「褲褶之制，五品以上緋。」　《晉書·謝萬傳》：「著白綸巾，鶴氅裘。」　鐵笛，見《避亂》。蘇詞：「十年不見老仙翁。」　岑參詩：「應須乘月去。」　嚴城，見《石公山》。下界，見《贈願雲師》。霜鐘，見《退谷歌》。　三山，見《遇宋子建》。絕頂，見《得願雲書》。　杜詩：「石出倒看楓葉下。」《史記·貨殖傳》：「木千章，竹竿萬箇。」長松，見《海市》。

又　壽汲右閣主人毛子晉汲古閣、毛子晉，並已見。

尚湖高隱處，較漆簡，定遺經。正伏勝加飧，揚雄強飯，七略縱橫。爭傳殺青奇字，更五千餘偈叩南能。夜雨蒲團佛火，春風菌閣書聲。　臥荒江投老遺民，兵後海田耕。喜柳塢堂開，月泉詩就，賈酒行吟。高談九州風雅，問開元、以後屬何人。百歲顛毛斑白，千年翰墨丹青。前段美子晉刻書，後段美子晉詩筆。○尚湖，見《琴河感舊》。高隱，見《壽趙侍御》。　漆簡，見《遣悶》漆經注。　韓詩：「獨抱遺經究終始。」　伏勝，見《壽王鑑明》。《古詩》：「努力加飧飯。」　揚雄，見《送李書雲》。強飯，見《蛤蜊》。《漢書·藝文志》：「劉歆總群書而奏其《七略》。」　殺青，見《龍腹竹歌》。奇字，見《行路難》。　陳師道詩：「要轉華嚴八千偈。」《傳燈錄》：「慧能為南宗。」溫飛卿詩：「自從紫桂巖前別，不見南能直至今。」　蘇詩：「此身份付一蒲團。」佛火，見《無生上人》。　菌閣，見《壽孫子長》。　荒江，見《松鼠》。投老，見《西田詩》。　海田，見《再寄三弟》。　月泉吟社，見《陪園次過太白亭》。　賈酒，見《海戶曲》。《楚辭》：「行吟澤畔。」　高談，見《哭志衍》。　開元，唐玄宗年號。　顛毛，見《念奴嬌》。　翰墨，見《觀通天帖》。

水龍吟　送孫浣心之真定浣心，見《二十五日詩》。此與五律《送令修遊正定》一時作也。

無諸臺上春風，燕南魏北聲名起。金戈鐵馬，神州沉陸，幅巾歸里。

〔註1〕「述」，乙本作空格。

種柳門前，藝瓜陂下，北窗煙雨。遇天涯故舊貽書到，一鞭行李滹沱水。　　挾瑟高堂趙女，問叢臺、幾人珠履。青史紛爭，干戈譚笑，陳餘張耳。漢壘秦軍，季龍宮苑，銷沉何處。向孤城，但有寒鴉落木，暮天羈旅。玩此詞語意，浣心先官福建，後仕畿輔，蓋曾受知於正定遺老。鼎革後，赴正定之招者。故前段多敘歸里之事，後段多敘正定之遊也。　　張如哉曰：「此詞以支紙真、奇起氣、圍委未葉入魚雨御、夫甫父，與《醉春風》、《倦尋芳》同。」○無諸臺，見《周芮公·序》。　燕南趙比，見《遣悶》注。　金戈鐵馬，見《蘆洲行》。　《晉書·桓溫傳》：「逐使神州陸沉。」　《後漢書·鮑永傳》注》：「幅巾，謂不著冠，但幅巾束首也。」《晉書·羊祜傳》：「當角巾東路歸故里。」　淵明《五柳先生傳》：「門前有五柳樹。」藝瓜，用邵平事，見《青門曲》。　北窗，見《二十五日詩》。　一鞭，見《老妓行》。行李，見《攀清湖》。滹沱，見《讀西臺記》。《古詩》：「挾瑟上高堂。」趙女，見《蕩子行》。　叢臺，見《永和宮詞》。珠履，見《送友人往正定》。　青史，見《又詠古》。　蘇詞：「譚笑間，檣艣灰飛煙滅。」《史記·張耳陳餘傳》：「張耳者，大梁人也。陳餘者，亦大梁人也。」《一統志》：「陳餘壘在正定府獲鹿縣東北。」《張耳傳》：「項羽亦數聞張耳賢，乃分趙，立張耳為常山王。」按：秦漢間，李良、章邯與耳、余戰，多在邯鄲。今屬廣平府。惟韓信破余在正定之井陘縣耳。《後趙錄》「石虎，字季龍，勒之從子。」《一統志》：「桑中故城在正定府平山縣東南漢縣，世謂之石勒城，蓋趙氏增城之，故擅其日〔註2〕。」按：《晉書·石季龍載記》：「於襄國起太武殿於，鄴造東西宮，窮極伎巧。」又：「盛興宮室于鄴，起臺觀四十餘所。」此詞不必指石勒城也。儲光羲詩：「宮苑傍山明。」　銷沉，見《茸城行》。　寒鴉，見《野望》。　李公垂詩：「竹影侵雲拂暮天。」《陳餘傳》：「客有說張耳者，曰：『兩君羈旅。』」

　　按：子瞻《水龍吟·詠笛》前段末十五字云：「自中郎不見，桓伊去後，知辜負、秋多少。」《詠楊花》前段未亦云：「夢隨風萬里，尋郎去處，又還被、鶯呼起。」章質夫《詠楊花》末〔註3〕云：「傍珠簾散漫，垂垂欲下，依前被、風扶起。」皆五字一句，四字一句，三字兩句也。此詞八字一句，七字一句，不與之合。即云「一鞭行李」四字為句，亦不與之合也。張如哉曰：「少游『賣花聲過盡，垂楊院落，紅成陣、飛鴛甃』，後人多於『院』字斷句，而誤以『落』字屬下句，致有此誤。萬紅友《詞律》辨之甚核。紅友固梅村身後之畏友與？後段『青史紛爭』，亦與宋人平仄不同，俟考。」

〔註2〕「日」，《大清一統志》卷十作「目」。
〔註3〕「末」，乙本誤作「永」。

風流子 為鹿城李三一壽《蘇州府志》：「馬城、鹿城並在洞庭西山，闌圉築以養馬豢鹿。」《崑新合志》：「卜山在崑山縣治西一里，又名南山，俗名土山。西鹿城即今土山。」李孟函三一，崇禎己卯副貢。好古樂善。選知縣，未任卒。按：三一，崑山人。則鹿城，西鹿城也。

　　青山當戶牖，秋光霽，明月倒壺觴。羨金粟道人，草堂松竹；青蓮居士，蔾閣文章。傳家久，朱門開累葉，畫省付諸郎。綠酒黃花，淵明高臥；紅顏白髮，樊素新粧。　　登高頻回首，江南舊恨在，鐵笛滄浪。十載故園兵火，三徑都荒。待山園再葺，讀書萬卷；湖田晚熟，縱博千場。老子婆娑不淺，盡意疎狂。前段敘三一家門之盛，後段指現在情事。〇祖詠詩：「南山當戶牖。」壺觴，見《遇南廂園叟》。　金粟道人，見《題歸玄恭像》。　陳伯玉詩：「松竹生虛白。」　李詩：「青蓮居士謫仙人。」　《三輔黃圖》：「劉向校書天祿閣，專精覃思。夜有老人著黃衣，植青蔾杖，見向暗中獨坐誦書，乃吹杖端煙然，因以見向，授五行洪範之文。」　傳家，見《觀通天帖》。　朱門，見《詠山茶花》。累葉，見《贈文園公》。《崑新合志》：「李同芳，萬曆庚辰。舉禮部，巡撫山東，贈侍郎。子胤昌，萬曆辛丑進士〔註4〕，授編修。長子孟函。」　畫省，見《弔衛紫岫》。諸郎，見《癸巳禊飲》。　晁無咎詞：「賴有黃花滿把，從教綠酒深傾。」　高臥，見《六言絕句》。　《醉翁亭記》：「蒼顏白髮，頹乎其中者，太守醉也。」　白詩：「櫻桃樊素口。」新粧，見《鴛湖閨詠》。　孟東野詩：「舊恨空浮江。」　鐵笛，見《避亂》。滄浪，見《攀清湖》。　兵火，見《遇南廂園叟》。　三徑，見《遣悶》。　顏延年詩：「北首山園。」　杜詩：「讀書破萬卷。」　湖田，見《閬園詩》。　高達夫詩：「千場縱博家仍富。」　《晉書·庾亮傳》：「老子於此，興復不淺。」京仲遠詞：「婆娑老子興難忘。」　蘇詞：「盡放我、些子疎狂。」

又 送張編修督學河南《河南通志》：「張天楠，浙江秀水人。進士。按察司僉事、提學道。順治十一年任。」

　　中原人物盛，征驂過，花發洛陽街。羨嚴助承明，連城建節；茂先機近，好士掄才。賓徒滿，賦成誇授簡，鍾鼓遞繁臺。繁音婆。嵩嶽出雲，欝蔥千仞；濁河天際，屈注西來。　　憑高披襟處，千觴引醽醁，意氣佳哉。回首日邊臚唱，御筆親裁。待尚書尺一，趣歸視草；門盈桃李，學士高齋。領取玉堂佳話，黃閣重開。前段點染河南，後段祝願其歸朝以後。

〔註4〕「士」，乙本誤作「上」。

○征驂，見《送何省齋》。　洛陽街，見《過東平壘》。　嚴助，見《贈嚴方公》。承明，見《送何省齋》。　《史記・主父偃傳》：「今諸侯或連城數十。」又，《司馬相如傳》：「建節往使。」張如哉曰：「此用《嚴助傳》『遣助以節發兵會稽』語。」　茂先，見《九峰草堂歌》。《後漢書・何敞傳》：「歷顯位，備機近。」　《商子》：「今上掄才能智慧而任之。」　張如哉曰：「此用《張華傳》『性好人物，誘進不倦。候門之士，有一介之善者，為之延譽』。」　授簡，見《閬園詩》。　繁臺，見《送沈繹堂》。　《詩》：「嵩高維岳。」《易》：「山川出雲。」　《後漢書・光武帝紀》：「望氣者見舂陵，郭嘩曰：『氣佳哉！鬱鬱蔥蔥。』」《史記・賈生傳》：「鳳凰翔於千仞之上兮。」　黃河屈注，見《汴梁》。天際，見《石公山》。　唐文宗詩：「憑高何限意。」披襟，見《宮扇》。　李詩：「一日傾千觴。」潘正叔詩：「羽觴飛醽醁。」　《晉書・明帝紀》：「不聞人從日邊來。」臚唱，見《送沈繹堂》。　《後漢書・陳蕃傳》：「尺一選舉，委尚書三公。」《注》：「尺一謂板長一尺，以寫詔書。」　《漢書・淮南王安傳》：「常召司馬相如等視草乃遣。」《注》：「草謂為文之草稿。」　桃李，見《贈李戔居》。　高齋學士，見《汲古閣歌》。　《解嘲》：「今吾子幸得歷金門、上玉堂有日矣。」張協《七命》：「敬聽佳話。」　黃閣，見《送純祜藩幕》。

又　**掖門感舊**《大清一統志》：「紫禁城南曰午門，左曰左掖門，右曰右掖門。」

咸陽三月火，新宮起，傍鎖舊莓牆。見殘甃廢磚，何王遺構；荒薺衰草，一片斜陽。記當日，文華開講幄，寶地正焚香。左相按班，百官陪從；執經橫卷，奏對明光。　　至尊微含笑，尚書問大義，共退東廂。東應作西。忽命紫貂重召，天語琅琅。賜龍團月片，甘瓜脆李；從容晏笑，拜謝君王。十八年來如夢，萬事淒涼。此首與《宮扇》同意，是梅村不忘舊恩也。○《史記・項羽紀》：「引兵屠咸陽，燒秦宮室，火三月不滅。」　新宮，見《送沈繹堂》。　周美成詞：「土花繚繞，前度莓牆。」　《詩》：「中堂有甃。」籬甃，見《攀清湖・序》。　杜詩：「不知何王殿，遺構絕壁下。」　許仲晦詩：「行殿有基荒薺合。」衰草斜陽，見《過濟南》。　《明史・禮志》：「經筵先期設御座於文華殿，設御案於座東稍南，設講案於案南稍東。」《宋史・張揆楊安國傳》：「揆及安國父子皆侍經幄。」　盧昇之詩：「寶地乘峰出。」杜詩：「芙蓉別殿謾焚香。」　又：「左相日興費萬錢。」《明史・禮志》：「日講：講官大學士一員，一叩首，乃坐講。畢，又學士一員，承旨坐，講如初。」　又：「經筵：勳臣一人知經筵事，內閣學士或知或同知，尚書都御史通政使大理卿及學士等侍班，翰林院春坊官及國子監祭酒二員進講，春坊

官二員展書，給事中御史各二員侍儀，鴻臚寺錦衣衛堂上官各一員供事，鳴贊一贊禮，序班四舉案，勳臣或駙馬一人領將軍侍衛。」陪從，見《永和宮詞》。 《後漢書·儒林傳序》：「帝正坐自講，諸儒執經，問難於前。」橫經，見《讀史雜述》。 《宋史·哲宗紀》：「詔講讀官御經筵退，留二員奏對邇英閣。」明光，見《東萊行》。 至尊含笑，見《九友歌》。 《梁書·武帝紀》：「造《尚書大義》。」《隋書·經籍志》：「《尚書大義》二十卷。」 《明史·禮志》：「隆慶六年，定每日早講畢，帝進煖閣少憩，閱草奏，閣臣等退西廂房。久之，率講官再進午講。」按：《明史》：東宮講學儀，太祖命於文華後殿，世宗改為便殿，遂移殿東廂。然亦講於東廂，非退於東廂也。且此詞非詠東宮事。「東廂」字應作「西」。 《後漢書·朱穆傳》：「中常侍建武以後乃悉用宦者，自延平以來，假貂璫之飾。」 天語，見《遇劉雪舫》。《子虛賦》：「礧石相擊，琅琅礚礚。」 龍團，見《新翻子夜歌》。李孔集曰：「盧仝《茶詩》：『手閱月團三百片』。」《類林》：「衡州之衡山、封州之西鄉，茶研膏為之，皆片團如月。」 魏文帝《與吳質書》：「浮甘瓜於清泉，沉朱〔註5〕李於寒水。」《明史》：「日講於文華殿賜茶，文華門賜酒飯。」 《詩》：「燕笑語兮。」 王仲初詩：「男兒拜跪謝君王。」《明史》：「經筵禮畢，命賜酒飯。各官出至丹陛行叩頭禮，至左順門。酒飯畢，入行叩頭禮。」 元詩：「歸來如夢復如癡。」

按：梅村預擇東宮講讀官在崇禎十年，而陳臥子有《贈吳駿公新充東宮講官》詩，似梅村乃東宮官屬，非日講官也。然《明史·禮志》「翰林院春坊官祭酒進講」，而《宮扇》一首云「遭逢召見南薰殿，思陵日昃猶揮汗。天語親傳賜近臣，先生進講豳風倦」，是梅村曾親侍講幄者。又，《壽龔芝麓》云「荏苒分飛十八年」，《寄周芮公·序》云「拜別河梁，十有八載」，而此首亦云「十八年來如夢」，其各有所指與？抑就應召時統計之與？

沁園春　午朝遇雨

十里紅牆，樹色陰濃，銅扉洞開。見觚稜日炫，金銀照耀；朱霞天半，避暑樓臺。忽起奇雲，琉璃萬頃，燕雀罘罳風動來。西山上，有龍迎返照，急雨驚雷。　　涼生殿閣佳哉，但瀟灑瑤堦絕點埃。聽御河流水，琤琮雜珮；黃滋細柳，翠逼宮槐。玉管銀毫，冰桃雪藕，枚馬詩成應制才。承恩久，待歸鞭晚霽，步月天街。此梅村赴召授官後作，所謂臺閣體也。○紅牆，見《詠山茶花》。 謝無逸詞：「楊柳綠陰濃。」 銅扉，見《雒陽行》。

〔註5〕「朱」，乙本誤作「未」。

《西都賦》：「門闥洞開。」　觚稜，見《行路難》。《字典》：「炫，明也。」　《史記‧封禪書》：「三神山，金銀為宮闕。」《易林》：「光明照耀。」　《南史‧劉訏傳》：「超超越俗，如天半朱霞。」　王僧孺詩：「廻巒避暑宮。」　奇雲，見《鬱靜巖壘石》。　杜詩：「波濤萬頃堆琉璃。」　又：「宮殿風微燕雀高。」鄭康成《禮記注》：「屏謂之樹，今罘罳也。」《酉陽雜俎》：「士林間多呼宮殿槤桷護雀網為罘罳，其淺愄如此。」　西山，見《贈吳雪航》。　《宋書‧高祖紀》：「三光返照。」　急雨，見《滿江紅‧申文定公祠》。　劉子政《九歎》：「凌驚雷以軼駭電兮。」　柳誠懸詩：「殿閣生微涼。」　佳哉，出《後漢書‧光武紀》。　孔德璋《北山移文》：「瀟灑出塵之想。」《雪賦》：「庭列瑤堦。」黃魯直《跋蔡明遠帖》：「筆意縱橫，無一點埃氣。」　御河，見《讀史偶述》其十一。■〔註6〕　琤琮，見《玉京墓》。雜珮，見《梅花菴聯句》。　杜詩：「新蒲細柳為誰綠。」　宮槐，見《永和宮詞》。　按：張昱《春閨詞》：「玉管調箏十指寒。」然梅村則指筆管，如金管、斑管之類耳。銀毫，見《送楊猶龍》。《拾遺記》：「西王母進萬歲冰桃、千年碧藕。」　崔澄瀾詩：「出參枚馬詞。」應制，見《五律》。　徐孝穆詩：「承恩預下席。」　宋延清詩：「晚霽江天好。」　高達夫詩：「列宿煥天街。」

又　雲間張青琱從中州南還索詞壽母

極目中原，慷慨平生，濁醪一杯。念高堂老母，桓嫠志行；嫠當作嫠。窮途游子，仲蔚蒿萊。雅負經綸，文章小技，三尺遺孤何壯哉。辭家久，到燕南趙北，赤日黃埃。　　吾徒造物安排，且布襪青鞵歸去來。有蓴羹鱸膾，能供蔬饌；魚村蟹舍，可葺茅齋。貧賤安親，詩書養志，世上機雲少棄才。成名後，把懷清築起，百歲高臺。前段就中州說，後段就南還說。○極目，見《蕩子行》。中原，見《贈蒼雪》。　慷慨平生，見《寄周芮公‧序》。　濁醪，見《攀清湖》。濁酒一杯，見《壽李太虛》。　《後漢書‧列女傳》：「沛劉長卿妻者，同郡桓鸞之女也，生一男五歲，而長卿卒。兒年十五，晚又夭歿，妻慮不免，乃豫刑其耳以自誓。沛相王吉上奏高行，顯其門閭，號曰行義桓嫠。」　窮途，見《行路難》。游子，見《送何省齋》。　《高士傳》：「張仲蔚者，平陵人也。所處蓬蒿沒人。」　杜詩：「文章一小技。」《漢書‧陳平傳》：「壯哉縣。」　燕南趙北，見《遣悶》注。　赤日黃埃，見《贈穆大苑先》。　《莊子》曰：「偉哉！夫造物者將以予為此拘拘也。」陸務觀詩：「第一戒安排。」　市襪青鞵，見《六真歌》注。

〔註6〕墨丁，稿本作空格。

陶淵明有《歸去來辭》。　辛幼安詞：「豈為蓴羹鱸鱠哉！」《梁書·高祖丁貴嬪傳》：「長進蔬膳。」　王元節詩：「人宿黃魚紫蟹村。」蟹舍，見《送杜弢武》。　辛幼安詞：「東岡更葺茅齋。」　機雲，見《九峰歌》。陸敬輿疏：「興王之良佐，皆季代之棄才。」《史記·貨殖傳》：「清，寡婦也，能守其業，用財自衛，不見侵犯。秦始皇以為貞婦而客之，為築女懷清臺。」

又　**觀潮**孟詩：「八月觀潮罷。」

　　八月奔濤，千尺崔嵬，渀然欲驚。似靈妃顧笑，神魚進舞；馮夷擊鼓，白馬來迎。伍相鴟夷，錢王羽箭，怒氣強於十萬兵。崢嶸甚，訝雪山中斷，銀漢西傾。　　孤舟鐵笛風清，待萬里乘槎問客星。歎鯨鯢未翦，戈船滿岸；蟾蜍正吐，歌管傾城。狎浪兒童，橫江士女，笑指漁翁一葉輕。誰知道，是觀潮枚叟，論水莊生。前段寫出潮勢，後段寫出觀字，胸次歷落，非泛作海賦者。○杜詩：「積陰帶奔濤。」　崔嵬，見《行路難》。《莊子》：「渀然向然。」　郭景純詩：「靈妃顧我笑。」　神魚，見《遙別故友》。　馮夷擊鼓，見《汴梁》。　白馬，見《送徐次桓》。《史記·伍子胥傳》：「吳王大怒，乃取子胥屍，盛以鴟夷革，浮之江中。」《宋史·河渠志》：「梁開平中，錢武肅王〔註7〕始築捍海塘，在候潮門外。潮水晝夜沖激，版築不就，因命彊弩數百以射潮頭，又致禱胥山祠，既而潮避錢塘，東擊四陵，民居乃奠。」杜詩：「猛將腰間大羽箭。」　又：「今日何須十萬兵。」　王少伯詩：「跳波沸崢嶸。」　雪山，見《訪文學博》。李詩：「天門中斷楚江開。」《雞跖集》：「天河謂之銀漢。」《雒神賦》：「日既西傾。」　鐵笛，見《避亂》。　萬里乘槎客星，見《七夕即事》。《左傳·宣十二年》：「取其鯨鯢而封之，以為大戮。」　戈船，見《避亂》。　《五經通義》：「月中有兔與蟾蜍。」薛陶臣詩：「黑雲吐出新蟾蜍。」　鮑詩：「歌管為誰清。」杜詩：「走過掣電傾城知。」　狎浪，見《讀史雜感》。　韓詩：「長網橫江遮紫鱗。」　一葉，見《鴛湖曲》。《雪賦》：「延枚叟。」枚叔《七發》：「觀濤於廣陵之曲江。」　《莊子》有《秋水》篇。

又　**丁酉小春海棠與水仙並開王廉州為予寫秋林圖初成因取瓶花作供輒賦此詞**丁酉，順治十四年。《初學記》：「十月天時和暖似春，故曰小春之月。」《群芳譜》：「秋海棠一名八月春，花色粉紅，葉綠如翠羽。水仙叢生，葉如萱草而厚，冬間於葉中抽一莖，莖頭開花數朵，大如簪頭，色白，圓如酒杯，上有五尖，中心黃蕊頗大，故有金盞銀臺之名。」　王廉州，見《九友歌》。按：王丹麓《今世說·巧藝》篇：「顧

〔註7〕「王」，乙本誤作「土」。

樵水詩篇秀絕，畫亦能品，嘗作《秋林圖》贈吳梅村。吳歎曰：『對此尺幅，使人幽思頓生。』」按此則梅村有兩《秋林圖》也。

　　有美人兮，宛在中央，仙乎水哉。似藐姑神女，凌波獨步；瀟湘極浦，洗盡塵埃。忽遇東隣，彼姝者子，紅粉臙脂笑靨開。須知道，是兩家糚束，一種人材。　　東君著意安排，蚤羯鼓催成巧樣裁。豈陳王賦就，新添女伴；太真睡起，共倚糚臺。玉骨冰肌，艷梳濃裏，妙手黃筌未見來。集作「荃」，非。霜天晚，對膽瓶雙絕，點染幽齋。全從「並開」二字著筆，是作圖本意。○《詩》：「彼美人兮。」　又：「宛在水中央。」　《飛燕外傳》：「后揚袖曰：『仙乎仙乎去故而就新，寧忘懷乎？』」　《莊子》：「藐姑射之山有神人居焉。」　宋玉有《神女賦》。　《雒神賦》：「凌波微步。」　瀟湘，見《送沈旭輪》。極浦，見《後東皋歌》。　洗塵，見《雒陽行》。《莊子》：「塵埃也。」　李詩：「西施與東隣。」　《詩》：「彼姝者子。」　杜必簡詩：「紅粉樓中應計日，燕支山下莫經年。」《古歌》：「笑靨自然開。」　張如哉曰：「『兩家糚束』暗用《太真外傳》『五家合隊相映，如百花煥發』。」糚束，見《鴛湖曲》。　《史記·司馬相如傳》：「其人材足倚也。」　東君，《楚辭》篇名。韓元吉詞：「東風著意，先上小桃枝。」安排，見《壽張青珮母》。　羯鼓，見《琵琶行》注。巧樣，見《春衣》。　陳王賦，見《芙蓉》。《群芳譜》：「宋仲困自蕭山致水仙一二百本，學《雒神賦》體，作《水仙花賦》。」　女伴，見《彈琴歌》。　《太真外傳》：「上皇登沉香亭，召太真妃子。妃子時卯酒未醒，命力士從侍兒扶掖而至。上皇笑曰：『豈是妃子醉，直海棠睡未足耳。』」曹元寵詞：「睡起不勝情。」　盧升之詩：「雜粉向糚臺。」　蘇詞：「冰肌玉骨，自清涼無汗，水殿風來暗香滿。」　妙手，見《二十五日詩》。《圖繪寶鑑》：「黃筌，字要叔，成都人。事蜀王衍為待詔。至孟昶，加檢校少府監，累遷如京副使。資諸家之善而兼有之，花鳥之名最著。」　霜天，見《海戶曲》。　膽瓶，見《望江南》。　點染，見《送遠圖·序》。岑參詩：「當景涼幽齋。」

又　吳興愛山臺禊飲分韻得關字

　　妍景銷愁，輕衫乘興，扁舟往還。遇使君倒屣，銀床枕簟；群賢傾蓋，玉佩刀鐶。下若新醅，前溪妙舞，落日樓臺雨後山。雕欄外，有名花婀娜，嬌鳥綿蠻。　　衰翁天放疎頑，況廿載重來詎等閒。歎此方嚴虎，青絲白馬；原注：孫吳時，山寇嚴白虎與呂蒙戰於吳興之石城山。當年宋態，綠鬢紅顏。原注：唐李涉有《贈吳興妓宋態》詩，所謂「解語花枝在眼前」也。春

色依然，舊遊何處，剩得東風柳一灣。吾堪老，傍鷗汀雁渚，石戶松關。前段點出園次及同遊者，後段情景俱到，即《贈園次》排律所謂「折花貽杜牧」也，妙切吳興。○王無功詩：「時取醉銷愁。」 輕衫，見《東許九日》。乘興，見《送往桐廬》。 劉文房詩：「田家數往還。」 使君，見《代具師答》。《三國志·王粲傳》：「蔡邕聞粲在門，倒屣迎之。」 溫飛卿詩：「冰簟銀床夢不成。」枕簟，見《觀棋》。 《蘭亭序》：「群賢畢至。」《史記·鄒陽傳》：「傾蓋如故。」 《詩》：「瓊瑰玉佩。」吳叔庠詩：「秋月掩刀環。」張如哉曰：「張象文詩：『屏間佩響藏歌妓，幕外刀光立從官。』此句用之。」 下若，見《訪霍魯齋》。周美成詞：「聞道宜城酒美，昨日新醅熟。」 前溪，見《贈姜明府》。《後漢書》：「邊讓《章華賦》：『妙舞麗於陽阿。』」 張文昌詩：「雨後山光滿郭青。」 雕欄，見《宮扇》。 名花，見《遇劉雪舫》補注。《雒神賦》：「華容婀娜。」 唐太宗詩：「喬柯囀嬌鳥。」 衰翁，見《過姜給事》。柳子厚詩：「蕭散任疎頑。」 張正言詩：「心中萬事如等閒。」 嚴虎，見《讀史有感》。 青絲白馬，見《壽芝麓》詞。 綠鬢，見《滿江紅·壽孫本芝》。紅顏，見《圓圓曲》。 舊遊，見《虎丘圖》。 東風柳，見《楚兩生行》。錢仲文詩：「一灣斜照水。」 《左傳·隱十一年》：「吾將老焉。」 薩天錫詩：「春波綠占白鷗汀。」宋延清詩：「泛舟依雁渚。」 蘇詩：「我來叩石戶。」松關，見《贈願雲師》。

> 按：涉又有《過湖州妓宋態》詩云：「曾識雲仙至小時，芙蓉頭上綰青絲。當時驚覺高唐夢，惟有於今宋玉知。」

賀新郎 送杜將軍弢武見七古。

雙鬢愁來白。數威名，西州豪傑，玉關沙磧。家世通侯黃金印，馬稍當年第一。磨盾鼻，懸毫飛檄。雅吹投壺詩萬首，舊當陽，虎帳春秋癖。思往事，頓成昔。　　天涯寂寞青門客。念平生，鞭箠萬里，布衣之極。滿地江湖漁歌起，誰弄扁舟鐵笛？正柳色、依依南陌。日暮鄉關何處是？故人書、草沒摩崖石。漫回首，淚沾臆。前段話舊，後段送別。○王詩：「獨坐悲雙鬢。」 威名，見《送杜弢武》。西州，見《又詠古》。 玉關，見《贈吳雪航》。砂磧，見《送杜弢武》。 《南史·王氏傳·總論》：「昔晉渡江，王導卜其家世。」通侯，見《楚兩生行·序》。《史記·蔡澤傳》：「懷黃金之印。」 馬稍，見《哭志衍》。 《北史·荀濟傳》：「謂人曰：『會楯上摩墨作檄文。』」《四譜》：「荀濟與梁武有舊，而帝素輕之。及梁受禪，乃入北，嘗云：『曾於盾鼻磨墨作文檄梁。』」按：「曾」字應從《史》作「會」，「摩」字應從《譜》作「磨」。飛檄，見《雁門尚書

行》。　《後漢書・桓榮傳》:「詔諸生雅吹擊磬。」又,《祭遵傳》:「必雅歌投壺。」　當陽,見《楚兩生行》。王少伯詩:「虎帳長開自教兵。」《晉書・杜預傳》:「武帝謂預曰:『卿有何癖?』對曰:『臣有《左傳》癖。』」杜詩:「飽聞《春秋》癖。」　劉夢得詩:「人世幾回傷往事。」　青門,見《青門曲》。　《管子》:「天下不可改也,而可以鞭箠使也。」《漢書・張良傳》:「世布衣之極。」　杜詩:「江湖滿地一漁翁。」漁歌,見《玄武湖》。　李詩:「明朝散髮弄扁舟。」鐵笛,見《避亂》。《詩》:「楊柳依依。」南陌,見《老妓行》。　崔顥詩:「日暮鄉關何處是。」　白行簡詩:「一紙故人書。」草沒,見《夜宿阜昌》。摩崖,見《哭志衍》。　淚沾臆,見《永和宮詞》。

又　病中有感〔註8〕

　　萬事催華髮。論龔生,天年竟夭,高名難沒。吾病難將醫藥治,耿耿胸中熱血。待灑向,西風殘月。剖卻心肝今置地,問華佗、解我腸千結。追往恨,倍淒咽。　　故人慷慨多奇節。為當年,沉吟不斷,草間偷活。艾灸眉頭瓜噴鼻,今日須難訣絕。早患苦,重來千疊。脫屣妻孥非易事,竟一錢不值何須說。人世事,幾完缺。此絕筆也。自怨自艾,故與錢、龔不同。按:《漢書・龔勝傳》有「旦暮入地,豈以一身事二姓,下見故主」語,故《贊》謂「守死善道,勝寔有焉」。所謂「高名難沒」也。梅村以不能如龔勝之夭天年為恨,故灑血無地,剖心無術耳。「問華佗」,即難將醫藥治之意。次段言不能如龔生之夭天年,而天年已盡,竟臥死兒女手中,如麥鐵杖所云也。「一錢不值」,正與「高名難沒」反對。「難訣絕」,「非易事」,詞意相承。又按:龔生年七十九不為夭,天猶盡也。○劉子政《新序》:「夫士亦華髮墮顛而後可用耳。」　第二句,

---

〔註8〕俞平伯《詞論・吳梅村絕筆詞質疑》(《俞平伯全集》第4卷,花山文藝出版社
　　1997年版,第447頁):
　　　吳梅村的《賀新郎》詞「萬事催華髮」,懺悔他降清的錯誤,語意沉痛,有名
　　詞壇久矣。一般的說法都認為是他的最後之作,即絕筆。如靳榮藩《吳詩集覽》
　　卷二十下錄此首,注云:「此絕筆也,自怨自艾,故與錢、龔不同。」又《藝
　　衡館詞選》丁卷引梁啟超評語曰:「鳥之將死,其鳴也哀,梅村固知自愛者。」
　　其實不然,這並非他的絕筆。
　　　談遷的《北遊錄・紀聞上》(中華新印本三三〇頁)錄此詞有「嘗作《賀新郎》
　　一闋云云」。按《北遊錄》作於一六五四～一六五六年間(清順治十一年至十
　　三年間),談遷與吳梅村同在北京,蓋當時梅村出此稿示談,雖《紀郵》中未
　　載,卻見於《紀聞》中。談遷卒於順治十四年丁酉(1657年),年六十四;吳
　　梅村卒於康熙十年辛亥(1670年),年六十三(見本集附載《行狀》,《墓誌》
　　並同)。吳之卒年約晚於談十五、六年,則此詞非吳之最後作品甚明,蓋不得
　　已出仕於清廷時所作,後人以其詞意悲哀沉痛,遂誤認為絕筆耳。

見《讀西臺記》。　高名，見《釣臺》。　《漢書・平帝紀》：「為置醫藥。」　《詩》：「耿耿不寐。」宋子虛詩：「手殺降人吞血。」　灑西風，見《滿江紅・感舊》。柳耆卿詞：「楊柳岸，曉風殘月。」　《史記・鄒陽傳》：「剖心析肝相信，豈移於浮辭哉！」又，《項羽紀》：「亞夫受玉斗，置之地。」　《後漢書・方術傳》：「華佗，字元化，沛國譙人也。精於方藥。若疾發結於內，針藥所不能及者，乃令先以酒服麻沸散。既醉，無所覺，因剖破腹背，抽割積聚。若在腸胃，則斷截湔洗，除去疾穢，既而縫合，傅以神膏，四五日創愈。」白詩：「錐不能解腸結。」《吳越春秋》：「夫人哀吟曰：『腸千結兮服膺。』」　孟東野詩：「歌管為淒咽。」　慷慨，見《又詠古》。高達夫詩：「韓魏多奇節。」　沉吟，見《雁門尚書行》。《漢書・劉向傳》：「持不斷之意者，開群枉之門。」　草間，見《蟋蟀盆歌》。劉子政《戰國策序》：「偷活取容。」　《隋書・麥鐵杖傳》：「丈夫性命，自有所在，豈能艾炷灸額，瓜蒂歕鼻，治黃不差，而臥死兒女手中乎？」胡身之《通鑑注》：「黃，熱病也，則頭痛，故燃艾以炙之，熱則上壅。瓜蒂味苦寒，故噴鼻以通關。」　訣絕，見《送何省齋》。　許仲晦詩：「水曲巖千疊。」　脫屣，見《讚佛詩》。　《漢書・灌夫傳》：「平日毀程不識，不值一錢。」　■■■■■〔註9〕　完缺，見《斷碑》。

〔註9〕墨丁，稿本作空格。

吳詩補注

卷二十

意難忘　山家

　　啟北扉《宋史・呂公著傳》：「詔建第於東府之南，啟北扉以便執政會議。」此借用。前注非是。**移床待客**《史記・孟嘗君傳》：「孟嘗君待客坐語。」《南史・江敩傳》：「紀僧真幸於武帝，謂帝曰：『唯就陛下乞作士大夫。』帝曰：『由江敩、謝瀹，我不得措此意，可自詣之。』僧真承旨詣敩，坐定，敩命左右曰：『移吾床讓客。』僧真喪氣而退。時人重敩風格。」此借用。

滿江紅　題畫壽總憲龔芝麓

　　花月陰子堅詩：「花月分窗進。」**杯在手**《詩》：「六轡在手。」蘇詩：「空餘舞杯手。」

又　白門感舊

　　鍾阜任彥升《為范尚書讓官表》：「悵望鍾皇。」**群帝翱翔騎白鳳**杜詩：「矯如群帝驂龍翔。」曹堯賓詩：「侍從皆騎白鳳凰。」**破衲**蘇詩：「破衲山僧憐耿介。」**山寺**見《贈吳錦雯》補注。**天邊萬點神鴉黑**黃星甫詩：「一片斜陽萬點鴉。」

又　過虎丘申文定公祠

　　聲緊《雲仙雜記》：「揚州蘇隱夜臥，聞被下有數人念《阿房宮賦》，聲緊而小。」

又　感舊

風靜見《送曹秋岳》。爾急《南史‧任昉傳》:「風雨急而不輟其音。」宮門李長吉詩:「空將漢月出宮門。」

又

遭際見《松山哀》。聲名見《觀通天帖》補注。年少即今何所得《元史‧安童傳》:「卿年少,何從得老成語?」偶然耳《五代史‧李懌傳》:「予少舉進士登科,蓋偶然耳。」

又　重陽感舊

崩濤見《登上方橋》補注。中斷見《聞台州警》。高風《後漢書‧嚴光傳》:「同抗高尚之風。」

又　賀孫本芝壽

殊特《魏志‧邢顒傳》:「劉楨諫植曰:『楨禮遇殊特。』」

又　感興

高隱詳《木蘭花慢‧壽趙侍御》。

又　蒜山懷古

譚兵《宋史‧陳亮傳》:「才氣超邁,喜談兵。」

又　壽金豈凡相國七十

健在黃魯直詞:「身健在,好加餐。」東封西禪《宋史‧林特傳》:「又為《東封西祀朝太清宮慶賜總例》三十六卷。」法騮曹孟德有《上九醞酒法奏》。雪滿見《寄當事諸老》。

滿庭芳　太白亭落成分韻

高人韻士張如哉曰:「王冕《梅華傳》:『先生雅與高人韻士遊。』」

六么令　詠桃

斜柯段柯古《小小妓寫真詩》:「補袂將離坐,斜柯欲近人。」閒步《史記‧信陵君傳》:「公子乃閒步往,從此兩人遊甚歡。」一片杜詩:「一片花飛減卻春。」

木蘭花慢　過濟南

牛山見《讚佛詩》其三。《一統志》：「牛山在臨淄縣南十里。」金泥《金史・禮志》：「泥和金粉乳香為之。」

又　話舊

春堤梁簡文帝詩：「春堤楊柳拂河橋。」

又　中秋詠月

醉臥出《史記・高祖紀》。

又　壽汲古閣主人毛子晉

兵後見《遠路》補注。柳塢杜牧之詩：「西阡下柳塢。」風雅《晉書・庾峻傳》：「中庶子何邵論風雅正變之義。」

水龍吟　送孫浣心之真定

煙雨林君復詞：「滿地和煙雨。」貽書見《贈願雲師・序》補注。

風流子　壽李三一

秋光蘇詞：「不似秋光，只與離人照斷腸。」

又　送張編修督學河南

好士《荀子》：「愛民而安，好士而榮。」濁河《物理論》：「河色黃者，眾川之流，蓋濁之也。」御筆親裁盧子發詩：「御筆新批翰長銜。」

沁園春　午朝遇雨

歸鞭范致能詩：「歸鞭任五更。」

又　觀潮

伍相見《胥王廟》補注。怒氣《吳越春秋》：「見敵而有怒氣。」

又　吳興愛山臺初飲

落日樓臺杜牧之詩：「落旦樓臺一笛風。」春色依然見《送張玉甲》。

賀新郎　送杜將軍發武

愁來見《懷王奉常》補注。懸毫見《凌煙閣歌》補注。

又　病中有感

患苦《漢書・劉向傳》:「患苦外戚許、史在位放縱。」

吳詩談藪 〔註1〕

　　余欲為梅村詩箋，而見聞無多，失未能也。泛觀諸書，有語涉梅村，輒為抄撮，以資談藪云耳。閼逢涒灘壯月上浣，靳榮藩介人。

卷之上 〔註2〕

　　《大清一統志》：「吳偉業，字駿公，太倉人。明崇禎辛未進士第二，授編修。本朝順治初，薦授秘書院侍講，遷國子祭酒。丁母憂歸，益肆力學問，家居十餘年卒。偉業以文章負重名，尤好汲引後進。詩文宏麗，歌行樂府尤其所長。所著有《梅村集》及《春秋地里》、《氏族志》、《綏寇紀略》等書。」

　　《明史·諸王列傳》：「崇禎十年，預擇東宮侍班講讀官，命禮部尚書姜逢元、詹事姚明恭、少詹王鐸、屈可伸侍班，禮部侍郎方逢年、諭德項煜，修撰劉理順，編修吳偉業、楊廷麟、林曾志講讀，編修胡守恆、楊士聰校書。」

　　又，《張志發傳》：「嘗簡東宮講官，擯黃道周，為給事中馮元颷所刺，復為編修吳偉業所劾。」

　　又，《沈宸荃傳》：「擢御史，尋薦詞臣黃道周、劉同升、葛世俊、徐汧、吳偉業等。」

　　《鎮洋縣志》：「吳偉業，字駿公，號梅村，愈元孫。父琨，以經行稱鄉里。母袛時，夢朱衣人送鄧以讚會元額至，遂生偉業。幼有異質，篤好《史》、《漢》。為文不趨俗，同里張溥見而奇之，因留受業於門。年二十一，崇禎庚午領鄉薦，

〔註1〕《吳詩談藪》卷之上，諸本均在書末，惟讀秀本在卷首目錄後。
〔註2〕稿本有「下」字。

辛未會試第一。莊烈帝批其卷曰：『正大博雅，足式詭靡。』殿試第二，授翰林院編修。給假歸娶。乙亥，充纂修官。時有奸民首告復社事，當軸陰主之，欲盡傾東南名士。偉業疏論無少避。丙子，主湖廣試，因召對，言：『冢臣職司九品，若所舉不當，何以責之臺省？輔臣任寄權衝，若所用不賢，何以責之卿寺？』帝深韙之。己卯，冊封延津、孟津兩藩，陞南京國子監司業。會黃道周論楊嗣昌奪情事，受廷杖，偉業具橐饘，遣太學生涂仲吉入都訟冤。旨嚴詰主使，幾不免。庚辰，晉中允、諭德。癸未，轉庶子。未幾，拜少詹事。甫兩月謝歸。國朝順治間，總督馬國柱疏薦，授秘書院侍講，奉勅纂修《孝經演義》，陞國子監祭酒。丁酉母憂，上親賜丸藥，撫慰甚至。旋以江南奏銷議處，里居終身，適遂初志。宅故銓部王士騏賣園，花木翳然，有林泉之勝，與四方士友觴詠其間，終日忘倦十餘年。卒年六十三。遺命墓前立一圓石，曰『詩人吳梅村之墓』。」按：《一統志》：「涂仲吉，字德公，漳浦人。」

　　陳眉公《送吳榜眼偉業奉旨歸娶》詩：「年少朱衣馬上郎，春闈第一姓名香。泥金帖貯黃金屋，種玉人歸白玉堂。北面謝恩纔合巹，東方待曉漸催妝。詞臣何以酬明主？願進關雎窈窕章。」《書影》。

　　陳臥子《贈吳駿公太史充東宮講官》詩：「蒼莨開震域，青殿接文昌。霞氣騰玄圃，瓊條拂畫堂。選端周典禮，拜傅漢元良。史職移仙省，宮僚總帝鄉。金貞儲後重，玉立侍臣莊。羽籥傳秋實，詩書出尚方。夏侯經術茂，皇甫素懷芳。雞戟青槐蔭，龍泉碧藻香。珠簾參晚燕，璧月照春坊。卜賦情文稱，王箴忠愛長。一時推碩德，萬國仰重光。媿我羊裘側，思君象輅旁。臨風疏館靜，遙夕可相望。」《簣衍集》。〔註3〕

〔註3〕按：此頁空四行，下空三頁，又空四行。稿本、天圖本、讀秀本不缺，作：侯朝宗《與吳駿公書》：「十月朔日，域再拜致書駿公學士閣下：域凡駑下材，年垂四十，無所表見，然辱學士交遊之末者。自甲戌以來，今且二十年矣。是時學士方少年，為天子貴近臣，文章德器傾動天下，議者謂旦夕入相。【開林按：以上四行。】屈指曾幾何時，而學士乃披裘杖藜，棲遲海濱，歌彼黍之油油。人生遭際，信可悲也。然學士身隱而道彌彰。域之美學士之披裘杖藜也，過於坐玉堂、秉鈞軸遠甚。近者，見江南重臣推轂學士，首以姓名登之啟事，此自童蒙求我，必非本願。學士素審，無俟鄙言。然而學士之出處，將自此分，天下後世之觀望學士者，亦自此分矣。竊以為達權救民，有志匡濟之士，或不須盡守硜硜獨學。士之自處不可出者有三，而當世之不必學士之出者有二，試言之，而學士垂聽之。學士以弱冠未娶之年，蒙【開林按：以上一頁。】昔天子殊遇，舉科名第一人。其不可者一也。後不數歲，而仕至宮詹學士，身列大臣。其不可者二也。清修重德，不肯隨時俯仰，為海內賢士大夫領袖。人生富

又，《與陳定生論詩書》：「僕入越後，見吳詹事偉業、曹太僕溶、姜行人垓、葉處士襄、宋學士徵輿及西陵十子詩，皆具有源委，幸致郎君就而講求之。」同上。

如皋冒辟疆《寄吳梅村先生》詩：「鹽官留滯歎蹉跎，遺老飄零事若何。萬里烽煙橫塞雁，五都荊棘沒銅駝。遙瞻吳苑鄉關隔，近接邗江涕淚多。聞道子山消息在，白頭紅豆只悲歌。」《樸巢詩集》。

趙澐（字雙白）《呈梅村先生》詩：「婁水龍門未易親，休官無過隱之貧。蒼梧往事餘雙淚，白首名山只一人。鷗鳥欲分高士席，梅花能伴苦吟身。投閒自是千秋計，落日寒江理釣緡。」《冷鷗堂集》。

雙白又有《和許九日》詩：「何時欲發婁江櫂，千樹梅花寄八行。」
自注：謂訊梅村先生。

胡彥遠《送吳梅村被徵入都》詩：「海外黃冠舊有期，難教遺老散清時。身隨杞宋留文獻，代閱商周重鼎彝。滿地江湖傷白髮，極天兵甲憶烏皮。重來簪筆承明殿，記得揮毫出每遲。」一。「幕府徵書日夜催，宮開碣石待君來。歸心更度桑乾水，伏櫪重登郭隗臺。花萼春迴新侍從，風雲氣隱舊蓬萊。暮年詩賦江關重，輸卻城南十里梅。」二。「一尊雨雪坐冥濛，人在汪洋千頃中。老驥猶傳空冀北，春鴻那得久江東。榛苓過眼成虛谷，禾黍關心拜故宮。我亦吹簫向燕市，從今敢自惜途窮。」三。「碧海黃塵事有無，此來風雪滿燕都。遺京節

貴榮華，不過舉第一人、官學士足矣。學士少年皆已為之，今即再出，能過之乎？奈何以轉眼浮雲喪我故吾？其不可者三也。昔狄梁公仕周，耶律楚材仕元，其一時君相，皆推心腹而聽信之，然後堅忍委蛇，僅能建豎。兩人心跡，亦良苦矣。今不識當路之待學士，果遂如兩人否？其不必者一也。即使果如兩人矣，而一時附風雲，輔日月，何患【開林按：以上一頁。】無人。學士，前代之遺老也。譬有東鄰之寡，見西家財業浩大，【開林按：天圖本此處空四格。《壯悔堂文集》卷三作「孤弱顛連」，讀秀本同。】自負能為之綜理，願入其室而一試焉。其後【開林按：此處空九格，《壯悔堂文集》卷三作「子仰母慈，奴婢秉主威」。】果如所操，信則西家之健婦也，顧其若東鄰何？其不必者二也。凡此三不可、二不必，亦甚平常，了然易見。然時一念之，逢萌、梅福不過如此。不然，則怨猿鶴而負松桂，北山咫尺耳。學士天下之哲人也，豈不爭此一間耶？十年以還，海內典型，淪沒殆盡；萬代瞻仰，僅有學士。而昔時交遊能稍稍開口者，亦惟域尚在，故再四踟躕，卒不敢以不言。萬一有持達節【開林按：以上一頁。】之說，陳於左右者，願學士審其出處之義，各有不同，堅塞兩耳。幸甚！域經患難後，乃知昔日論著都無所解。今頗學古文，並近日詩歌。澄江返棹後，當圖尊酒，一細論之。」《壯悔堂集》。【開林按：以上四行。】

度新推轂，盛世朝廷倍重儒。花暗鳳池思劍珮，春深虎觀夢江湖。悲歌吾道非全泯，坐有荊高舊酒徒。」四。　《旅堂詩集》。

　　王如哉《吳母張太孺人墓誌銘》：「大司成吳梅村先生聞嗣母張太孺人訃於京邸，躃踴驚號，待命奔赴，而以太孺人之銘委予，予謝不敢。先生以文章雄海內，予所望而卻步者。乃執筆銘太孺人，冒非任而忘所憚，予何敢乎？先生諄命再至，且以狀授之。予讀太孺人撫育勞瘁，因先生感疾，目不交睫者十餘夜，脫簪珥為醫禱，不覺泣然流涕而嗚邑也。嗚乎！予亦幼育於嗣母者也，其恩勤正類此。予雖不能文，世即多能文者，未必有嗣母之恩；即能發揚太孺人，或未若予受嗣母之撫育而發揚之切也。予何忍以不文辭。嗚乎！嘗讀《蓼莪》之詩，至『母兮鞠我。拊我畜我。出入腹我』，未嘗不哀其言之痛切。然母之鞠子，本乎天性。若嗣母離屬既隔，獨能撫育真至，無異所生。由是以觀，宜乎先生之哀痛難已也。先生始生時，朱太孺人尚育三歲子。太孺人念其勞瘁，從襁褓中乳字先生。及夫顧復醫禱，恩義真切，此朱太孺人每以無忘撫育恩詔先生也。夫閫序之德不外見，即以孝敬、溫儉、烹醢、紉績之事相矜飾，亦婦德之常耳。惟於嗣子撫字之恩如此，揆之《蓼莪》，亦媲有其德矣。雖他行不著，固可知其兼之矣。況太孺人之歸文玉公也，訓有錢孺人未周歲之遺女，以至嫁而沒，勤劬周恤，人不以為繼母也，殆其性之者歟？按：太孺人世為婁東望族。明經張栢菴公，其父也。迨歸文玉公為繼室，文玉公入繼大宗為玉田公後，歲時思慕，孝祀不衰，與朱太孺人事其姑四十年，將承恐後，而姒娣之間，和藹相終始，雝雝如也。當先生趨召，太孺人固康強無恙也，而眷戀若永訣，屬先生異日無忘我夫婦之事嗣父母者。嗚乎！此先生之所以念之而猶悲也。世衰俗失，為人嗣之義，視為故事也久矣。觀乎太孺人之克慈，先生之克孝，一出於天性，其維持彝倫為何如也！媿予不文，不能發揚至德以風世。竊念予嗣母棄予，遙遙三十餘年矣，而罔極莫報。予銘太孺人，蓋有深悲焉。太孺人之生，明萬曆辛巳年六月二十二日。而其卒也，順治丙申年十月初十日。享年七十有六。嗣子偉業，即梅村先生也。銘曰：詩禮頤望生有閱，德言容功身無闕。閫儀是常何足揭，鞠嗣子恩不可沒。勒石幽宮徽靡竭，千秋百世昭日月。」《青箱堂文集》。

　　魏石生《與吳梅村書》：「昨歲錢子大士至，得先生起居為慰。又知與侍御為兒女姻親，當此晚景，蘭孫依依膝下，亦人生之一樂也。再加調攝，用道家修養之法，便可壽躋期頤矣。望之望之。僕邇來隨行逐隊，無所建豎於時，無

足為先生道者。顧於文章尚未能忘情。近有廣明陳子、頌嘉曹子至京邸晤對，知其所學皆已成立，而古文辭卓犖不群，追美古人無難。先生靈光歸峙，東南領袖，若與之左提右攜，攜論千古，著著定評，誠千載一時也。昔蕭統著《文選》於梁季，後代詞人奉為枕中鴻寶。張先生天如所批漢、魏百名家，至今稱藝苑鼓吹。乃自唐、宋以來，諸家著作漸以零落散失。今既有三吳兩越諸子網羅分校，先生綜其成，豈不為文圃之盛事乎？又元、明以來，亦有數十百家，詩文尚無定論，參伍進退，似亦在此時也。惟留意而商榷之，遠追昭明，近紹天如。若僕才力淺薄，復為公務鞅掌，精神漸以耗斁，粗有撰述，皆未成集。案頭偶有二種，以奉軒渠，不足觀也。」《兼濟堂文集》。

曹潔躬《春夕行北海少宰席上同梅村作》，內有句云：「婁東學士新應詔，文采何辭萬人羨。麗句常追長信恩，得時敢詫黃金賤。」《靜惕堂詩集》。

徐健菴《題吳〔註4〕梅村先生愛山臺上巳宴序卷》：「此園次使君守湖州日，以上巳讌集郡署之愛山臺，而梅村先生所為之序也。是日會者十有二人，而余其一，先生所以有「孝穆」之句云。戊申迄今六年，園次已久去官，梅村溘焉長逝亦二年矣。回憶是日，湖山賓主，風流輝映，渺然此期，如在河漢。余嘗疑逸少蘭亭一序，以佳辰勝賞，非有他故，而忽為死生今昔之感，至纏綿往復，若不勝其情者，以今而觀，殆甚之也。辰六越子既用裝成卷軸，攜以示我，兼讀群公之題識，蓋皆不身預其會，且未有人琴之戚，而低回傾倒，情見乎詞，況余之今日哉！循覽泫然，乃書其後。」《憺園集》。

按：「孝穆」句集中不載，則吳詩之逸者多矣。健菴《贈吳石葉》詩：「初日芙蓉豔，才華迥不同。唫詩官閣裏，聽瑟畫樓中。賦就驚宗袞，自注：梅村先生極賞石葉。篇成播國風。荷衣今羨汝，媿我已成翁。」「王謝吳興守，由來父子傳。人看居末坐，事定逼前賢。珠玉神偏王，驊騮步欲先。他時重接武，不數永和年。」自注：逸少、安石皆父子為吳興守。　同上。

《王貽上集》：「《梅村詩話》云：『嘗與陳臥子共宿，問其七言律何句最為得意？臥子自舉『禁苑起山名萬壽，復宮新戲號千秋』一聯。』然予觀其七言，殊不止此。如『九龍移帳春無草，萬馬窺邊夜有霜』，『左徒舊宅猶蘭圃，中散荒園尚竹林』，『禹陵風雨思王會，越國山川出霸才』，『石顯上賓居柳市，竇嬰別業在藍田』，『九月星河人出塞，一城砧杵客登樓』，『四塞山河歸漢闕，二陵

〔註4〕「吳」，讀秀本作墨丁。

風雨送秦師」諸聯，沉雄瑰麗，近代作者未見其比，真冠古之才。一時瑜、亮，獨有梅村耳。」《香祖筆記》。

余少奉教於虞山〔註5〕、婁江兩先生，五十年來，書尺散佚。偶從鼠蠹之餘，得兩先生尺牘手書，不勝感歎，謹錄左方。

吳梅村先生書一通：

增城渡江一札，想已得候見竹西，正求傳示。論詩大什，上下今古，咸歸玉尺。當今此事，非得公孰能裁乎？江表多賢，正恐不鳴不躍者，或漏珊瑚之網。如吾友許九日兄，為寒齋二十年酬唱之友，十子中，才推第一，篇什流傳，定蒙鑒賞。近詣益進，私心畏且服之，而獨苦其食貧無依，即宿舂辦裝，亦復不易，而出門求友之難也。今春坐梅花樹下，讀阮亭集，躍起狂叫，曰：「當吾世而不一謁王先生，誰知我者？」樸被買舟，素箏濁酒，特造門下。雖幸捨多賢，誰復出九日上者乎？其姿神吐納，書法之妙，見者傾倒，當以為長史、玉斧之流，不徒繼美乎丁卯橋也。門下延華擎秀，或亦倦於津梁，然如此客，急宜收夾袋，咳唾所及，增光長價。且此君青鞵布韈，由是而始，無使寥落，便增旅況，則皆名賢傳中佳話耳。《古夫于亭雜錄》。

按：此書，《梅村集》不載，故錄出。太倉王攄（字虹友）《懷許九日》詩：「應有陳蕃懸榻待，免悲王粲滯荊州。」自注：九日與楊仲延、家阮亭二公倡和最合。則在阮亭得此書之後也。

李白謂五言為四言之靡，七言又其靡也，至於詞曲，又靡之靡者。詞如少游、易安，固是本色當行，而東坡、稼軒直以太史公筆力為詞，可謂振奇矣。元曲之本色當行者不必論，近如徐文長《漁陽三弄》、《木蘭從軍》，沈君庸之《濁亭秋》，梅村先生之《通天臺》，尤悔菴之《黑白衛》、《李白登科記》，激昂慷慨，可使風雲變色，自是天地間一種至文，不敢以小道目之。同上。

《年來，錢牧齋〔註6〕、吳梅村、周櫟園諸先生，鄒訏士、陳伯璣、方爾止、董文友諸同人相繼徂謝，棧道感懷，愴然有賦》：「載酒題襟處處同，平生師友廿年中。九原可作思隨會，四海論交憶孔融。春草茫茫人代速，落花寂寂墓門空。白頭騎馬嘉陵路，惟有羊曇恨未窮。」《精華錄》。

〔註5〕「虞山」，底本、稿本、天圖本、讀秀本、乙本均作兩空格，據《古夫于亭雜錄》卷三《錢吳書四通》補。

〔註6〕「錢牧齋」，底本、天圖本、乙本均作「■■■」，稿本、讀秀本作三空格，據《漁洋精華錄》補。

又，《江東詩》：「江東人物舊難儔，遺老飄零半白頭。斑管題詩吳祭酒，紅顏顧曲袁荊州。太常縑素雲煙落，宗伯文章江漢流。徑欲相從破蕭瑟，片颿高掛五湖秋。」同上。

太倉周瓚元恭熟史事，梅村晚年招與讀書，或事有疑誤，輒就問之。《居易錄》。

吳梅村祭酒辛亥元旦夢上帝召為泰山府君，是歲病革，有《絕命辭》云：「忍死偷生廿載餘，而今罪孽怎消除？受恩欠債須填補，縱比鴻毛也不如。」時浙僧水月能前知，挐舟迎之，至曰：「公元旦夢告之矣，何必更問老僧。」遂卒。《池北偶談》。

閻立本畫《孝經圖》一卷，褚河南書，故明大內物，後歸孫北海侍郎家，相傳明時東宮出閣，例以此圖為賜。吳祭酒梅村詩「每見丹青知聖孝，累朝家法賜東宮」是也。壬戌冬杪，於宋牧仲齋見之。同上。

汪鈍菴《張青琱詩集序》：「祭酒吳梅村先生最善歌行，每推青琱，長歌數千言，太息其不可幾及。所居與予比鄰，數用文字相角逐，青琱間出一篇，予未嘗不瞠目而擊節也。」《堯峰文鈔》。

尤展成《梅村詞序》：「詞者，詩之餘也。乃詩人與詞人，有不相兼者。如李、杜，皆詩人也，然太白《憶秦娥》、《菩薩蠻》為詞開山，而子美無之也。溫、李皆詩人也，然飛卿《玉樓春》、《更漏子》為詞擅場，而義山無之也。歐、蘇以文章大手降體為詞，坡公『大江東去』卓絕千古，而六一婉麗，寔妙於蘇。介甫偶一涉筆，而子固無之。眉山一家，老泉、子由無之也。以辛幼安之豪氣，而人謂其不當以詩名，而以詞名，豈詩與詞若有分量，不可得而踰者乎？有明才人莫過於楊用修、湯若士。用修親抱琵琶度北曲，而詞顧寥寥。若士《四夢》為南曲野狐精，而填詞自賓白外無聞焉。即詞與曲亦有不相兼者，不可解也。近日虞山〔註7〕號詩文宗匠，其詞僅見《永遇樂》數首，頹唐殊極。兼人之才，吾目中惟見梅村先生耳。先生文章彷彿班史，然猶謙讓未遑。嘗語予曰：『若文則吾豈敢，於詩或庶幾焉。』今讀其七言、古律諸體，流連光景，哀樂纏綿，使人一唱三歎，有不堪為懷者。及所譜《通天臺》、《臨春閣》、《秣陵春》諸曲，亦於興亡盛衰之感，三致意焉。蓋先生之遇為之也。詞在季孟之間，雖不多作，要皆合於《國風》好色、《小雅》怨誹之致，故予嘗謂先生之詩可謂詞，詞可

〔註7〕「虞山」，底本、天圖本、乙本均作「■■」，稿本、讀秀本作兩空格，據《西堂雜俎三集》卷三補。

謂曲，然而詩之格不墜、詞曲之格不抗者，則下筆之妙，非古人所及也。休寧孫無言遍徵當代名家詞，將以梅村編首，亡何而梅村沒矣。孫子手卷不釋，仍寓予評次刻之，可謂篤好深思。而予於先生琴樽風月未忘平生，故得附知言，序其本末如此。余觀先生遺命『墓前立一圓石，題曰詞人吳某之墓』，蓋先生退然以詞人自居矣。夫使先生終於詞人，則先生之遇為之也。悲夫！」《西堂雜俎》。

又，《祭吳祭酒文》：「嗚乎！先生之文，如江如海。先生之詩，如雲如霞。先生之詞與曲，爛兮如錦，灼兮如花。其華而壯者，如龍樓鳳閣；其清而逸者，如雪柱冰車；其美而豔者，如寶釵翠鈿；其哀而婉者，如玉笛金笳。其高文典冊，可以經國；而法書妙畫，亦自名家。豈非才人大手，死而不朽者耶？若其弱冠登朝，南宮首策，蓮燭賜婚，花磚曝直，此先生之致身於勝國者也。及夫徵書應召，禁庭橐筆，上林陪乘，成均端席，此先生之從事王室者也。人望之以為榮，公受之以為戚。方且謝春夢於京華，矢嘯歌於泉石。獨居則慷慨傷懷，相對則諮嗟動色。雖縱情花月。遣興琴樽，而中若有不自得者，宜其形容憔悴而鬚髮之早白也。嗟乎！有涯者生，不齊者遇。忽然相遭者時，無可如何者數。彼夫羈旅而念舊鄉，少年而惜遲暮。感歲月之已非，撫山河之如故。所以墨子垂泣於素絲，楊朱興悲於岐路。庾信有江南之哀，向秀著山陽之賦。僕嘗從先生之杖履，而見其流連光景，悽愴平生，良有素矣，不虞其溘焉朝露也。吾聞先生遺命，殮以觀音兜、長領衣，殆將返其初服，逃軒冕而即韋布乎？又曰：『吾性愛山水，擇靈巖、鄧尉之間隙地三畝，立一圓石，題曰詩人吳梅村之墓。』予讀而喟然太息，知先生之情見乎辭。雖千載以下，過而弔者，猶低徊留之不能去也。嗚呼！」同上。

又，《名詞選勝序》：「武陵李子笠翁，能為唐人小說，尤擅金元詞曲。吳梅村祭酒嘗贈詩云：『江湖笑傲誇齊贅，雲雨荒唐憶楚娥。』蓋寔錄也。」同上。

又，《念奴嬌·贈吳梅村先輩，用東坡赤壁韻》：「江山如夢，歎眼前誰是，舊京人物。走馬蘭臺，行樂處，尚記紗籠題壁。椽燭衣香，少年情事，頭白今成雪。杜陵野老，風流獨數詩傑。　更聽法曲淒涼，四絃彈斷，清淚如鉛發。莫問開元天寶事，一半曉星明滅。我亦飄零，十年湖海，看雨絲風發。何時把酒，浩歌同送明月。」《百末詞》。

又，《念奴嬌·題席次文出獵圖，和梅村韻》：「是何年少，向長城飲馬，沙場結客。臺上呼鷹，壚下醉，尚美數行題墨。投筆歸來，東山射虎，大羽猶

能沒。畫圖留取，黃雲萬里秋色。　我亦蠻府參軍，短衣長劍，喜逐將軍獵。回首盧龍成舊夢，變作陽關三疊。仰屋看書，叩門乞食，恨少朱家俠。相逢痛飲，頭顱如許堪惜。」同上。

　　按：原唱集中不載，則梅村逸詞多矣。

　　又，詩中《故人歌》，自序：「少陵有《飲中八仙歌》，梅村有《畫中九友歌》，故予亦倣此體，共二十四人，皆亡友也。苟非素交，不敢列入。」首云：「梅村歌詩天下傳，野老吞聲曲江邊，秣陵樂府寄哀弦。」自注：吳梅村祭酒。《艮齋倦稿》。

　　又，《奏對備忘錄題跋》：「今之輪菴和尚，即昔之文園公也。園公為衡山待詔曾孫，文肅相國猶子，而啟美中翰為其名父，固稱文苑世家。園公能詩善畫，秀出烏衣。往年吳梅村祭酒嘗作長歌贈之，淋漓盡致。」同上。

　　吳梅村文采風流，照映一時。及入本朝，迫於徵辟，復有北山之移。予讀其詩詞樂府，故君之思，流連言外。及臨終一詞云：「故人慷慨多奇節。為當年、沉吟不斷，草間偷活。脫屣妻孥非易事，竟一錢不值、何須說。」其恨恨■〔註8〕可知矣。論者略其跡，諒其心可也。《艮齋雜說》。

　　梅村有《圓圓曲》。圓圓陳氏，吳下女伶，予少時猶及見之。轉入田皇親家，吳三桂見而悅之。城破，闖賊取之去。吳之舉兵，為圓也。既為平西王夫人，寵貴無比。後聞為正妃所妬，辭宮入道。吳逆敗，不知所終。梅村詩云：「全家白骨成灰土，一代紅顏照汗青。」又云：「取兵遼海哥舒翰，得婦江南謝阿蠻。」當平西盛時，士大夫稱功獻頌，趨之如鶩，而梅村獨能譏切若此，可謂先幾之哲矣。身遭鼎革，觸目興亡。其所作《永和宮詞》、《琵琶行》、《松山哀》、《鴛湖曲》、《雁門尚書》、《臨淮老妓》，皆可備一代詩史。同上。

　　展成有論《臨淮老妓行》一則，論梅村一則，《百末詞・效梅村體和梅村壽余澹心》，各附見本首之後，不重錄。

　　陸次雲曰：「語云：『無徵不信。』圓圓之說有徵乎？」曰：「有。征諸吳梅村祭酒偉業之詩矣。梅村效《琵琶》、《長恨》體作《圓圓曲》，以刺三桂，曰『衝冠一怒為紅顏』，蓋寔錄也。三桂齎重幣，求去此詩，吳勿許。當其盛時，祭酒能顯斥其非，卻其賂遺而不顧，於甲寅之亂，似早有以見其微者。嗚呼！梅村非詩史之董狐也哉！」《圓圓傳》。

　　太倉毛師柱（字亦史）《辛亥元夕，吳梅村先生招陪吳湖州薗次，同余澹

心、王湘碧、惟夏、次谷、許九日、顧伊人、沈臺臣讌集樂志堂,即席分賦,兼呈湖州》:「名園上客及芳辰,擊缽傳柑滿座春。月裏樓臺千尺水,酒邊裙屐六朝人。銀燈入夜翻如晝,玉管凝雲細若塵。太守風流遲識面,故應慚愧是勞薪。」《百家詩選》。

魏惟度《梅村詩引》:「文人相輕,同鄉尤甚。風之偷也,非自今矣。先生詩篇,流在天壤,近有摘而疵瑕之者,曰某篇驕縱也,某篇憤嫉也,某篇不為明人諱過,某篇恐屬憂認畏譏也。嗟乎!先生交道太廣,廣則難周。今日之起而謗訕者,即平日之倪而乞憐之人,豈真怨毒之於人?甚哉!亦其人之涼薄性成,欲決東海之波,傾注華、岱耳。蕭統有言曰:『剝復消長,中有至理。排乾元氣,存乎其人。』今梅邨詩陶冶於漢魏,而潤澤於盛初;根荄於德性,而煥發於典籍,當身已見其播傳,後代更推為宗主,吾又何容贅哉!」

惟度又有《梅村即事呈大司成吳先生》一首、《訪吳梅村先生賦贈》二首。

朱錫鬯《跋綏寇紀略》:「梅村吳先生以順治壬辰舍館嘉興之萬壽宮,方輯《綏寇紀略》,以三字標其目,蓋倣蘇鶚《杜陽編》、何光遠《鑒誡錄》也。一曰《澠池渡》,二曰《車箱困》,三曰《真寧恨》,四曰《朱陽潰》,五曰《黑水擒》,六曰《谷房變》,七曰《開縣敗》,八曰《汴渠墊》,九曰《通城擊》,十曰《鹽亭誅》,十一曰《九江哀》,十二曰《虞淵沉》。於時先生將著書以老矣。越歲有迫之出山者,遂補國子祭酒,非其志也。久之,其鄉人髮雕是編,僅十卷而止。《虞淵沉》中下二卷未付棗木傳刻焉。《明史》開局,求天下野史,有旨:勿論忌諱,盡上史館。於是先生足本出,予抄入《百六叢書》。歸田之歲,為友人借失。後十八年,從吳興書估購之,悅如目接先生之謦欬也。綏寇之本末,言人人殊。先生聞之於朝,雖不比見者之親切,終勝草野傳聞,庶幾可資國史之採擇者與?」《曝書亭集》。

陳其年《代家大人與吳駿公書》:「明公人倫淵岱,風雅鼓吹,當今之王茂宏、謝東山也。僕素承家學,訪季長於扶風,揖蔡公於洛下,獨以未見明公為恨。芳華終縞,裁明月以敘心;元輝自遲,佇白雲而抽志。中懷蘊結,如何如何。惟是諷詠歌詞,不去口虖。昔年白下,洛陽歎羨於舒章;今適吳閶,琵琶服膺於聖野。又何異拍洪厓之肩,把浮丘之袖,符其霞舉乎?僕丁辰不偶,遘遇孔艱。沈約帶圍,自憐憔悴;徐陵宗族,何處飄蓬?然而見銅雀之花飛,不無述作;值南皮之雲散,間著篇章。所望明公,相為賡歡。則彥升之感,不擅曩時;虞翻之傷,永消今日矣。又近者,石城諸友為雷、周二公立祠於正學先

生墓側，專懇名篇，一為碑記。庶幾莫愁湖上，時來墮淚之人；金陵縣前，長種還魂之草。數行仰瀆，筆與神俱。明公義切堙窆，言敦蘭灌。修卞壼之墓，自有深情；答秣陵之書，當為極筆。又無煩觀縷也。」《迦陵集》。

又，《酹許元錫》詩：「嘉隆以後論文筆，天下健者陳華亭。梅村先生住婁上，斟酌元化追精靈。憶昔我生十四五，初生黃犢健如虎。華亭歎我骨格奇，教我歌詩作樂府。二十以外出入愁，飄然竟從梅村遊。先生呼我老龍子，半醉披我赤霜裘。此生闌入銅駝路，可憐老作江南賦。頭上不畏咸陽王，眼前只認丁都護。晚交許子懷抱開，看爾不合長悲哀。手提一詩來贈我，十幅錯落紅玫瑰。我年三十餘，清狂愛兒戲。旁人見我笑不休，安知我有填膺事。日間擊鼓夜擊鮮，行樂安得千萬年。何肯齰齚學章句，三日新婦殊可憐。許子贈詩踰一月，念欲報之久不發。昨宵飽看冒家燈，一寸管城老龍渴。掀鬚狂作許生歌，食紙春蠶響不歇。明朝歸客正揚舲，海色蒼茫青更青。」同上。

吳園次《迎家梅村先生書》：「鴻使西來，魚函下賁。眈之雅供，比十資於華陽；寵以名篇，得百朋於洛水。兼之情深鴈序，誼篤鶺原。獎慰纏綿，至於累幅。憫其塵勞莫浣，靜以山水之音；許其志意可嘉，助以風雲之勢。遂使珠傾百斛，海客望而心驚；錦樹千枝，神人遊而目炫。惠連春草，遇康樂而得名；供奉仙根，就陽冰而結好。僕非其類，何足當茲。至若浮雪夜之船，能遊剡水；命春風之駕，為至永嘉。亦既有期，云胡不遠。然而桃開西塞，魚羹獨美花時；竹茂南漪，鶯語偏宜筍候。春深顧渚，劉夢得嘗憶採茶；月照窪尊，顏魯公曾為命酒。凡茲勝概，佇待清遊。弔古而還訪下菰，買醉而重尋上若。愛山明月，相見何時；震澤春波，寧嗟遠道。堂開六客，佇聞嘉客之談；石過千人，即望真人之氣。惠而好我，跂以待君。」《林蕙堂集》。

常熟錢曾（字遵王）《梅村先生枉駕相訪，酒間，商搉〈綏寇紀略〉感賦》：「迢然影事未能忘，鄭重停車問草堂。借箸漫言山聚米，引杯兼笑海生桑。秦關鹿走當年火，吳苑烏啼此夜霜。指點舊京愁歷歷，為公根觸恨偏長。」《國朝詩別裁集》。

杜于皇《祭梅村吳先生文》：「濬之辱教於梅村先生也，歲在庚辰，其時先生司業南雍，而濬以貢入北雍。舊制：南、北雍相為一體，故濬與先生與有師生之誼，而先生以國士遇濬忘形，爾汝自若也。濬之別先生也，歲在己亥。其時先生以北祭酒歸，甫彌年而濬之自廢，則自乙酉矣。先生遇我加厚，阻兵淹久，終始照料，資其餐館之費，供其行李之乏。人以為自濬而外，得此於先生

蓋寡。嗟乎！先生不可忘，已亥之別，尤不可忘也。方先生之歿也，濬適流浪吳淞間，聞諸杜九高曰：『先生死而神明，元日之夢，符於臘盡。』嗟乎！神明猶人也，竇志而為之，其神必靈，而何疑於先生耶？聞諸顧伊人曰：『先生之且訣也，自論其詩云：吾於此道，雖為世士所宗，然鏤金錯彩，未到古人自然高妙之極地，疑其不足以傳。』而不知此語已足以傳。甚矣，先生之不自滿假如此！又聞諸秦留仙曰：『先生去年遊梁谿，客有稱其五言近體者。先生謝曰：吾於此體自得杜于皇、金焦詩而一變，然猶以為未逮若。人也。』秦樂天亦云。余於是悚然。先生位高名大，而能為此言。此其巍巍不可及，又豈第在篇什間哉？嗟乎！嗟乎！此濬所以不恤衰頹，卒竇磨鏡具，操絮酒之涓滴，一酹先生之靈，以抑吾悲，有以焉爾。雖几筵已徹，後至之誅，料不加諸飄蓬泛梗之人也。嗚呼哀哉！」《變雅堂集》。

太倉唐孫華（字實君）《讀梅村先生〈鹿樵紀聞〉有感》：「一旅誰知扼紫荊，蝍蟖聐耳正分爭。腹書競伏狐鳴火，手蔗頻驚鶴唳兵。直待臨危思蜀牧，可應先事戮韓彭。石頭袁粲真堪惜，自壞邊關萬里城。」自注：指東莞督師袁公崇煥。《國朝詩別裁集》。

吳江吳祖修（字慎思）《書梅村詩後》：「夢回龍尾醒猶殘，重入春明興轉闌。宣去何能如老鐵，放歸未許戴黃冠。悲歌自覺高官誤，讀史應知名士難。今日九泉逢故友，西臺涕淚幾時乾。」同上。

仁和金漸皋（字夢蜚）《怡安堂集·秦淮女郎卞雲裝，僑居半塘八九年。前曾過一面。比來湖上，見其案頭有吳梅村詩冊並老人和章，尋覽情詞，不無今昔之感，因竊取二老意，並云裝近事，櫽括成詩》：「芸帙緗函繫所思，玉人鄭重遠相攜。悶來只仗琵琶寫，說處仍防鸚鵡知。破鏡刀環尋舊約，瓊枝璧月費新詞。莫嫌大雅凋零盡。猶有春風屬掃眉。」「結結臨春恨未終。輕煙淡粉掃成空。還家江令頭仍黑，避席崔孃臉自紅。遼海鶴歸無主墓，吳江楓冷未棲鴻。都將月地雲皆夢，泣向荒田野草中。」「不向長安鬭狹斜，朅來水國傍蒹葭。曾探織女機邊石，再見玄都觀裏花。秋思潘郎驚鬖髮，夜情白傅感京華。三千年後蓬萊路，知在瓊樓第幾家。」

高澹人《金鰲退食筆記》：「玉熙宮在西安里門街北，金鰲玉蝀橋之西。明世宗嘉靖四十年十一月辛亥，萬壽宮災，暫御玉熙宮。神宗時，選近侍三百餘名於玉熙宮學習官戲，歲時陞座，則承應之。他如過錦之戲，約有百回。每回十餘人，濃淡相間，雅俗並陳。又如雜劇古事之類，各有引旗一對，鼓吹送上。

所扮備極世間騙局俗態，並拙婦騃男，及市井商賈刁賴詞訟雜耍諸項，蓋欲深宮九重之中，廣識見，博聰明，順天時，恤民隱也。水嬉之制，用輕木雕成海外諸國及先賢文武男女之像，約高二尺，彩畫如生，有臀無足而底平，下安卯枘，用竹板承之。設方木池，貯水令滿，取魚蝦萍藻寔其中，隔以紗障，運機之人皆在障內游移轉動。一人鳴金宣白題目，代為問答。惟暑天白晝作之，以銷長夏。明愍帝每宴玉熙宮，作過錦水嬉之戲。一日宴次，報至汴梁失守，親藩被害，遂大慟而罷，自是不復幸玉熙宮矣。吳偉業《琵琶行》有云：『先皇駕幸玉熙宮，鳳紙僉名喚樂工。苑內水嬉金傀儡，殿頭過錦玉玲瓏，一自中原盛豺虎，煖閣才人歌罷舞。插柳停搊素手箏，燒燈罷擊花奴鼓。』蓋指此也。」《江村集》。

又，《扈從西巡日錄》：「南海子內有三山，故以海名。祭酒吳偉業有《海戶曲》。蝦蟻墳在其東南。清明日，螞蟻數萬聚此。」同上。

鄒祗謨訏士《倚聲集》：「袁籜菴以樂府擅名，填詞獨爾寂然。《紅橋唱和》小令，乃猶不減風流。梅村先生云：『淒涼法曲楚江情。』阮亭云：『紅顏顧曲袁荊州。』正不必賀老琵琶為寫照也。」

鈕玉樵《觚賸》：「江右李太虛為諸生時，嗜酒落拓，而家甚貧。太倉王司馬岵雲備兵九江，校士列郡，拔太虛第一。即遣使送至其家。時王氏二長子，已受業同里吳蘊玉。先生蘊玉者，梅村先生父也，而太虛教其第四、五諸郎。梅村甫髫齡，亦隨課王氏塾中。李奇其文，卜為異日偉器。歲將闌，主家設具讌兩師，出所藏玉卮侑酒。李醉，揮而碎之。王氏子面加誚讓，李亦盛氣不相下，遂拂衣去。吳知其不能行也。翼日早起，追於城闉，出館俸十金為贈。數載後，李以典試覆命，過吳門，王氏子謁於舟次，李亟詢吳先生近狀，是時梅村亦登賢書。辛未，梅村遂為太虛所薦，登南宮第一，及第第二人。」《吳觚》。

《觚賸》有《圓圓曲》紀事一則，附見本首，不重錄。

沈歸愚師《書梅村詩後》：「蓬萊宮裏舊仙卿，自別青山悔遠行。擬作祠陽離別賦，江南愁殺庾蘭成。」《歸愚集》。

沈歸愚師曰：「梅村故國之思，時時流露。《遣悶》云：『故人往日熘妻子，我因親在何敢死，不意而今至於此。』又，《病中詞》曰：『故人慷慨多奇節。為當年、沉吟不斷，草間偷活。脫屣妻孥非易事，竟一錢不值，何須說。』讀者每哀其志。若虞山不著一辭矣。此二人異同之辨。」同上。

沈受宏，字臺臣。太倉歲貢生。著有《白漊集》。詩學親承梅村祭酒指授，故吐辭淵雅，無志微噍殺之音。《國朝詩別裁集》。

吳暻，字元朗。康熙戊辰進士，官兵科給諫。有《西齋集》。為梅村令嗣，工於詩筆，近體清穩，尤稱雅音。同上。

顧陳垿，字玉停，太倉人。康熙甲午舉人，官行人。婁東詩人雖各自成家，大約宗仰梅村祭酒。玉停晚出，欲自闢町畦而能不離正軌，亦後輩中矯矯者。同上。

吳翊，字振西，太倉人。康熙己丑進士。著有《樂園集》。係梅村族孫。為諸生時，學使者試必第一。試牘傳播，幾於紙貴，未嘗以詩鳴也。今搜覽遺集，不必刻求勝人，而古今體安和妥適，才人學人兩者兼之，梅村之流風遠矣。同上。

又，《跋吳漢槎詩》曰：「漢槎閱歷，倘以老杜之沉鬱頓挫出之，必更有高一格者，此則『王楊盧駱當時體』也。然就此體中，他人未能抗行，宜為梅村首肯。」同上。

蔣京少《陳檢討詞鈔序》：「先生幼工詩歌，自濟南王阮亭先生官揚州，倡倚聲之學，其上有吳梅村、龔芝麓、曹秋岳諸先生主持之。」《精華錄訓纂》。

惠定宇曰：「彭師度，字古晉，別字省廬，華亭人。與吳江吳漢槎、陽羨陳其年齊名，吳祭酒目為江左三鳳凰。」同上。

傅閬陵曰：「王時敏《隔岸越山多圖》，見梅村集畫跋。」《西湖志》。

太倉程穆衡迒亭曰：「明末詩人，錢、吳並稱，然錢有迥不及吳處。吳之獨絕者，徵詞傳事，篇無虛詠，詩史之目，殆曰庶幾。夫安史煽凶，明肅播越，非少陵一老，則唐代紀事稱缺陷矣。況大盜移國，天王死社，勇將取京，真人撥正，以是為詩，題孰大焉？詠此不能，何用公為？此《弇州四大部稿》所以獨推子美為千古之豪，而自訂其樂府，變別為一集者也。知此而梅村集之所繫大矣。謂少陵後一人也，誰曰不宜？」《盤悅庖談》。

梅村集世無注者，故能解者鮮。如《圓圓曲》之為吳三桂，《臨淮老妓行》之為劉澤清，猶易尋索。外如《永和宮詞》之為田妃，《雒陽行》之為福藩者無論矣。至《南廂園叟》中詠中山公子徐青君，《卞玉京彈琴》中述宏光選后徐氏，《哭志衍》之敘復社之獄，《松山哀》之悲祖大壽，《鴛湖曲》之痛吳昌時見法，《讀史》之皆為■〔註9〕事，苟非博學深思，鮮喻厥旨。余嘗襞積明季

〔註 9〕「■」，稿本、天圖本、讀秀本作「時」。

書數十種，為之小箋。如寇白諸妓，則考之《板橋雜記》；《楚兩生》則得之《分甘餘話》；松出之戰則得之■■■〔註10〕；《行路難》及《讀史》諸首則得之■■■〔註11〕、《綏寇紀略》、■■■■〔註12〕、《觚賸》諸書。又如遼左故人之為陳之遴，友人齋說餅之為張氏園，王維夏牽染之為奏銷逮部，則訪之博學故老能言舊事者。又如《落木菴記》出於《漁洋詩話》，熊開元、王原達入佛之由各詳語錄。凡此之類，不可枚數，而是集始大明。惜無餘日，錄之付梓，不能無望寶劍之贈也。同上。

魏良輔居邑之南城，善聲律，轉音若絲。時張小泉、季敬坡、戴梅葉、包郎郎之屬，爭師事為肖，而良輔自謂不如過百戶云。適有得，必往請。過稱善乃行，不則反覆數交不厭。崑山梁辰魚傚之，作《江東白苧》、《浣紗》諸曲譜行世。天下謂之崑腔。吳梅村詩所云「里人度曲魏良輔，高士填詞梁伯龍」者也。《鎮洋縣志》。

《焚餘補筆》：「王中翰昊述吳梅村語：『余初第時，不知詩，而多求贈者，因轉乞吾師西銘。西銘一日漫題云：半夜挑燈夢伏羲。異而問之。西銘曰：爾不知詩，何用索解？因退而講聲韻之學。』」同上。【○程迺亨以《五月尋山夜寒話雨》為徵，力雪此說之誣，良然。】〔註13〕

《筆耕錄》：「會榜同捷，俱稱同年。前明丁未，顧允揚、王世貞，辛未張溥、吳偉業，國朝壬子周象明、王吉武，俱以師弟同年。其父子同年，則康熙甲午王旦、復犼是也。若曹延懿之鄉榜，與王掞同。丙午會榜，與掞子奕清同。辛未，王氏父子皆同年。尤屬僅見。」同上。

《柳南隨筆》：「吳梅村偉業連舉十三女，而公子暻始生。時唐東江孫華為名諸生，年已及強矣，赴湯餅宴，居上坐。梅村戲曰：『是子當與君為同年。』唐意怫。後戊辰，暻舉禮部，而唐果同榜。」同上。

吳暻，字元朗，號西齋，偉業子。康熙戊辰進士，由戶部主事，遷兵科給事中。暻兩弟俱能詩。瞵，早卒。暗，壽光知縣，有政績。同上。

吳殳，又名喬，字修齡，太倉人，來贅崑山。據吳偉業《綏寇紀略》，為《撫膺錄》四卷。《崑山新陽合志》。

〔註10〕「■■■」，稿本、天圖本、讀秀本作「《幸存錄》」。
〔註11〕「■■■」，稿本、天圖本、讀秀本作「《南渡錄》」。
〔註12〕「■■■■」，稿本、天圖本、讀秀本作「《不死遺聞》」。
〔註13〕稿本、天圖本、讀秀本無【】內文字。

吳詩談藪〔註1〕

卷之下

　　曹潔躬《憶平生詩友》絕句：「婁江學士擅風華，璧玉光中驟玉驄。重唱鐵崖新樂府，倩他紅袖拂琵琶。」自注：梅村學士詩稍闖入元人。○《檇李詩繫》。

　　郁植（字大本）《寄吳梅村先生》：「著就奇書愛過看，鹿樵風月舊盤桓。五湖秋色歸張翰，四海蒼生想謝安。早識鳳毛霄漢易，劇憐驥尾道途難。別來寄慰無多語，長得君恩穩釣竿。」《和繭虎》云：「把看休嗤畫不成，制來蠶館勢縱橫。帝妃豈合山君相，虞史新傳野女名。浴繭笑從何處得，撩須欺爾未堪驚。好將五色絲長繫，莫遣秦工夜點睛。」《茄牛》云：「菜圃叢生亦自安，牧兒掉戲苦多端。崑崙覓種成瓜易，即墨行軍束刃難。採去豈堪王氏炙，解時怳入蔡君盤。頻翻本草無從得，甯戚經中仔細看。」《鮝鶴》云：「雲霄憶爾去千年，刀俎憐渠怳一鮮。不信化身曾入水，卻看換骨欲衝天。形殘鮑肆猶軒輊，狀類飛鳴豈逐羶。錯認遼城通丙穴，緣知醎海變青田。」《蟬猴》云：「麟閣丹青貌尚留，那從蟬蛻出公侯。應慚抱木垣中寂，故學蒙緋殿上游。絕澗飲時非吸露，亂山呼處若吟秋。卻看冠珥成何用，恐使韓生笑沐猴。」《蘆筆》云：「湘東聲價不須奢，搖落江皋看印沙。筆冢冢邊花瑟瑟，墨池池畔影斜斜。蕭丘應借供題柿，芸閣何當佐草麻。底事仲升輕一擲，自家畫荻擅名家。」《橘燈》云：「長安火市百花開，一顆憑誰巧剪裁。橘叟暫充燈婢役，虹橋卻渡洞

庭來。秋山乍摘添歸籠，春殿初擎照舉杯。金實玉漿何用羨，愛他光映讀書臺。」《核桃船》云：「一粟輕舟一瓣篷，武陵浮出載漁翁。斲材瑤圃何年就，乞種天台有水通。只合上林承曉露，那堪汾渚駕秋風。玄都千樹今搖落，擊楫中流感慨同。」《蓮蓬人》云：「草草形骸笑爾狂，泥中脫卻摠堪傷。根離到底難成藕，子散何緣更作房。恥為逢迎呈面目，懶從結束倒衣裳。平生只與幽人伴，誤把風流比六郎。」又，《四哀詩·吳梅村先生》：「弱冠文章動紫宸，老年詩句更清新。誰憐才大能消福，自悔名高轉誤人。白傅藏書雖有子，茂陵遺稿竟封塵。傷心欲問奇懷室，荒草高阡幾度春。」《東堂集》。

釋通復（字文可）《寄梅村先生》：「天曠冥鴻羽，投林自有真。江湖高縱酒，日月老垂綸。黑髮還初服，青山奉潔身。秋風瓜再熟，未許故侯貧。」《檇李詩繫》。

張如哉曰：「《曇陽觀》詩：『丈夫行年已七十。』《集覽》引《淮南子》，誤作《莊子》，蓋沿《論語》朱注而然也。」

又曰：「梅村各體詩，俱以編年為次，不相紊也。惟七言古自《行路難》至《題蘇門高士圖》是未赴召以前詩，而《送志衍入蜀》則宜在前，而錯次於後；自《壽龔芝麓》至《松山哀》為在京時詩，而《楚兩生行》、《贈吳錦雯》二篇，則在南時作，錯次於此；《臨淮老妓行》以下，俱歸里後詩，惟《雪中遇獵》又似在京時詩，錯次於後耳。」

又曰：「王貽上《皇華紀聞》：『謝康樂《石門詩》凡二，其一《登石門最高頂》，所謂『晨策尋絕壁，夕息在山樓』者，永嘉之石門也。其一《石門新營所住四面高山迴溪石瀨茂林修竹》，所謂『躋險築幽居，披雲臥石門』者，匡廬之石門也。』梅村《贈何匡山》『謝公遊墅石門莊』，自注：謂僑寓溧陽，太白所謂石門精舍即其地。則是溧陽之石門精舍，於永嘉、匡廬俱不相涉，而太白語又未有考，當闕疑。」

又曰：「唐人詩云：『東風吹上窈娘堤。』宋人詞云：『過窈娘堤，秋娘渡，泰娘橋。』梅村詩用窈娘者三。《戲贈》云：『橫塘西去窈娘還。』《贈寇白〔註2〕門》云：『窈娘何處雷塘火。』《讀陳其年詞》云：『水調風流屬窈娘。』明是隋煬帝時幸江都，堤上女如持檝者，吳絳仙之類。《集覽》注作喬知之妾及南唐之窅娘，皆未合。」

〔註2〕「白」，乙本誤作「曰」。

又曰：「《大業拾遺記》：『煬帝於宮中嘗小會，為拆字令，取左右離合之意。時杳娘侍側，帝曰：『我取杳字為十八日。』杳娘復解羅字為四維。』吳詩之「窈娘何處雷塘火」，「水調風流屬窈娘」，當是用此。」

又曰：「《生查子》注：應詔過淮時作。按：四月到金陵，則六月正宜過淮。然《別孚令弟》詩云：『昨歲沖寒別，蕭條北固樓。關山重落木，風雪又歸舟。』是過江已在秋晚，則過淮非六月也。蓋梅村之出，實不獲已，故在路濡滯。觀《贈淮撫》詩亦云『秋風杖節』，而『滿身風雪宿任丘』，知到京已歲暮矣。則應詔過淮，注當酌改。」

《丹鉛錄》：「余嘗怪杜少陵有年譜，而太白出處略不著見。因刊定李詩，遂就其集中游歷及小說諸家，著其梗槩。張青在《刊定王介甫詩箋》曰：『詩集之前，例有年譜，杜、韓、蘇諸家皆然，荊公獨無。或以為請，未敢為續貂之舉。』」予不敢希用修之博，而多青在之讓。止錄許九日、陳說巖所撰行狀、墓表於卷首，程迂亭《婁東耆舊傳》與狀、表足相印證，散見於《集覽》中，年譜則仍俟能者。

自應休璉集有遺句，而《全唐詩》例，集外逸詩，旁加搜採。《宋詩紀事》並附逸句。予初欲倣其例，如《題董白小像》，《板橋雜記》以為十首，而集中止八首，此逸詩也。「今年明月長洲白」，梅村自注：贈董、白者。此逸句也。然梅村詩集是手自刪定者，當時去取，必有灼見。今就所見，如■■■■■■■《雜詩二首》云：「東海麋竺家，西蜀王孫室。窖米流出門，阿縞被牆壁。吾聞秦皇帝，築臺女懷清。丈夫守緘縢，留為女子名。所以牧羊兒，輸帛為公卿。」一。「輔嗣好自然，處默能多通。叔寶自神清，在德非為容。天性固蹈道，何必資談功。士龍有笑疾，嗣宗悲途窮。哀樂既異理，所以尊虛空。」二。《廬山志·題李鏡月廬山勝覽圖歌》：「廬山南出青濛濛，巔崖直上連蒼穹。萬丈恍惚凌罡風，俯視雲氣纏半空。秀甲東南千萬重，長天壁立驚芙蓉。我昔過此不得上，至今髣髴縈心胸。陶潛李白古來士，僛仰笑傲常從容，塵塊蟉蔓忘仙蹤。展卷一看真面目，如倚瀑布香爐峰。五老插立若可揖，石樑橫削誰能通。疊泉蒼雨落翠巘，鹿洞古院蟠深松。李君之遊誠難逢，丹青渲染煙霞籠。置身絕巘飛流中，快哉此圖閱欲終，滄洲羽翼吾安從。」《吳江詩抄·談閩事四首》云：「君到西溪五月涼，欲吹寒笛擬瀟湘。雕籠白兔霜毛潤，露井紅蕉翠帶長。團扇雨來冰簟冷，隱囊風過玉羅香。興酣攜妓丹青閣，不問千金使越裝。」一。「鷓鴣聲急雨生潮，花裏搖鞭度石橋。路繞筍江看水碓，人來黎嶺半山樵。藏

鉤小吏青絲履，學語蠻姬碧玉簫。為客桄榔菴下好，無端重上木蘭橈。」二。
「石床丹灶飯胡麻，不見仙人蕚綠華。雲護松門穿嶺月，雨翻榕樹響溪沙。藤
鞋箬帽收崖蜜，豆莢瓜當點乳茶。歸去突星灘上過，數莖棕竹佛桑花。」三。
「吳門吏卒建溪仙，攜得仙人濯錦川。琥珀杯濃椰子熟，水晶簾冷荔支鮮。山
中茶蠟江南賈，海上鰻鯨鯉異國船。我亦欲從梅尉隱，與君先乞武夷田。」四。
《春思二首》云：「疎欞小閣占垂楊，薄病輕寒夜雨長。何處春風催別騎，苦
留小語伴啼妝。銀箏翠管傷羅薦，素手烏絲怨筆床。幾度赤欄橋上望、似君蘭
楫向橫塘。」一。「曲巷春深訪泰娘，方疏碧戶隱橫塘。晴沙日暖鴛鴦睡，小院
風微芍藥香。帳底唱歌低舞扇，眉邊寫恨濕琴囊。相思不盡江南草，是處隨人
離夢長。」二。《西堂雜俎·題尤展成水亭垂釣圖》云：「長楊苑里呼才子，孤
竹城邊話使君。移作漁磯便垂釣，故山箕踞一溪雲。」一。「遂初重把舊堂開，
故相家聲出異才。莫向盧龍夢關塞，此生何必畫雲臺。」二。袁子才錄本《送
周明府洊婁東》云：「白馬朱鞲行步工，放衙伐鼓日瞳瞳。投刀削記諸曹恐，
露板移書屬郡通。窮盜即今愁楚北，少年無復橫垣東。城陰士女升平曲，譜入
元和雅奏中。」《涼州詞》云：「漢皇且戰且遊仙，王母神宮在酒泉。何事將軍
諸道出，不教五利過祁連。」此逸詩也。《西堂餘集·和尤展成生日自題小影，
調滿江紅》：「納納乾坤，問才子、幾人輕許。人爭道，北平司李，騷壇宗主。
碣石宮傾北海酒，令支塞卷西風雨。更翩然、解組賦歸來，雲深處。　三毫瑣，
平添與。虎頭筆，神相佇。似元龍，百尺樓頭高踞。鷸蚌利名持壁壘，觸蠻智
勇分旗鼓。只莊周、為蝶蝶為周，都忘語。」此迎詞也。別本內有《贈范司馬
質公偕錢職方大鶴》一首、《雲中將》一首。王貽上《感舊集》有《讀楊參軍
悲鉅鹿》一首。陳其年《篋衍集》有《三松老人歌》一首。《鎮洋縣志》、《寶
山縣志》俱有《木棉吟一》首。袁子才錄本有《過滄州麻姑城》一首、《再憶
機部》一首、《牆子路》一首。梅村既自刪去，茲並不錄。別本之《邊思》內
有云：「火篩哨急防花馬，土魯風高戍白羊。絕徼亂山填雨雪，諸陵萬樹護風
霜。」黃心甫選本之《雜感》內有云：「鴟鵲廢宮南內月，麒麟枯冢北邙風。」
此逸句也。陳其年《迦陵集》有《五日玉峰競渡，用梅村詞韻，滿庭芳》一首，
而吳集無之，亦逸詞也。

　　《永和宮詞》：「涕泣微聞椒殿詔。」或曰用《漢書·趙廣漢傳》霍光女為
皇后，對帝涕泣事。然若以比周后，則對帝不得用詔字。況上句纔以霍氏驕奢
比田家，此句何又以霍氏比周后也？若云仍指田妃，則句未工切，姑闕疑。

《宋史・真宗紀》：「大中祥符四年三月甲戌，次陝州，召草澤魏野，辭疾不至。五年六月庚申，賜杭州草澤林逋粟帛。」梅村《茸城行》「尺書收草澤」用此。

嚴正矩方公，梅村丙子所取士也。梅村《送何石湖兼柬嚴方公》云：「若逢嚴夫子，為報故人安。」雖借用《漢書》字，而稱門下士為夫子，亦稍異矣。《晉書・周處傳》：「入吳尋二陸。時機不在，見云，具以情告，遂勵志好學。」而陸士衡《周處碑銘》曰：「皎皎夫子，奇特播名。」梅村或本乎此，不必如《尚書》之「勗哉夫子」也。

《長平輓詩》：「英聲超北地。」或謂指《蜀志。北地王劉諶。■然通首皆用公主事，而此句忽用諸王事，愚未敢信也。

乙未夏，同年平陸荊如棠蔭南覆書云：「《吳詩集覽》徵引浩博，箋注紛綸，空疎好奇，兩家俱當斂手退避。然有過於繁冗處，若能刪去十之六七，斯毫髮無憾矣。循覽吳集，至《上房師周芮公》、《弔侯朝宗》諸作，輒掩卷不欲卒讀。梅村當勝國時，身負重名，位居清顯。當改玉改步之際，縱不能與黃蘊生、陳臥子諸公致命遂志，若隱身巖谷，絕口不道世事，亦無不可。乃委蛇好爵，永貽口實，雖《病中口占》有『一錢不值』之語，悔之晚矣。士君子出處大節，腳根須當立定。祈向一差，萬事瓦裂。吾輩不可不時時儆凜也。」

談藪拾遺 [註1]

　　吳江徐崧（字松之）《吳梅邨先生過訪福城菴作》：「終歲行靡靡，獨遊心惻惻。婁上有梅村，騷雅固無匹。去冬雨雪中，願見不辭濕。在座者為誰？伊人與九日。適當集告成，貽我多卷帙。別後客雲間，往往見遺墨。如彼曜靈升，曉光徧蓬蓽。輕帆廻玉峰，投刺不可失。須臾蒙報謁，藍輿稅松側。籬落繞香林，金天顯秋色。君衣水田衣，垂簾畏風入。夕陽明握手，欸語感胸臆。」

　　陳其年《寄雲間宋子建並令嗣楚鴻》作有云：「君不見婁東太史青門宅，愛度新聲勸賓客。就中令子詞最多，四絃鵾雞聲裂帛。主人慷慨客離席，玉露青軒夜狼籍。」自注云：楚鴻工詞曲，為吳梅邨太史所賞。

　　張如哉曰：「王荊公以少陵詩為沉著痛快。或問義山曰：彼亦自有沉著痛快處。余服膺梅村詩，謂可追配少陵者，此也。驚心動魄，殊移我情。人但詫其駿雄，服其宏麗，而不知惟沉著斯以痛快耳。余有論詩一首云：『少陵詩格獨稱尊，風雅親裁大義存。繼起何人堪鼎峙，前為元老後梅邨。』元老，謂遺山也。」

　　又曰：「嘗於應州鄭生處，見梅邨尺縑二幅。一《聽僧夜話》詩：『殘鐘忽起竹林東，古殿煙寒佛火紅。晚譯罷時僧影散，院門鶴叫落花風。』又一詩：『萬壑松濤碧欲流，石牀冰簟冷於秋。捲簾飛瀑三千丈，恰對我家竹裏樓。』似南宋人格調，雖未為甚佳，然亦可見大家之無所不有也。書法奇恣可喜。」

〔註1〕《談藪拾遺》，天圖本、讀秀本無。